BIÈRE

BIÈRE

TIM WEBB & STEPHEN BEAUMONT

LE GRAND LIVRE
HACHETTE

Dédicace
Pour Maggie et Siri-Ann, les femmes aimantes de notre vie, qui nous apportent leur soutien infaillible.

Édition originale publiée au Royaume-Uni en 2012, sous le titre *The World Atlas of Beer*, par Mitchell Beazley, un marque d'Octopus Publishing Group Limited, Endeavour House, 189 Shaftesbury Avenue, London WC2H 8JY
www.octopusbooks.co.uk

Consultant
Joanna Copestick est auteur, éditrice et membre de la British Guild of Beer Writers. Elle a travaillé pendant plusieurs années pour la CAMRA (Campaign for Real Ale) en tant que directrice des publications. Elle a aussi participé à des jury de dégustation de bières, a travaillé comme assistante d'édition pour le *Good Beer Guide*, et a été membre du jury du British Beer Writer of the Year Award en 2011.

Cartographie numérique réalisée par Encompass Graphics Ltd, Hove, Royaume-Uni, www.encompass-graphics.co.uk

Édition française
© Hachette Livre (Hachette Pratique), Paris, 2012
www.hachette-pratique.com
Traduction : Michèle Zachayus
Révision : Élisabeth Pierre, expert bières
Relecture : Hélène Ducoutumany
Conception graphique de la couverture : Chic & Artistic
Mise en page : Chine (Florence Cailly)
Partenariats : Sophie Morier (smorier@hachette-livre.fr)

L'éditeur remercie Laura Fidler pour son aide précieuse.

Texte composé en Garamond et Futura

Imprimé en Chine en juillet 2013
Dépôt légal : octobre 2012
23-51-8431-02-1
ISBN : 978-2-01-238431-6

Les auteurs estiment qu'il est important de connaître le titre alcoométrique d'une bière avant de la consommer. Ils l'ont donc précisé dans chaque notice de dégustation. Cependant, le lecteur doit savoir que selon les pays une marge d'erreur est tolérée entre le titre indiqué sur l'étiquette et celui mesurable en laboratoire. Cette marge peut aller jusqu'à 1 % vol. et, parfois, au-delà.

Pour ajouter à la confusion, des brasseries changent parfois le titre d'une bière d'une production à l'autre ou selon le marché de destination. Ainsi, une bière connue pour être une pale ale à 6 % vol., par exemple, peut-elle passer de manière inattendue à 5,5 ou 6,5 % vol., ou être proposée à 6 % vol. dans son pays d'origine et à 7,5 % à l'export.

En conséquence, la teneur en alcool de chaque bière que nous avons indiquée correspond aux informations en notre possession au moment où nous mettons sous presse. Il est possible que le titre ait changé lorsque le lecteur réalisera ses propres dégustations.

Sommaire

Avant-propos

Si un bon vin est le compagnon parfait pour un repas de qualité, un excellent whisky celui d'une lecture passionnante, une belle bière est celui de tous les instants de convivialité. Comme on le fait pour toute compagnie, il convient de bien la choisir et de l'appréhender avec soin.

Première boisson alcoolisée consommée au monde aujourd'hui, la bière est connue depuis dix mille ans. Son image dans la société a été aussi diverse que contradictoire : tantôt appréciée pour son caractère enivrant, tantôt interdite ; tantôt promue pour la santé publique à une époque où l'eau avait une piètre qualité sanitaire, tantôt déconseillée dans les bonnes habitudes alimentaires. Si elle a pu être utilisée à l'ère industrielle pour gagner les faveurs de la classe laborieuse, elle est de nos jours une source lucrative d'imposition et une denrée commerciale à l'échelle mondiale.
Les guerres, l'industrialisation à outrance des brasseries et la prohibition ont bien failli faire disparaître tout ce qui faisait son authenticité. Toutefois, un regain d'intérêt pour les produits « authentiques » a permis de remettre sur le devant de la scène cette boisson qui est bien plus complexe qu'il n'y paraît et qui fait partie intégrante de nombreuses cultures.

Cet ouvrage présente à l'amateur non seulement un panorama historique et géographique de la bière, mais aussi une explication détaillée des techniques modernes de brassage. Les initiés découvriront les productions de pays émergents qui ont beaucoup à offrir dans le domaine organoleptique.

J'ai commencé à considérer la bière comme un objet d'étude sérieux en 1974, lorsque j'ai reçu ma carte de membre à vie de la CAMRA (Campagne de sensibilisation pour une bière authentique et organisation indépendante de consommateurs de bière britannique) fondée trois ans auparavant par de jeunes journalistes déterminés à défendre, coûte que coûte, des styles anciens de bière britannique. Le succès d'une telle démarche paraissait improbable, mais qui aurait pu arrêter la jeunesse ?

Ci-dessus : la Prohibition aux États-Unis (1920-1933), on vide dans le caniveau un baril confisqué de bière illégale.

Ci-contre : en Grande-Bretagne, en réaction au mouvement de tempérance les brasseurs créèrent des stouts légers et doux.

À l'époque, nous pensions être seuls. Nous étions loin d'imaginer que, dès le milieu des années 1960, quelques doux rêveurs avaient racheté dans d'autres pays des petites brasseries afin d'élaborer des bières traditionnelles, ou encore, comme je l'ai découvert des années plus tard, que des brasseurs artisanaux américains, habitués à élaborer de la bière à l'ancienne – c'est-à-dire selon des méthodes inconnues des grandes firmes postérieures à l'ère de la Prohibition –, menaient campagne pour être autorisés à développer une production commerciale. Quatre décennies durant, j'ai observé l'évolution discrète du monde des brasseurs, celle qui allait conduire à cette étonnante révolution et à un regain d'intérêt pour les produits authentiques.

Dans son ouvrage de référence *Bières – Guide Mondial,* écrit en 1977, Michael Jackson, spécialiste incontesté de la bière, décrivait un monde en perdition, dans lequel peu de régions étaient épargnées par l'uniformisation du goût. Il rendait compte de quelques traditions vivaces en Allemagne de l'Ouest et en Tchécoslovaquie ; il discernait, malgré leur déclin, le potentiel des brasseries britanniques et belges, puis évoquait la gloire passée d'une dizaine d'autres pays dont la bonne bière artisanale devenait moribonde.

A contrario, le propos de notre ouvrage est de présenter le renouveau de la brasserie au XXIe siècle et ces bières minutieusement travaillées et innovantes qui suscitent la curiosité et l'engouement d'amateurs toujours plus nombreux. En nous documentant, nous avons eu la surprise de découvrir l'existence de nouvelles brasseries artisanales dans pas moins de 74 pays, toutes déterminées à élaborer des bières de qualité, à échelle humaine.

Nous souhaitons que cet ouvrage constitue un panorama mondial, équitable et réaliste des bonnes bières, et qu'il ouvre des perspectives prometteuses.

Santé !

Tim WEBB, Cambridge, Royaume-Uni

Ci-dessus : un plateau d'Abondance… De nos jours, la profusion de styles de bière est telle que de nombreux bars proposent des dégustations permettant aux clients de goûter des échantillons de plusieurs bières.

Introduction

Si il y eut jamais une période propice à un tel ouvrage, c'est bien celle que nous vivons.

Le monde n'a encore jamais vu une activité d'une telle ampleur se déployer sur tous les continents : celle du brassage artisanal. Celui-ci s'implante jusque dans les stations de recherche scientifique de l'Antarctique. Nos ancêtres n'ont pas connu une si grande palette de styles de bière : des Pils aux porters, des bières parfumées au riz rouge aux bières préhistoriques, que certains s'attachent à recréer. Comment auraient-ils pu imaginer verser dans leurs verres une brune ou une blonde savoureuse venues de contrées lointaines ?

S'il est un chiffre éloquent, c'est bien celui du nombre estimé de brasseries dans le monde en ce XXIe siècle : 10 000. Elles produisent plus de 60 000 bières de manière régulière. Indubitablement, ces chiffres sont colossaux.

De fait, un fossé s'est creusé entre les puissantes brasseries, au fonctionnement lourd, et les brasseries plus petites et plus souples. Loin de constater que les grandes brasseries industrielles étouffent les intérêts des petites, nous découvrons que ce sont les modestes brasseurs artisanaux qui prennent la tête, guidant l'industrie – y compris, dans bien des cas, les multinationales –, vers des méthodes ingénieuses et souvent innovantes.

Le succès de la fabrication artisanale à petite échelle est aujourd'hui tel que le monde de la bière est devenu une nébuleuse. Vouloir définir celle-ci reviendrait à essayer de dessiner un train à grande vitesse sur sa lancée. Alors même que Tim, qui vit à Cambridge au Royaume-Uni, et moi, qui habite à Toronto au Canada, avons bouclé l'essentiel de nos recherches et mené à bien nos dégustations pour cet ouvrage, l'essor de la bière artisanale se poursuit, pour le plus grand plaisir de nos palais exigeants. Il nous offre ainsi un nouveau défi dans nos tentatives d'analyses organoleptiques.

On trouve presque partout de la bière de fabrication artisanale. Bien sûr, certaines marques familières réapparaîtront immanquablement dans les rayons des magasins, sur les cartes des bars ou des pubs, mais celui qui est disposé à sortir des sentiers battus verra souvent son audace récompensée par une IPA insolite et extraordinaire, par un stout ou encore par une Pils d'une vigueur inattendue. Notre vœu est que cet ouvrage renseigne de tels amateurs et qu'il réponde à leur soif de découvertes.

La bière artisanale a de belles années devant elle et elle pourra se développer encore. Les consommateurs plus jeunes, en âge de boire, sont déjà familiers avec les brasseries artisanales et leurs marques, tandis que pour Tim et plus encore pour moi, pareilles bières étaient autrefois des denrées rares. Il est loin le temps où l'on se conformait docilement aux préconisations d'une campagne publicitaire ; aujourd'hui, on choisit sa bière en fonction du moment et de ses envies : on commande une certaine marque pour trinquer au bar à la santé de ses amis, une autre pour encourager son équipe sportive, une autre encore pour une dégustation à la maison.

La bière est de tous les moments de convivialité. L'amateur de bière n'a plus à rougir devant l'œnophile. La diversité de ce produit est réelle, son caractère gastronomique indéniable, son rôle social entériné. Cette boisson mérite qu'on lui réserve de l'attention, qu'on lui consacre des discours et des ouvrages.

Bienvenue dans l'univers de la bière ! Nous espérons que vous l'apprécierez.

Stephen Beaumont
Toronto, Canada

Ci-dessus : même les bières au trouble naturel connaissent un réel engouement.

Ci-contre : pils traditionnelles servies dans leurs verres typiques au *U Zlatého Tigra* (« Le Tigre Doré »), à Prague.

Ci-dessus : la « pompe manuelle » n'est pas un simple argument marketing dans de nombreuses brasseries artisanales, où les petites productions et les budgets serrés rendent nécessaires les interventions manuelles.

Comment aborder cet ouvrage

La bière est la première boisson alcoolique consommée au monde sous une forme ou sous une autre, partout où elle n'est pas frappée d'interdiction (et même dans bien des régions où elle l'est). Dans ces conditions, identifier la place qu'elle occupe dans le monde est une tâche complexe, d'autant que sa production est en constante évolution, voire en pleine expansion. Cet ouvrage est organisé géographiquement, par pays, puis par région. Il propose aussi une présentation historique de la bière, un état de la production actuelle et, dans la mesure du possible, il dresse des perspectives d'avenir.

Les profils nationaux et régionaux

La production de la bière s'étendant désormais au monde entier, nous avons dû faire un choix difficile s'agissant de l'organisation de l'ouvrage. Nous présentons par avance nos excuses aux amateurs qui auront le sentiment que leur patrie ou leur bière de prédilection n'ont pas eu dans ces pages les honneurs qui leur étaient dus.

Chaque chapitre est découpé en plusieurs thématiques. Dans la mesure où le brassage est affaire de tradition dans de nombreux pays, nous avons mis en évidence des styles spécifiques. Le chapitre relatif au Nouveau Monde est structuré de manière géographique. Parfois, nous avons adopté les deux approches. Le thème de la bière étant lui-même nébuleux, aucune organisation ne saurait être pleinement satisfaisante.

Notes sur les dégustations

Des exemples de bières sont donnés pour chaque pays, chaque style et chaque brasserie. Il ne s'agit pas de sélectionner les « meilleures bières au monde », mais de proposer des bières de qualité qui ont un intérêt organoleptique.

À quelques rares exceptions près, notamment pour les moines trappistes et les lambics de Belgique, nous n'avons pas présenté plus d'une bière par brasserie. Un souci d'égalité nous a animés : que ce soit les grands noms de brasserie ou les petits brasseurs, héritiers d'une tradition familiale, tous ont bénéficié du même traitement.

Les géants mondiaux de la fabrication de la bière

En règle générale, cet ouvrage ne fait que de rares mentions des bières les plus commercialisées au monde. Il va sans dire que leur succès est davantage lié aux techniques de marketing et à la commercialisation propre aux grands groupes qu'à l'authenticité préservée du produit. Néanmoins, nous proposons dans chaque thématique une liste de marques locales incluant des bières qui, même si elle résultent d'une large production, n'en présentent pas moins une certaine singularité ou dont les débouchés se trouvent principalement (voire uniquement) sur le marché national. La maison mère de ces marques est identifiée entre parenthèses, après le nom de la bière.

Cartes

Dans un monde aussi « densément peuplé » et, rappelons-le, aussi mouvant par nature que celui de la bière, il est quasi impossible de mentionner sur une carte les brasseries de chaque pays. Nous avons en conséquence procédé à des choix, en l'occurence arbitraires. Une fois de plus, nous prions le lecteur de nous excuser pour les éventuelles omissions, intentionnelles ou non.

Terminologie

Comme le vin, la bière a sa terminologie propre, parfois déroutante. Nous nous sommes efforcés d'éviter le jargon et, pour les cas où nous n'avons pu y échapper, les termes techniques sont expliqués dans le glossaire (*voir* p. 248-249).

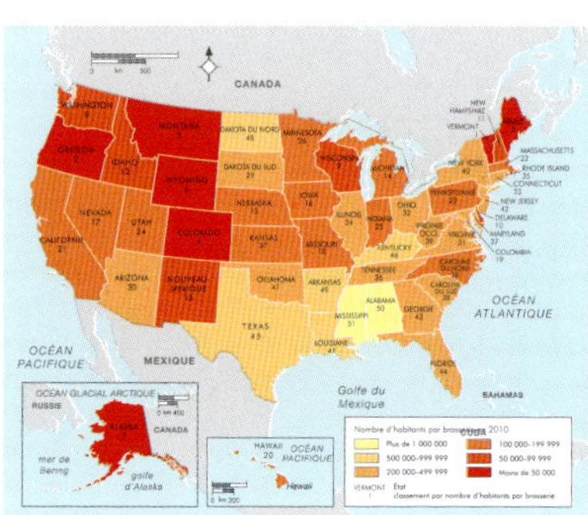

Ci-contre à gauche : les cartes comportent diverses informations : statistiques, tendances brassicoles historiques, zones urbaines et leurs brasseries, ou lieux importants pour les globe-trotters amateurs de bonnes bières.

Ci-contre à droite : les notices de dégustation présentent une bière type de chaque brasserie, avec son étiquette. Le titre alcoométrique est précisé.

KAGGEN ! STORMAKTS PORTER
(9,5 % vol.)
Närke Kulturbryggeri, Örebro (Örebro)
Cette brasserie fondée en 2003, la plus dynamique de Suède, crée plusieurs versions de cet imperial stout, qui offre des sensations gustatives impressionnantes.
www.kulturbryggeri.se

Pour une définition de la bière

La définition légale de la bière varie d'un pays à l'autre en fonction des spécificités et de la consommation de cette boisson. Dans des pays tels que la Norvège et le Japon, une boisson définie comme une bière fera l'objet de taxations selon des barèmes plus élevés que ceux appliqués à d'autres boissons alcooliques ayant le même titre alcoométrique. En France, c'est l'inverse qui se vérifie : la bière est considérée comme un produit manufacturé, contrairement au vin qui est un produit agricole dérivé.

Le fait incontestable, c'est que la bière est le produit d'une céréale, le vin celui du raisin, et l'hydromel celui du miel. Si certains sont tentés de définir le saké comme une sorte de bière… nous vous déconseillons de vous risquer à l'expliquer à un fervent adepte du saké japonais !

Légalement, le terme de « bière » en France (depuis le décret du 31 mars 1992) s'applique à une « boisson obtenue par fermentation alcoolique d'un moût préparé à partir du malt de céréales, de matières premières issues de céréales, de sucres alimentaires et de houblon, de substances conférant de l'amertume provenant du houblon, d'eau potable. Le malt de céréales représente au moins 50 % du poids des matières amylacées ou sucrées mises en œuvre. L'extrait sec représente au moins 2 % du poids du moût primitif. »

Le vin fait l'objet d'une définition beaucoup plus stricte au niveau international : il est le « produit obtenu exclusivement par la fermentation alcoolique, totale ou partielle, de raisins frais, foulés ou non, ou de moûts de raisins » ; son titre alcoométrique ne peut être inférieur à 8,5 % vol. De plus, il bénéficie du cadre légal du système des appellations d'origine contrôlée, particulièrement développé en France, qui permet de fixer des caractères organoleptiques pour chaque vin selon le terroir et les cépages dont il provient, et selon les modes d'élaboration admis dans son aire délimitée de production.

La bière ne peut compter sur un encadrement aussi précis. Ainsi, une blonde, ou Indian Pale Ale, pourrait se composer en Grande-Bretagne de malt sec et avoir un titre alcoométrique inférieur à 4 % vol., alors qu'en Californie, son équivalent serait d'une amertume prononcée et d'un titre supérieur à 7 % vol., et qu'une autre IPA dans l'est du Canada serait comparable par sa robe, ses arômes et ses saveurs à une blonde traditionnelle.

Aussi déconcertante que puisse être cette variabilité, surtout pour le néophyte, c'est là que réside l'un des atouts de la bière : une créativité singulière, inattendue, paradoxale, qui s'affranchit de toute règle. Si une bière de caractère dans un pays donné peut devenir une bière légère et rafraîchissante dans un autre et sous une même dénomination, c'est parce que les brasseurs utilisent des techniques ou des ingrédients radicalement distincts.

Sur un plan pragmatique, la bière est le résultat du travail du brasseur à partir de toutes sortes de céréales additionnées de houblon, invariablement fermentées à l'aide de levures. Le brasseur peut ensuite ajouter des ingrédients variés allant des baies aux légumes, de la coriandre aux feuilles de tabac, puis mener le vieillissement du brassin de différentes manières, notamment dans des cuves en acier inoxydable, dans de grandes bouteilles scellées par bouchon ou dans des tonneaux à whisky.

Ci-dessus : des houblons entiers sont ajoutés en cours de cuisson à la brasserie McMullen de Hertford, Royaume-Uni.

De nombreux brasseurs allemands se félicitent du *Reinheitsgebot* ou « Décret sur la pureté de la bière » (*voir* p. 80), mais dans le monde des brasseurs, ainsi que dans la vaste majorité des confédérations artisanales, de telles restrictions ne trouvent plus à s'appliquer. On a rejeté le règlement. Que règne désormais l'anarchie créative ! À bon escient – ou pas.

LA NATURE DE LA BIÈRE

Les législateurs de l'Union européenne font entre le vin et la bière une distinction apparemment anodine et pourtant non négligeable. Le premier, déclarent-ils, est un « produit agricole dérivé », tandis que la seconde est « manufacturée ». Cette différenciation peut paraître discriminante, car elle coûte chaque année des milliards d'euros aux buveurs de bière, puisque les viticulteurs, bénéficient des subsides agricoles qui sont refusés aux brasseurs, y compris à ceux qui exercent encore à la ferme.

Or, ce ne sont pas seulement les législateurs qui voient dans la bière un produit de l'industrie de transformation. Au fil des siècles, pendant que les cuisiniers – les premiers brasseurs – devenaient des artisans payés pour transformer les céréales en « lubrifiant social », des fortunes s'établissaient grâce au commerce de la bière. Alors que certains bâtissaient leur réputation sur des bières typiques et complexes, d'autres tiraient profit de bières plus abordables, présentant un ou deux degrés de plus que le titre alcoométrique minimum fixé.

Dans cette industrie en perpétuel changement, des tensions ont toujours existé entre le brasseur artisan déterminé à proposer un produit avec le meilleur profil gustatif possible et un marchand résolu à approvisionner des clients davantage épris d'ivresse que d'hédonisme.

La transformation de l'orge en bière est à la fois simple et immensément complexe. Un brasseur amateur pourrait très bien obtenir un produit satisfaisant à partir d'extraits et d'un kit acheté en magasin, mais un maître brasseur doit aujourd'hui être dûment diplômé pour recevoir l'autorisation de produire une boisson destinée à être bue sans façons à même une canette.

Boisson multifacette, fortifiant liquide, signe à la fois de convivialité et de danger, source d'indolence et d'accompagnement gastronomique, tels sont les caractères complexes et antinomiques de la bière.

Page précédente : à une petite échelle, le brassage non automatisé demeure souvent une activité physique intense. Sur cette photo, Bill Batten, de la compagnie brassicole AleSmith de Californie procède au dédrêchage (élimination des drêches par ratissage) après le processus d'empâtage.

LES ORIGINES DE LA BIÈRE

À partir des cultures semées par les premiers habitants de la Mésopotamie et du Croissant Fertile, on a déduit que ceux-ci brassaient probablement, 9 000 ans avant notre ère, une boisson assimilable à la bière. Toutefois, les tout premiers éléments attestant cette activité proviennent de résidus ayant 2 000 ans de plus, prélevés sur des tessons de poterie mis au jour dans la province du Hunan en Chine.

En 3000 avant Jésus-Christ, les brasseurs égyptiens auraient constaté que l'orge se prêtait le mieux à la fabrication de la bière ; ils avaient mis au point des formes rudimentaires de maltage. Nous savons également que les Celtes ont fabriqué leurs cervoises à partir d'orge, de blé et d'avoine dès 2000 avant notre ère.

À l'origine, le brassage était une activité purement domestique, dont les épouses se chargeaient au même titre que la cuisson des aliments ou la fabrication du pain. D'ailleurs, les premières brasseries communautaires employaient des femmes pour superviser les dosages et surveiller le moût en ébullition.

Le fléau auquel les brasseurs d'antan avaient à faire face était l'oxydation. Tout contact avec l'air transforme rapidement l'alcool en aldéhydes et en acides organiques. Les fabricants de bière ont cherché pendant des siècles à différer ce processus au moyen d'un mélange d'épices appelé *gruyt*. Certains fournisseurs, comme ceux de la Bruges médiévale, devinrent immensément riches – à commencer par ceux qui prêtaient des vertus thérapeutiques ou aphrodisiaques à leurs recettes brevetées, en dépit de l'utilité limitée de leurs produits.

Les houblons avaient longtemps été utilisés par des apothicaires soucieux de masquer l'amertume de remèdes antiques, et il se peut qu'on y ait aussi eu recours pour le brassage. Ils contiennent des antioxydants freinant l'acidification et des antiseptiques qui réduisent les risques de contaminations fongiques et autres. Ainsi, ils devinrent une parade idéale pour les brasseurs, leur usage s'étendant du royaume de Bohême à toute l'Europe dans la période comprise entre le XIe et le XIVe siècle.

Jusqu'à ce que l'on comprenne qu'il s'agissait de micro-organismes, les levures, sous forme de suspension liquide, de pâte épaisse ou de granules séchés, étaient vénérées comme un don de Dieu qui faisait lever la pâte à pain avant la cuisson au four et métamorphosait une bouillie claire de flocons d'avoine en une bière grisante.

La bière, du fait des traditions et des conjonctures régionales, a toujours varié en force et en composition. Au XVIIe siècle, les brasseurs commencèrent à copier des styles et des modes de fabrication spécifiques. Les tourailles, four à air chaud pulsé, permettaient la fabrication de malts à cuisson légère à partir desquels brasser de la bière blonde. Le Londres du XVIIIe siècle vit la création du premier porter, bière brune peu houblonnée, puis du premier stout, bière brune plus torréfiée et plus houblonnée. En 1842, une bière blonde de fermentation basse fut fabriquée pour la première fois dans la ville de Pilsen (ou Plzeň), au sud de la Bohême.

La révolution industrielle rendit possible le brassage en volumes toujours plus impressionnants, tandis que l'ère de la vapeur introduisait des modes de transport plus rapides sur terre comme sur mer, offrant à la bière la possibilité d'être distribuée jusque dans l'outre-mer.

En 1862, Louis Pasteur et ses collègues inventèrent la pasteurisation (chauffer la bière à 55 °C) qui permit aux brasseurs d'éliminer les micro-organismes responsables des altérations de leur produit. On abandonna ainsi les ales anglaises vineuses, vieillies en fût de chêne, pour mieux se concentrer sur des bières aux arômes plus doux.

En 1900, des compagnies de brasseurs du monde entier eurent la capacité de créer une gamme de bières plus large que jamais et d'en faire le commerce. Qui sait où l'on en serait aujourd'hui si en 1914 n'avait débuté, une période de guerres meurtrières, de récessions économiques et de politiques prohibitionnistes qui allait durer cinquante ans ?

Quand arrive 1965, seuls quatre pays – la Grande-Bretagne, l'Allemagne, la Tchécoslovaquie et la Belgique – peuvent encore, non sans peine se réclamer d'une culture de la qualité en matière de brassage artisanal. Pour la bière, les jeux étaient, pour ainsi dire, faits. Nul n'anticipa ce qu'il advint par la suite.

Ci-dessus : le contrôle de la fermentation doit beaucoup à l'œuvre des savants du XIXe et du début du XXe siècle, comme ces scientifiques dans leur laboratoire de Carlsberg, à Copenhague.

Page précédente : le pharaon Antef II offre du lait et de la bière au dieu soleil Râ et à la déesse Hathor. Thèbes, vers 2100 avant notre ère.

LA FABRICATION DE LA BIÈRE

Les caprices du climat ou les aléas des moissons, le choix délicat des tonneaux ou des bouchons sont autant de questions et d'incertitudes que connaissent peu les brasseurs, hormis celles de l'impact du climat sur les récoltes de céréales. Eux décident des volumes de production, de la teneur en alcool, de la teinte et de la persistance de la mousse de leur produit, de sa limpidité, de son amertume, ainsi que de ses arômes et saveurs.

À chaque étape de la fabrication, ils cherchent à établir un juste équilibre entre le coût et la qualité, entre l'originalité et la conformité par rapport aux attentes du consommateur.

Quand une bière tourne mal, on ne peut qu'invoquer une erreur humaine. Qu'elle enchante le palais par son équilibre parfait et son originalité, ou qu'elle mousse simplement à l'ouverture d'une canette sans avoir rien de plus pour elle qu'une marque déposée, elle est l'aboutissement d'une réflexion minutieuse.

Ci-contre, à droite : brasseurs comme amateurs de bières savent que les arômes comptent tout autant que le goût dans l'appréciation d'une bière.

Ci-dessus : prélèvement d'un échantillon de moût dans la cuve-filtre d'une des plus anciennes brasseries de Bavière.

Malt et autres céréales

L'âme d'une bière, quelle qu'elle soit, c'est le malt. Après avoir été battue, l'orge moissonnée est gardée dans un endroit chaud et humide afin que son grain germe, formant de grandes piles bien ordonnées : c'est le maltage. Dans leurs membranes cellulaires, les enzymes transforment l'amidon en sucres propices à la fermentation alcoolique. Afin de maîtriser cette transformation, le malteur élimine les enzymes au moment opportun en élevant la température.

Les types d'orge varient en fonction de leur richesse en sucre et de leurs saveurs de base, ainsi que de leur rendement à l'hectare. Les brasseurs britanniques accordent leur préférence à Maris Otter, une variété à faible rendement qui croît dans la région de l'East Anglia. Leurs homologues tchèques ne jurent que par les variétés Haná de la Moravie septentrionale, tandis que les Allemands préfèrent le Malz.

Le malt se prête à une large gamme de techniques de brassage. Si un distillateur de whisky requiert qu'un four soit spécifiquement chauffé à la tourbe, le brasseur se préoccupera davantage de la durée et de la température de la torréfaction. À un bout du spectre, dans les valeurs les moins accentuées, le malt de la Pils est à peine torréfié, sans brunir, ce qui permet son emploi dans la création de bières blondes tout en légèreté. Le malt blond apporte des reflets dorés ; le malt Crystal légèrement plus foncé confère un caractère caramélisé. Le malt Vienna offre un brun rougeâtre, et la variété de malt Münchener donne des bières ambrées plus foncées. Les malts Chocolat ont l'aspect et le goût du caramélisé, du café ou du chocolat selon leur degré de torréfaction et produisent une bière noire plus ou moins amère, lorsque moins de 10 % sont ajoutés à la trempe.

Si l'orge est le roi incontesté des céréales brassicoles, le blé et l'avoine ont des origines tout aussi illustres. On peut malter le blé et l'avoine ou les utiliser nature, de façon accentuer le goût sucré d'une bière jeune – cela se vérifie davantage avec l'avoine qu'avec le blé. Lorsque leurs sucres sont pleinement fermentés, on obtient *a contrario* une astringence plus prononcée. Leur usage provoque un trouble protéinique laiteux qui peut s'avérer difficile à dissiper. Par ailleurs, s'ils entrent pour plus d'un tiers dans la composition de la trempe, ils risquent d'obstruer les cuves.

Quelques brasseurs artisanaux ont remis au goût du jour des céréales plus anciennes, parmi lesquelles l'épeautre, le sarrasin, le seigle, tandis que les expérimentations menées dans le monde industrialisé avec des graminées comme le sorgho et le millet visent plutôt une chasse aux coûts. Ces céréales entrent dans la composition de bières d'Afrique sub-saharienne, parfois en raison d'impératifs politiques, comme au Nigeria où l'usage obligatoire du sorgho local relève d'une mesure économique.

Des céréales comme le maïs et le riz, ou des saccharides moins complexes tels que l'amidon, le succédané sucré ou le sucre caramélisé allègent les saveurs de la bière, ce qui peut faciliter l'approche d'une bière forte à 9 % vol. Dans le cas de bières moins capiteuses, ces céréales auxiliaires ou ces saccharides servent principalement à garantir des coûts peu élevés.

Ci-dessus : le maltage d'orge sur aire traditionnelle ; le grain est tourné manuellement pour que le touraillage soit homogène.

Les houblons

Le houblon commun (*Humulus lupulus*) est essentiel pour l'arôme et le goût d'une bière. Les cultures de houblon existaient en Europe centrale au VIIe siècle et on utilisait déjà cette plante pour le brassage bien avant que le roi de Bohême n'impose des taxes en 1089. Au XIVe siècle, les houblons constituaient un composant habituel de la plupart des bières européennes.

Les fleurs ou cônes de houblon contiennent divers éléments chimiques naturels qui réduisent les risques de contamination fongique, entre autres, et qui freinent l'oxydation ; leurs huiles fournissent des arômes de fleurs ou d'herbes, ainsi que d'agrumes. Elles libèrent à divers degrés une amertume liée aux acides alphas, que la torréfaction rend actifs (*voir* p. 22) et qui sont quantifiables sur une échelle IBU, ou International Bitterness Unit.

Les saveurs amères déclenchent chez nous des signaux d'alerte innés qui nous aident à détecter les aliments et les boissons empoisonnés. Cette sensibilité est plus aiguë chez les femmes enceintes et les mères qui allaitent, et cela peut expliquer en partie la popularité de la bière plus grande chez les hommes, même si le conditionnement social influe probablement davantage. Les années récentes ont vu s'opérer des changements considérables, en raison des tendances venues des États-Unis.

En dehors du brassage, les houblons sont peu utilisés, de sorte que les producteurs de houblon sont condamnés à suivre les orientations d'une industrie qui, jusqu'à récemment, privilégiait les bières au goût toujours moins prononcé. La baisse d'acréage qui en résulte a fait disparaître complètement la culture du houblon dans certaines régions du monde, comme en Irlande. La popularité de styles de bière tels que la blonde américaine ou la saisonnière belge, conjuguée à l'usage de plus en plus inventif des propriétés gustatives de certaines variétés de houblon, a maintenant un impact sur les houblonniers. Les surfaces de culture ne se cantonnent plus aux bastions européens du brassage, et les cultivateurs d'Amérique du Nord, de Nouvelle-Zélande, de Chine et même d'Argentine ont rejoint un commerce international en pleine relance.

Les brasseurs industriels exploitent plus de deux cents espèces de houblon, beaucoup étant des hybrides récents. Chacune, a son propre profil : propriétés antiseptiques, saveurs, arômes et amertume. Sélectionner le bon houblon pour une bière, c'est comme choisir les fines herbes, les épices et les légumes pour un plat mijoté. Les variétés isolées donnent souvent de moins bons résultats qu'un mélange soigneusement élaboré, mais certaines souches plus récentes sont suffisamment rentables à tous égards pour permettre de produire des bières appréciables. Même les cultivateurs d'un conservatisme prudent espèrent en créer davantage.

Parmi les variétés britanniques connues, citons le Fuggles, le Northern Brewer, le Bullion, divers Golding et le Challenger, relativement nouveau venu. Les brasseurs allemands privilégient les houblons « nobles » comme le Tettnang, le Spalt, les variantes de Hallertau et la principale culture tchèque de Saaz.

Si les cultivateurs des États-Unis ont rejoint assez tardivement l'aventure, ils ont comblé leur retard avec des variétés de qualité comme l'Amarillo, le Cascade, le Willamette, le Columbus (*alias* le Tomahawk), le Chinook et bien d'autres. Plus récemment, la Nouvelle-Zélande s'est imposée avec le recours à des variétés aux parfums insolites, telles que le Nelson Sauvin, le Pacifica et le Motueka.

Si le mélange des houblons est décisif, la forme sous laquelle on les emploie est aussi importante. Les houblons entiers arrivent comprimés dans des sacs volumineux ; du moment qu'ils sont fraîchement récoltés, ils peuvent être considérés comme de première qualité. Les alternatives sont les granulés (les « pellets »), les extraits et les huiles.

Les brasseurs pourront discuter longtemps des mérites relatifs de ces différentes formes de houblons. Pour résumer un débat controversé, disons que le recours aux granulés de houblon est indiscernable de l'emploi des houblons entiers, du moment que ceux-ci ont été congelés dès la moisson puis broyés. Ceux qui sont broyés garderont leur verdeur plus durablement que les houblons compactés. Les extraits et les huiles sont moins qualitatifs. Quand des brasseurs en font usage, ils tendent à les associer à des houblons au feuillage entier.

LES HOUBLONS MÂLES ET LES HOUBLONS FEMELLES

Seules les inflorescences femelles sont utilisées pour le brassage, car leur cône produit la résine jaunâtre (la « lupuline ») recherchée pour donner l'amertume caractéristique de la bière. Le houblon étant une plante dioïque, les fleurs de sexe opposé se trouvent sur des pieds distincts. Les pieds mâles sont ainsi écartés des cultures de houblon. Même quand ils poussent à distance, ils peuvent « dissiper » les pieds femelles et altérer le goût de leurs fleurs. Les fleurs mâles sont nécessaires toutefois à la création de nouvelles variétés.

Ci-dessus : « Tige de houblon », extrait de *The Young Landsman*, une lithographie coloriée à la main de Matthias Trentsensky, publiée à Vienne en 1845.

Ci-contre : La filière mondiale du houblon pourrait connaître une forte pression à l'avenir, tant en raison du développement de styles de bière très houblonnée, tels que la pale ale et l'IPA, que de celui du brassage artisanal sur les marchés émergents comme le Brésil et la Chine.

Les levures

Les levures, c'est ce miracle microscopique qui façonne une bière en déterminant sa teneur en alcool et en modelant son caractère. Ces minuscules organismes unicellulaires se nourrissent du sucre du moût (le liquide riche en sucre que l'on extrait de l'empâtage – *voir* p. 22) et produisent de l'alcool et du gaz carbonique lors du processus de fermentation. S'il existe des dizaines de céréales disponibles et des variétés de houblons par centaines, les types de levures utilisés par les brasseurs se comptent par milliers.

Par convention, on parle de « levures » au pluriel. Celles qui fermentent les blondes ales sont appelées *Saccharomyces cerevisiae.* Agissant à température ambiante, elles migrent vers la couche supérieure du moût – d'où les ales qu'on dit souvent à « fermentation haute ». Les *Saccharomyces uvarum* agissent plutôt à des températures plus basses, s'agrégeant alors au fond des cuves. Ces bières sont ensuite traditionnellement soumises à une garde à basse température. C'est pourquoi les lagers sont nommées « bières de fermentation basse ».

Dans la pratique contemporaine du brassage, la distinction entre ale et lager est devenue floue. Certains brasseurs poussent les levures de basse fermentation à fermenter les bières à une température ambiante, voire au-delà, en deux ou trois jours.

Il faut parfois toute une vie passée à goûter la bière pour savoir reconnaître l'action des bonnes (ou des mauvaises) levures. Comparez, par exemple, une de ces bières de froment bavaroises qui doivent aux levures d'ale *Hefeweizen* d'intenses arômes de banane et de clou de girofle (*voir* p. 90-91) avec une ale belge qui hérite son caractère épicé d'une souche spécifique de levures et non d'une adjonction d'épices en poudre difficiles à réglementer (*voir* p. 72-73).

Les brasseurs d'antan disaient que les levures laissaient leur empreinte ; ils utilisaient la variété qui avait leur préférence pour la fermentation de bières aux styles certes différents, mais au profil organoleptique commun. L'ordre des choses dictait de tels choix, puisque les souches locales de levures étaient naturellement présentes dans les brasseries et pénétraient dans les cuves de fermentation découvertes.

Les brasseurs avaient coutume de se procurer des levures en prélevant celles-ci sur les précédents moûts de bière. Cette action était risquée, car d'autres micro-organismes isolés, en particulier les levures dites « sauvages »,

Ci-dessus : écumage de la levure à la surface d'une bière de fermentation haute.

Ci-contre : les cuves de fermentation en acier inoxydable sont désormais la norme dans les brasseries, grandes et petites.

pouvaient ainsi entrer en contact avec les levures utiles et les contaminer. Dans la mesure où la fermentation a lieu maintenant dans des cuves hermétiques, qui peuvent facilement être stérilisées entre chaque brassin, les brasseurs d'aujourd'hui ont la possibilité de sélectionner différentes levures pour chaque marque. Reste que l'approvisionnement en levures demeure une phase critique, véritable casse-tête logistique.

L'idéal serait de bénéficier de réserves exemptes d'impuretés pour chaque levure active, et d'utiliser la même levure, chaque fois qu'on brasse la même bière. Les grandes brasseries emploient des microbiologistes qui gèrent sur place leur banque de levures. Ceux qui n'en ont pas les moyens peuvent parfois se reposer sur une banque indépendante de levures afin de garder des stocks de levures fraîches. D'autres emploieront des levures sèches, achetées en fonction des besoins.

Les divergences d'opinion entre brasseurs à propos de l'usage des granulés de houblon ne sont rien en regard de la diversité des points de vue sur les levures sèches. Nous connaissons deux ou trois excellentes brasseries de taille modeste qui semblent mener une fermententation fiable et constante de leurs bières à l'aide de levures sèches, mais bien d'autres font état d'un problème : leurs bières prennent un arrière-goût de carton ou encore d'eau saumâtre.

La question a tant d'importance que des petits brasseurs européens se fournissent en levures fraîches auprès de fournisseurs nord-américains pour chaque nouveau brassage. Un brasseur qui avait tenté de réduire ses coûts par des acheminements groupés et la réfrigération en conteneurs hermétiques des levures inutilisées se retrouva en quelques mois en butte à tant de contaminations croisées qu'il eut cette réflexion : « Les levures sont encore plus "branchées sexe" que des champions sportifs ! »

BRASSAGE ET FERMENTATION

Toutes les grandes bières sont le fruit d'une réflexion et d'une stratégie d'élaboration, qu'elles soient nées du génie inventif d'un individu ou d'une méthode longuement éprouvée par une grande maison. Pour mettre en œuvre ses choix, le brasseur a besoin d'un équipement spécifique ; mais les choix opérés en matière de méthode et d'ingrédients ne sont pas pour autant à négliger, pas plus que le chronométrage des étapes d'élaboration. Différents facteurs influeront plus ou moins en fonction du type de bière, mais le produit final, quel qu'il soit, résulte toujours de cette même série de décisions capitales.

1 PRÉPARATION DE LA CÉRÉALE

Le malt et d'autres céréales sont versés dans une trémie à malt avant de passer dans un concasseur : leur broiement produit la mouture de malt. On appelle parfois le mélange obtenu « ajout céréalier ».

Décisions capitales du brasseur :
Quels types d'orge maltée utiliser ? De quelle provenance ? Dans quelles proportions ? Et dans quelles quantités ? Quelles autres céréales, quelles céréales dérivées ou quels sucres additionnels employer éventuellement ?

2 EMPÂTAGE

L'eau d'empâtage (ou de brassage) est ajustée au bon taux alcalin ou minéral avant d'être déversée dans la cuve-matière, où la mouture de malt est mélangée, puis aérée à l'aide d'un râteau mécanique ou d'un agitateur à palettes. La température de la cuisson au cours de ses différentes phases détermine la nature des sucres extraits et leur quantité. Des températures plus élevées impliquent l'adjonction d'une plus grande proportion de sucres complexes censés adoucir la bière et en rehausser le moelleux, mais réduisent sa teneur en alcool. Les températures caractéristiques vont de 60 à 80 °C. L'opération prend généralement entre une et deux heures. Le liquide obtenu s'appelle « la maïsche ». Quand une partie de la maïsche est soutirée et versée dans une autre cuve, puis portée à ébullition et reversée dans le brassin initial à une, deux puis trois reprises, on parle alors de « décoction » simple, double ou triple.

Décisions capitales du brasseur :
Quelle quantité de mouture de malt irriguer ? Quels minéraux sont présents ? Quelle durée pour l'empâtage ? À une température donnée ou avec différents paliers ? Avoir recours à l'infusion uniquement ou bien aussi à la décoction ? Et dans ce cas, à combien de reprises ?

3 LAVAGE DES DRÊCHES

À la fin de l'empâtage, on écoule le liquide riche en sucres, qu'on appelle à cette étape le « moût doux » de bière, tandis que les grains et les écumes sont retenus dans une cuve séparée connue traditionnellement comme la cuve-filtre, où les drêches sont lavées à l'eau chaude pour dégager plus de sucres. Un lavage abusif des drêches libérera des substances chimiques indésirables des balles de céréales.

Décisions capitales du brasseur :
Laver les drêches pour atteindre quelle concentration finale ? Filtrer directement ou utiliser une cuve-filtre ?

4 CUISSON

Le moût de bière doux est acheminé vers une chaudière à houblonner où, comme son nom l'indique, on ajoute les houblons. Le mélange est mis en cuisson pour une durée allant de une à trois heures en vue d'une stérilisation qui stoppe toute action des enzymes et qui libère les acides alphas au pouvoir amérisant. À ce stade, certains brasseurs intègrent des herbes et des épices, alors que d'autres ajouteront des houblons supplémentaires plus tard au cours de la cuisson au nom de la fraîcheur et de l'arôme.

Décisions capitales du brasseur :
Quel(s) type(s) de houblon employer ? Sous quelle forme ? De quelle origine ? Ajouté(s) selon quelle fréquence, durant la cuisson ou après ? À quels stades ? En quelles quantités ? Durée de la cuisson ? À quelle température ? Sous quelle pression ?

Ci-dessus, à gauche : toutes les bières commencent ainsi, lorsque les grains d'orge maltée sont broyés dans un concasseur.

5 LA PRÉPARATION DU MOÛT HOUBLONNÉ

Après la cuisson, les houblons et autres particules sont dissociés du mélange parfois grâce à un whirpool, sorte de centrifugeuse qui va rassembler les particules solides au centre de la cuve, et/ou au moyen d'une cuve hermétique : un bac à houblon. Le moût houblonné est ensuite refroidi soit avec un serpentin, soit avec un échangeur à plaques, avant d'atteindre la cuve de fermentation. Ces dispositions permettent d'éliminer les matières solides par filtrage tout en fixant une quantité maximale de composants aromatiques volatils.

Décisions capitales du brasseur :
Quel équipement employer ? Pour atteindre quelle température et quelle limpidité ?

6 LA FERMENTATION

Les levures commencent à produire de l'alcool et du gaz carbonique en transformant le glucose. Les cuves découvertes à coins carrés sont plus sujettes aux contaminations, tandis que les cuves de fermentation hermétiques et plus hautes peuvent soumettre les levures à un stress physique. Plus la température sera élevée, plus il y aura production d'esters. Ces composants chimiques participent à la palette aromatique fruitée. Dès la baisse d'activité des levures, on transfert la bière dans des cuves de garde pour la fermentation secondaire.

Décisions capitales du brasseur :
Quand et comment préparer et oxygéner les levures ? Quelle(s) variété(s) utiliser ? Quelles quantités ajouter ? Quelle conception doivent avoir les cuves de fermentation ? Quelle température d'amorçage ? Et jusqu'à quelle valeur maximale ? Contrôlée de quelle façon ? Comment séparer et recycler les levures excédentaires ?

7 LA FERMENTATION SECONDAIRE ET LA GARDE

La fermentation secondaire puis la garde influencent sensiblement la qualité d'une bière. Le procédé le plus simple consiste à transvaser la bière (par soutirage) dans des tonnelets où elle continue à évoluer pendant un maximum de trois semaines, l'adjonction de colles contribuant à précipiter les résidus. D'autres bières sont filtrées et transférées dans des cuves de garde pour un entreposage frigorifique (garde basse) ou, occasionnellement, dans des barils en bois pour le vieillissement. Les bières refermentées en bouteille peuvent aussi être filtrées ou même pasteurisées avant leur embouteillage ; des levures fraîches et, parfois, du sucre liquide sont ajoutés afin de déclencher une nouvelle fermentation. Les meilleures bières de garde à fermentation basse sont conservées au froid pendant environ douze semaines, certaines recevant une adjonction tardive de moût fraîchement fermenté juste avant la mise en bouteilles. Des houblons frais sont ajoutés à certaines bières au cours de cette garde : c'est ce qu'on appelle le houblonnage à cru.

Décisions capitales du brasseur :
Pendant combien de temps ? En combien de phases ? À quelle(s) température(s) ? Quelles cuves ? Quelle refermentation éventuelle (addition de *kraüsen* ou ajout de levures fraîches) ? Quand faut-il mettre en fûts, en bouteilles ou en canettes ? Filtration ou de stérilisation ? Avec ou sans centrifugation ? Assemblage ? Addition d'adjuvants par dilution, colorant, aromatisation ou édulcoration ? Procédé de flash pasteurisation, de pasteurisation en tunnel ou de pasteurisation/filtration sur membrane ? Réensemencer avec des levures fraîches le fût, le tonnelet ou la bouteille ? Étuvage à chaud ? Quelles sont les meilleures bouteilles ou les meilleurs barils ?

Et tout au long : comment préserver le produit de la contamination, comment assurer une propreté irréprochable ?

Après toutes ces minutieuses opérations, le brasseur doit se résigner au fait que des variables échappent à son contrôle : le vieillissement, la garde, l'état des chaînes de tirage en atelier de conditionnement, la température et jusqu'au verre de dégustation lui-même (sa forme et sa propreté) ont un impact sur la qualité de la bière finie.

CULTURES DES HOUBLONS ET PRODUCTION MONDIALE DE LA BIÈRE

Le brassage s'est étendu dans le monde entier, et la culture des houblons a suivi. Aujourd'hui, l'inquiétude est réelle, car la production des cultures risque de ne plus suffire pour répondre à la demande mondiale.
Source : groupe Baarth-Haas

BRASSAGE ARTISANAL

Ces quarante dernières années ont vu une réaction mondiale et spontanée contre la standardisation de la bière. Au Royaume-Uni, cela s'est traduit par l'action de la CAMRA (Campagne pour une bière authentique – à l'origine « campagne pour la revitalisation de l'ale » – ; *voir* p. 110), tandis que le premier groupement belge de consommateurs défendait la bière « artisanale ».

C'est en Amérique du Nord, que le microbrassage a fait son apparition : un concept quelque peu manichéen, mais simple à comprendre… Opérer à faible échelle était un bien, à grande échelle, un mal. Les bières des brasseries industrielles bénéficiaient de campagnes publicitaires à plusieurs millions de dollars ; celles des microbrasseries étaient vendues isolément, souvent par le propriétaire de la brasserie en personne. La microbrasserie venait du coin, la macrobrasserie, elle, venait d'on ne savait où.

Au fil du temps, toutefois, la dichotomie est devenue moins évidente. D'abord, certaines bières de brasseries modestes n'étaient pas bonnes du tout, leurs défauts allant du manque d'équilibre et de caractère aromatique à de graves anomalies ou altérations. Ensuite des bières « éphémères » sont apparues, des marques issues en apparence de microbrassage, mais produites en réalité par des brasseries industrielles ou des entreprises commerciales souhaitant surfer sur la mode.

Lorsque la première brasserie de ce genre est apparue en Amérique du Nord, on a plutôt parlé de « brasserie artisanale ». Avec, à la clé, le besoin nouveau de définir ce que c'était et, plus important peut-être, ce que cela n'était pas.

S'il persiste une vision romantique de la bière brassée manuellement avec amour, plutôt que fabriquée par des machines-outils, nombre des brasseries artisanales actuelles s'appuient en vérité sur des équipements de pointe et sur l'informatisation pour produire leurs bières, et c'est précisément cette technologie qui permet à de telles entreprises de se développer. Dans ces conditions, si ce ne sont l'envergure ou les avancées technologiques, qu'est-ce qui distingue la brasserie artisanale de son équivalent industriel ?

En premier lieu, les brasseurs artisanaux ne pratiquent pas le brassage à haute densité (*voir* p. 30) en raison aussi de normes draconiennes qui les en empêchent.

Ensuite, l'usage de succédanés est un autre domaine dans lequel petites brasseries et brasseries industrielles divergent. Afin d'alléger le corps de leurs bières et, dans certains cas, de réduire les coûts de production, beaucoup de brasseries industrielles dans le monde ont recours tantôt à des sources de sucres fermentescibles tels que le maïs, le riz ou l'amidon, tantôt à du sucre sous forme liquide. Dans certains cas, ces additifs représentent jusqu'à un tiers des sucres utilisés pendant la fermentation.

Les brasseurs artisanaux peuvent aussi employer au cours de l'élaboration de certaines bières des sucres de substitution, la plupart du temps avec des

CAMPAIGN FOR REAL ALE

Ci-dessus : le mouvement Camra, Campaign For Real Ale, contre les bières de consommation courante commémora son quarantième anniversaire en 2011 : il réunit plus de 125 000 membres.

Ci-contre à gauche : triage des céréales à la compagnie brassicole Lagunitas, Petaluma, en Californie. Les brasseries artisanales comme Lagunitas ont révolutionné l'approche qu'ont les consommateurs nord-américains de la bière.

Ci-dessus : des tonneaux en bois à doublure interne, comme ceux-ci dans un entrepôt brassicole de Traunstein en Bavière, décorent les comptoirs de bar dans diverses régions d'Allemagne.

Ci-contre : Cascade, le houblon américain aux arômes marqués, caractérise de nombreux styles de bière américains, au premier titre desquels celui de la blonde.

Ci-dessous : dans toute l'Amérique du Nord et dans une grande partie de l'Europe, les petites brasseries sont un vivier d'emplois plus important que leurs homologues industrielles.

concentrations bien moindres et, rarement pour alléger le caractère d'une ale ou d'une lager, la bière artisanale étant réputée pour ses arômes intenses. De telles pratiques impliqueraient l'ajout de flocons de maïs aux meilleures bières amères britanniques, le recours au sucre candi dans le brassage des ales trappistes (*voir* p. 54-57) et l'emploi d'agents de rétention de chaleur comme le blé ou la farine de blé.

Mais assez parlé de ce que les brasseries artisanales ne font pas. Tournons plutôt notre attention vers ce qu'elles font et qui les rend « artisanales ».

Les caractéristiques les plus importantes de la brasserie artisanale sont l'aptitude et l'empressement de ses brasseurs à innover. Depuis la fin des années 1970, pratiquement toutes les innovations notables en matière de brassage proviennent des brasseries artisanales – contrairement aux innovations technologiques, où excellent les grandes brasseries industrielles, ou aux innovations du marketing comme les formes insolites de bouteille. Cela englobe tout, depuis la popularisation des houblons américains jusqu'au vieillissement des bières dans différentes sortes de tonnelets en bois, ainsi que l'emploi de levures sauvages et autres microflores durant la fermentation et le vieillissement en *solera* inspiré par la production des xérès. Il y a encore la mise en œuvre d'une large gamme d'adjuvants aromatiques, tels les oranges entières et autres agrumes, les fleurs sauvages, les épices et même les feuilles de tabac.

La variété est une autre caractéristique de la bière artisanale, mais elle ne revêt en rien un caractère universel. Certes, les plus grandes brasseries industrielles dans le monde s'enorgueillissent d'avoir de volumineux dossiers de présentation de marques, mais celles-ci ne déclinent que quelques profils gustatifs. En revanche, les brasseries artisanales proposent une gamme nettement plus étendue, même si le nombre de marques à leur actif est généralement plus restreint. Ainsi la brasserie

artisanale a-t-elle alimenté et continue-t-elle d'alimenter une diversité de bières sans précédent, dont nous jouissons aujourd'hui.

À d'innombrables égards, les brasseries artisanales jouent un rôle crucial dans l'univers de la bière. Si elles se sont multipliées, elles demeurent relativement « micro » (ou mini si on préfère) en termes de volumes, car elles ne représentent que quelques pourcents dans les parts de marché de certains pays et encore beaucoup, beaucoup moins dans d'autres. On ne saurait cependant sous-estimer leur influence.

Si les brasseries artisanales remportent un franc succès avec leurs blondes pale ales de style américain, les plus grandes sociétés de brasseurs du monde tenteront aussi l'aventure. Si les ales portées à maturation dans de vieux barils de bourbon deviennent un créneau commercial porteur, une ou deux multinationales au moins essaieront cette technique. Et si l'on ne peut s'inspirer de brasseries plus modestes, on peut toujours les racheter.

La meilleure définition du brassage artisanal est peut-être celle d'un brassage d'avant-garde, innovant et opposé au *statu quo* : en d'autres termes, un leader plutôt qu'un suiveur.

Ci-dessus : Jean Van Roy anime une dégustation dans la brasserie Cantillon de Bruxelles. Ce producteur de bières originales recourt à la fermentation spontanée, au moyen de levures sauvages.

Ci-contre, à droite : une bière soutirée directement à la cuve de la brasserie Bekeerde Zuster, à Amsterdam.

BRASSAGE INDUSTRIEL ET BIÈRES DE CONSOMMATION COURANTE

Un récent rapport financé par l'Union européenne présentait les brasseurs de la toute première société de brasserie d'Europe comme des « banquiers faisant de la bière ». Si l'on passe en revue les stratégies de gestion des six plus grandes compagnies de brasseurs du monde, on est tenté de le penser.

Ci-dessous : le brassage à haute densité se traduit par un encombrement réduit lors du processus de production ; il suffit ensuite d'ajouter de l'eau à la bière.

Page suivante : des chaînes d'embouteillage à haute vitesse comme celle-ci, dans la brasserie Feldschloesschen (détenue par Carlsberg) en Suisse, conditionnent plus de bière en quelques minutes que la plupart des brasseries artisanales en une journée entière, et ce avec beaucoup moins d'employés.

Chaque compagnie cherche à se développer, à réduire les coûts, à optimiser les procédés commerciaux et à dégager des profits toujours plus élevés pour les actionnaires. Aucune mention n'est faite de l'amélioration des produits, ce qui est plutôt étrange quand on songe que, sur pratiquement tous leurs marchés traditionnels, ces grandes sociétés accusent un déclin des ventes, contrairement à leurs modestes rivaux.

Dans la seconde moitié du XXe siècle, de grandes compagnies de brasseurs en étaient venues à la conclusion, non sans raison, que leurs clients manquaient de discernement : tout juste savaient-ils reconnaître un produit qui leur était déjà familier. Plusieurs générations de consommateurs s'étaient contentées de bières contenant une proportion croissante d'eau et de sucres non maltés, alors pourquoi un producteur résolu à maîtriser ses coûts aurait-il dû se gêner ? Le marché haut de gamme s'est reporté sur le vin. Le gros des consommateurs continuait de consommer docilement les produits des brasseries industrielles, quels qu'ils soient.

Le brassage à haute densité permet de produire plus de liquide dans des locaux d'une superficie moindre. Une bière brassée et fermentée, disons, à 7,5 % vol. peut être diluée à 5 % vol. par ajout de 50 % d'eau peu avant le remplissage des canettes, ce qui réduit d'un tiers l'espace de stockage onéreux pour les brasseries.

Une technique largement utilisée consiste à remplacer la quantité maximale autorisée de sucres simples par des sucres dérivés de l'orge maltée. Mais cela ne suffisait toujours pas à certains. Les bières « légères » ont été alors complétées par des bières de glace, le filtrage à froid et l'extraction par centrifugation des particules résiduelles produisant une bière « reconstituée », principalement composée d'alcool, de sucre et de bulles. On essaya même à une époque une bière « limpide », incolore. Le grand public n'appréciait pas les goûts affirmés : il jouait donc parfaitement le jeu des gros producteurs, lesquelles réduisaient au minimum requis les temps de fermentation et de garde afin de créer une boisson alcoolisée tout juste acceptable qui fût encore légalement de la bière. À partir du moment où la canette est devenue un mode de conditionnement apprécié et que les consommateurs se sont mis à boire leur bière glacée, au diable la délicatesse des saveurs ! Et les méthodes expéditives de s'imposer…

Depuis l'époque où les épouses de brasseurs remuaient des chaudrons dans leur cuisine jusqu'à nos jours où les banquiers comptabilisent les canettes sortant des chaînes de production, le chemin parcouru aura pris plus de mille ans, même si tout s'accéléra dans la dernière ligne droite.

Les producteurs industriels cherchent maintenant l'idée de génie qui leur permettra d'enrayer la chute de leurs ventes sur les principaux marchés, et ils espèrent gagner du temps en attirant de nouveaux consommateurs en Chine et en Inde, estimant que la prospérité récente de ces pays rendra leurs habitants incapables de discernement à l'instar des Occidentaux. Il se peut que leur optimisme soit mal fondé.

H4
H5
H6
G7
G8
G9
G10
G11
H2O
H2O
H2O
H2O
BLOWDOWN
AIR CHARGE

G 13
G 14
G 15
F 16
F 17
F 18
F 19
AIR CHARGE

STYLES DE BIÈRE

La première tentative d'établir un catalogue des bières dans le monde est due au spécialiste Michael Jackson, dans son ouvrage *Bières – Guide mondial* paru en 1977. Son objectif était de distinguer et d'analyser des bières régionales souvent méconnues du public.

Hélas ! il en résulta une certaine confusion, chaque nouvelle bière se voyant attribuer un style propre. Cette expansion du nombre de styles a surtout marqué les États-Unis : une école brassicole expérimentale a ainsi établi au minimum 83 catégories soumises à un jugement annuel au Grand Festival américain de la bière, ainsi que des dizaines d'autres homologuées selon les directives officielles de l'association des Brasseurs. Une bière brune de style américano-belge ?

Les styles traditionnels définis par Michael Jackson font encore sens, et ce sont donc ces catégories que nous avons choisies. Les lecteurs doivent cependant avoir conscience que tous les types de bières au monde, des blondes pale ales de Burton-upon-Trent (*voir* p. 110 à 113) aux lambics de Pajottenland en Belgique (*voir* p. 62 à 65) et aux *sahtis* de Finlande (*voir* p. 152-153), sont sujets à de multiples interprétations et présentent souvent des variantes spectaculaires.

Histoire de brouiller un peu plus les pistes, il faut aussi tenir compte de la façon dont différents pays considèrent leurs bières. Les Français, par exemple, estiment que la couleur est un facteur déterminant ; les Italiens ajoutent force et inspiration culturelle à leur système de classification, et les Américains appliquent des qualificatifs comme « double », « triple » ou « impérial » aux versions très alcoolisées et/ou fortement houblonnées de tout style, allant jusqu'à estampiller certaines bières : « brunes impériales » – à prendre au second degré, bien entendu.

Notre intention n'est pas de dénigrer les bières de ces nouvelles catégories ; certaines, comme nous en faisons l'observation dans les pages qui suivent, sont excellentes. Tant qu'un système de classement simplifié de la bière artisanale dans le monde n'aura pas été établi, nous recommandons aux lecteurs de noter simplement ce qui pourrait apparaître sur les étiquettes, dans les livres ou sur Internet, et avant tout, de garder un « palais ouvert » aux nouvelles expériences gustatives, sans préjugés.

Ci-contre : les styles de bière se distinguent par leur robe, leur titre alcoométrique, leurs ingrédients, leur méthode de production, leur lieu d'origine et, dans certains cas, leurs procédés marketing.

Page précédente : le brassage est à la fois un art et une science. Connaître les méthodes de production est utile à l'amateur.

ACHETER LA BIÈRE

Toutes les bières craignent l'exposition à la lumière ou à la chaleur ; en outre, l'immense majorité des bières de consommation courante ne vieillit pas bien. La bière s'altère souvent avant même que vous l'achetiez, ce qui rend le choix du détaillant d'autant plus important.

Recherchez un fournisseur qui connaît une rotation des stocks élevée et chez lequel les bouteilles ne restent pas exposées à des éclairages violents. Les meilleurs magasins ont des comptoirs frigorifiques ou une zone de stockage maintenue à une température constante, proche de celle d'une cave (14 °C). Le personnel doit s'y connaître et être prêt à partager ses connaissances. Les achats qui se révèlent décevants devraient être repris ou échangés avec le sourire, puisque le prix de certaines bières atteint les sommets accordés aux très bons vins : le service devrait donc être à la hauteur de celui des meilleurs cavistes !

Ci-dessous : Utobeer, établi à Borough Market, grand marché alimentaire de Londres, propose quelque 700 références de bière internationales, sélectionnées parmi plus de 2 000 marques.

CONSERVER LA BIÈRE

Les bières achetées doivent être conservées à la maison et réfrigérées avant d'être consommées. Les bières refermentées en bouteilles exigent au moins deux ou trois jours de repos pour que les levures se déposent. Veillez à déguster les ales à la température d'une cave (14 °C environ) et non pas servies frappées.

Pour un stockage à plus long terme, évitez de placer les bouteilles dans des endroits exposés à une lumière vive ou soumis à des variations de température extrêmes, ces facteurs nuisant gravement à la bière. Des odeurs environnantes prégnantes sont également nuisibles, surtout si vous comptez entreposer la bière à la cave pour une plus longue période.

Certaines bières développent un caractère plus affirmé si on les laisse vieillir pendant des mois, voire des années : gardez-les dans un endroit frais, à l'abri de la lumière, des odeurs, des vibrations et des changements brutaux de température. Mieux vaut un lieu un peu chaud qui reste à température constante qu'un autre plus frais qui se réchauffe périodiquement. L'idéal reste un endroit d'une fraîcheur constante modérée plutôt qu'un endroit glacial. Dans des conditions optimales, une excellente bière peut vieillir longuement en cave à une température comprise entre 8 et 14 °C. La plupart des bières résistent à des températures comprises entre 1 et 24 °C pendant des périodes de garde plus courtes.

Si vous avez l'intention de vous constituer une belle collection de bières millésimées, nous vous recommandons d'investir dans une armoire à vin ou de faire aménager votre cave par un professionnel.

Mieux vaut stocker debout la bière en bouteille afin d'éviter un contact prolongé avec la capsule. C'est également vrai des bouteilles à bague carrée haute, puisque les bouchons utilisés par les brasseurs, d'une qualité inférieure à ceux des vignerons du Bordelais, risquent de laisser à la bière un goût de bouchon.

Ci-dessous : Matt VandenBerghe de Seattle, le détaillant Brouwer's Cafe and Bottlewords, à Washington, a aménagé chez lui un silo afin de réaliser cet élégant espace de stockage destiné à sa collection impressionnante de bières.

SERVIR LA BIÈRE

La bière en bouteille exige peu d'accessoires de service. Le plus souvent, un ouvre-bouteille et un verre feront l'affaire, sans oublier un tire-bouchon. Les carafes à décanter et les entonnoirs d'aération ne sont pas indispensables.

Certaines tailles et formes de verre sont conçues pour mettre en valeur les caractères organoleptiques des bières. Par exemple, le verre tulipe démesuré de Duvel (*voir* p. 76) favorise la persistance de la mousse ; le verre *Weissbier* sculptural et évasé contribue à une répartition égale des particules en suspension ; *Strange*, ce verre cylindrique en forme de tige pour Kölsch, favorise la persistance des bulles ; enfin le calice réservé aux bières d'abbaye plus capiteuses permet au dégustateur de les réchauffer entre ses paumes. D'autres verres ont cours principalement au nom de la tradition ou de l'esthétique : chopes britanniques, steins allemands ou verres en forme de chardon pour l'ale écossaise.

Les bières en bouteille présentent bien, et l'on peut les savourer dans des verres à pied en forme de tulipe ou même dans de grands verres ballons. Pour une présentation et une dégustation optimales, nous recommandons des verres à pied de tailles diverses pour les ales aromatisées de caractère, des chopes pour les bières dites « conviviales » et des verres *Weissbier* pour les bières de ce style.

Duvel Moortgat d'Anvers a fait sien ce verre tulipe de forme ballon.

La pinte britannique nonic, variante du concept conique, est bombée sur les côtés, ce qui facilite le rangement en piles.

Les chopes allemandes munies d'un couvercle, les *Humpen* en céramique, sont certes esthétiques, mais elles ne mettent pas en valeur le goût d'une bière.

Un verre largement évasé permet au dégustateur de réchauffer entre ses mains les ales les plus intenses.

Le verre de dégustation dont le haut se referme est tout autant conseillé pour un vin d'orge que pour un cognac.

Les lagers tchèques brillent joliment, servies dans un verre aux parois épaisses et facettées.

À Cologne et à Düsseldorf, les lagers sont servies dans des *Stange* de forme cylindrique et étroite.

Contrairement à son équivalent pour le champagne, une flûte de bière est souvent à bord droit.

La bière Helles de Munich appelle une *Maß* : un verre d'un litre.

Aux États-Unis et dans l'ouest du Canada, le *shaker* est synonyme de bière pression.

Une bière blanche de Bavière ne revêt tout son éclat que dans un verre soufflé *Weizen*.

Un verre à pied de forme tulipe est la façon la plus simple de déguster de nombreux styles de bière.

VERSER LA BIÈRE

LE VERSEMENT BELGE

De nombreuses ales fortes, surtout celles qui sont associées à la Belgique, connaissent une nouvelle fermentation en bouteille, qui laisse un dépôt dans le récipient. Ces cellules mortes de levures peuvent avoir un aspect rebutant et une décantation est donc nécessaire. (Le brasseur consomme parfois le dépôt à part, comme une sorte de nutriment multivitaminé.)

Inclinez le verre selon un angle de 45 degrés et versez lentement la bière.

Tout en poursuivant le versement, redressez lentement le verre pour ne pas laisser se former trop de mousse.

LE VERSEMENT HEFEWEIZEN

Au contraire des ales fortes, les bières blanches peuvent être dégustées troubles. Dans le cas du style de bière allemand *Hefeweizen,* il convient de verser la bière dans un verre évasé typique.

Commencez par verser lentement la bière en penchant bien le verre, afin que la bière ne mousse pas trop abondamment.

Redressez doucement le verre pour que le chapeau de mousse se forme. S'il y a trop de mousse, versez moins vite et inclinez davantage le verre sans vous interrompre.

LE VERSEMENT CLASSIQUE DE LA BIÈRE

Verser la bière dans un verre ? Rien de plus simple *a priori*. Pourtant, rien de plus commun que de se retrouver avec un faux col excessif ou un brassin pétillant sans chapeau. Règle numéro un : être attentif.

Un verre propre et une main assurée : voilà les règles de l'art. Inclinez le verre selon un angle de 45 degrés environ et versez lentement la bière.

Continuez en laissant couler la bière le long de la paroi du verre, jamais vers son milieu. Si la mousse ne se forme pas assez rapidement, redressez simplement le verre, légèrement.

Continuez à verser d'un mouvement fluide pour éviter que le dépôt de levures ne se mélange à la bière. S'il se forme trop de mousse, inclinez simplement le verre à la diagonale.

Veillez à ce que le dépôt ne remonte pas vers le col de la bouteille. Arrêtez-vous juste avant que les levures ne sortent.

Une bière décantée de façon experte a un faux-col assez dense qui vient chapeauter un liquide brillant et limpide. Le calice renvoie aux traditions brassicoles monastiques ; de plus, c'est un symbole élégant.

Aux trois quarts du versement, interrompez-vous et remuez la bière restant dans la bouteille afin de récupérer tout dépôt résiduel fixé au fond. Ne remuez pas trop vivement pour ne pas faire mousser la bière restante.

En versant le dernier quart, la bière devrait se troubler. L'objectif est de voir se former sur la bière trouble un chapeau dense et épais.

Une Hefeweizen bien servie est vraiment belle à voir. Nul besoin d'une tranche de citron !

Versez lentement en un mouvement fluide. Imaginer la première gorgée fait partie du plaisir de la dégustation. Pas besoin de se presser.

À mesure que le verre se remplit, redressez-le doucement afin qu'un chapeau se forme. À présent, vous pouvez arrêter de verser la bière sur la paroi du verre et viser plutôt le centre.

Un chapeau de deux ou trois centimètres d'épaisseur permet aux qualités aromatiques de la bière de s'épanouir pleinement.

DÉGUSTER LA BIÈRE

Pour apprécier une bière, étudier ses arômes et sa teinte, il est indispensable de la servir dans un verre, et non de la boire à même la bouteille ou la canette.

1. À l'œil

Les brasseurs s'efforcent de donner à leurs bières un aspect attrayant. En outre, certains signes sont décelables à la simple vue du liquide dans le verre. Le trouble peut être délibéré ou pas, la mousse excessive pourrait être le signe d'une contamination ou d'un âge trop grand. Si la bière se teinte de nuances cuivrées, l'oxydation pourrait être en cause.

2. Au nez

L'appréciation des arômes est une étape essentielle de la dégustation. Notre nez discerne des milliers de molécules aromatiques, alors que notre palais se limite à quelques saveurs. Lorsque l'on perçoit des arômes en bouche, un mécanisme de rétro-olfaction opère. Dans une ale, recherchez les arômes fruités ; dans une blonde lager, les notes de paille, de foin ou d'herbe fraîchement coupée ; dans une bière maltée telle que la Bock, des soupçons de caramel au beurre ; dans des bières houblonnées, des notes d'herbes, d'épices ou d'agrumes ; enfin, dans les lambics, des arômes de cour de ferme avec une agréable note d'humus.

3. En bouche

Prenez votre temps pour saisir les saveurs de la bière. Buvez lentement, le temps que vos papilles gustatives et votre palais s'en emplissent. Puis, avant de prendre une nouvelle gorgée, analysez la finale, c'est-à-dire l'impression qui persiste : est-ce amer ou malté, vif ou rond, éphémère ou persistant ? Créer votre catalogue personnel de saveurs prend du temps, mais l'expérience facilite la mémorisation. En multipliant les dégustations, vous saurez mieux appréhender les différents types de bière.

4. Analyser

Vous ne resterez jamais sur vos premières impressions lors de la dégustation. À la façon dont une chanson ou un morceau de musique peuvent s'imposer à vous progressivement, certaines bières qui ne séduisent pas d'emblée peuvent, après un examen organoleptique complet, s'installer parmi vos favorites.

BIÈRE ET GASTRONOMIE

Des ales goûteuses sont apparues sur la scène internationale dans les années 1990, de sorte que les amateurs ont volontiers accordé à la bière une place de choix sur la table, au même titre que le vin. La bière se marie aux mets les plus variés.

La richesse gustative de la bière résulte des ingrédients variés entrant dans sa composition : depuis les céréales maltées, les houblons, l'eau et les levures jusqu'à une palette d'épices, de fruits et légumes, d'herbes et de fleurs comestibles, de chocolats, de cafés et même de variétés spécifiques de sucres exhausteurs de goût.

Accorder la bière à la gastronomie demande quelques connaissances de base assez simples à assimiler. Le reste viendra avec l'expérience.

ÉVALUER LE PLAT

Si vous vous intéressez à la gastronomie, vous distinguez déjà aisément les plats selon leurs saveurs légères ou lourdes : les salades par opposition aux ragoûts ou le poisson grillé comparé au rôti de bœuf. Étendez ce principe aux boissons qui accompagnent vos repas : les ales, dont le corps est plus rond et plus fruité, se marient mieux aux saveurs plus prononcées comme celles des viandes rouges, alors qu'en règle générale, les blondes lagers plus vives complètent mieux des saveurs plus légères, comme celles des fruits de mer et des volailles.

ÉPICES, SEL ET GRAISSES

Peu d'ingrédients saturent le palais autant que les épices, le sel ou le gras. La bière apaise de telles saveurs et permet ainsi de mieux apprécier les plats.

COMPLÉTER OU CONTRASTER

Toute association entre boisson et plats est motivée par la recherche de complémentarités ou de contrastes élégants. Souvent la complémentarité est plus simple à trouver que le contraste. Des ales maltées bien charpentées accompagnent idéalement des viandes moelleuses cuites longuement et des *Märzen* (bières de mars) des légumes grillés. Pour le contraste, un stout sec issu de farine d'avoine s'associerait bien à un fromage à pâte molle très aromatique ; une Pils légèrement maltée pourrait nuancer une salade niçoise.

LA DOUCEUR

La bière offre de multiples possibilités au moment du dessert. Elle doit être plus douce que le dessert en question, sauf dans le cas du chocolat. En effet, un plat plus doux que la bière servie en accompagnement la fera paraître aigre.

Le chocolat, comme la bière, laisse en bouche une agréable amertume. Quel terrain d'entente ! Jouer avec les saveurs devient dès lors simple, sans qu'il soit besoin de se soucier outre mesure de la douceur : les saveurs résultent souvent de l'emploi de malts foncés aux arômes de rôti, de réglisse, de compote de fruits et de chocolat.

Ci-contre : tourte et bière… les grands classiques d'un pub.

Page suivante : la bière s'adapte facilement et peut accompagner toutes sortes de mets, y compris des harengs saurs et des oignons.

Accords bière et mets

Aliments	Saveurs clés	Bière	Atouts
Huîtres fines	iodées	bière de méthode traditionnelle	La hardiesse d'un stout offre un contraste net, tandis que les bières de méthode traditionnelle ont un pétillant qui atténue le sel et de douces saveurs
Charcuterie	charnues, épicées, grasses	blonde pale ale bitter légère, peu intense, ale flamande vieillie en fût de chêne, *Altbier*	Des saveurs fruitées, qui complètent la viande fumée, avec du houblonnage ou de l'acidité pour équilibrer les épices et les graisses
Foie gras	texture riche et onctueuse	blondes ales fortes de style belge	La forte effervescence tranchera sur la graisse du foie gras, tandis que le caractère fruité/ épicé de la bière en complétera les riches saveurs
Artichaut	adoucit le goût de tout ce qui est servi en accompagnement	blonde pale ale bitter légère	L'effet adoucissant de l'artichaut, absorbé par le houblonnage, permet aux qualités maltées de l'ale de ressortir
Velouté	crémeux, onctueux	une Pils de style allemand ou de Bohême	Un houblonnage vif pour nettoyer le palais et revivifier les papilles gustatives
Soupe à l'oignon	notes d'oignon sucré et de fromage	une brune houblonnée, *Altbier*, un *barley wine* pas trop puissant	Malt pour les oignons, et du houblonnage pour équilibrer les graisses du fromage
Salade verte, vinaigrette	des légumes croquants et une certaine acidité dans l'assaisonnement	une Helles, une Pils de style allemand, un lambic	Des saveurs de malt frais pour compléter les légumes, avec des houblons ou de l'acidité pour la vinaigrette
Salade verte avec des fruits	douceur des fruits, quels qu'ils soient	une *Hefeweizen*, une bière blanche de style belge	Ces styles de bière blanche compléteront bien la douceur fruitée ; leur corps léger qui ne domine pas les saveurs des légumes
Ceviche	jus d'agrumes acides et aigres, utilisés pour les marinades de poisson, du salé	une bière « Saison », une Helles sèche	Aussi tentant que cela puisse être d'associer l'acidité à l'acidité, mieux vaut opposer une bière bien houblonnée et soutenue par une solide base maltée
Poissons gras comme le saumon, les sardines ou les harengs	caractéristiques oléagineuses associées à d'intenses saveurs de poissons	stout, brune ale sèche, *Dunkel, Dunkel Weisse* sèches	Des saveurs maltées terreuses pour compléter le poisson, ainsi qu'une nuance d'houblon ou des notes épicées (*Dunkel Weisse*) pour équilibrer le gras
Poissons à la chair délicate	des poissons raffinés – dépourvus de gras (carrelet, par exemple)	Helles, *Kölsh, Weissbier*, des bières de blé de style belge	Des saveurs douces et délicates sont en harmonie, sans écraser la finesse du poisson
Poisson frit et frites	pâte à frire, pommes de terre	une Pils, une blonde légèrement houblonnée, une bitter légère	Des nuances houblonnées s'associent aux aliments frits et au gras, sans que la saveur de la bière ne s'impose trop
Hamburger	du bœuf moelleux et ses multiples garnitures	Pils au goût affirmé, blonde pale ale, IPA	Des saveurs affirmées et une texture grasse exigent de la bière une présence
Pizza sauce tomate	nombreuses variantes de garnitures	une lager de Vienne, une *Bock*	La légère douceur d'une Vienne ou d'une *Bock* répondra à celle de la sauce tomate, tandis que la finale, plus sèche sans être amère, nettoiera le palais
Rôti de bœuf, cuit à point ou saignant	la douceur du bœuf soulignée par la caramélisation de la « croûte » du rôti	une brune ale, une bitter légère, une bière d'abbaye double	La saveur douce et fruitée du malt sans trop d'amertume houblonnée
Gibier et volailles	des saveurs légèrement faisandées, moins de graisses que le bœuf	des brunes ales avec des levures *Brettanomyces*, de l'ale flamande en fût	Le caractère légèrement faisandé est finement équilibré par la vivacité des *Brettanomyces*

Aliments	Saveurs clés	Bière	Atouts
Poulet frit	chair croquante, grasse	une *Märzen* houblonnée, une bitter blonde	Des caractéristiques houblonnées sont souhaitables en raison de la friture, mais un profil malté, d'une douceur affirmée, convient aussi
Volailles rôties ou grillées	chair onctueuse	une *Bock* pâle, une bière fruitée	Il faut une douceur légère et une palette aromatique simple en complément des saveurs diverses de ce plat
Fromages à pâte molle, de type camembert, ou brie de Meaux	crémeux, avec la touche amère qu'apporte la croûte	un stout à la farine d'avoine, ample en bouche, une brune charpentée, un porter	Le caractère crémeux du fromage fait ressortir le moelleux de la bière
Fromages à pâte dure comme le cheddar ou le manchego	vives, fruitées avec un goût de noisette	une blonde pale ale britannique, une amère légère, une brune « sèche »	Un malt fruité au goût de noisette ou un houblon épicé complète des saveurs comparables dans le fromage
Chocolat noir ou à forte teneur en cacao	arômes intenses, souvent fruités et une certaine amertume	presque tout type de bière brune, un stout impérial, un barley wine, des ales trappistes et des ales d'abbaye	Des saveurs tout aussi chaleureuses et intenses, non dénuées de pointes d'amertume pour répondre à celles du chocolat

Ci-dessus : même les sommeliers reconnaissent que la bière se marie mieux que le vin à un assortiment de fromages.

Ci-dessus : souvent surnommé « pain liquide », la porter en pinte accompagne agréablement une tranche de pain généreusement beurrée.

L'UNIVERS DE LA BIÈRE

La bière est bel et bien une boisson universelle. Sur les quarante premiers pays producteurs de bière, trois se situent en Amérique du Nord, six en Amérique du Sud, huit en Asie, trois en Afrique et, à l'exception de l'Australie, les autres se trouvent en Europe. Nombre d'entre eux sont traditionnellement réputés pour leurs vins, tels que la France, l'Italie, l'Espagne, le Portugal, la Hongrie, le Chili et l'Argentine.

Le développement mondial des brasseries trouve ses origines dans l'expansion coloniale européenne au XVIIIe siècle et dans l'émigration massive en Amérique au XIXe siècle. Les colons et les émigrés dont la patrie d'origine avait des traditions brassicoles cherchèrent d'abord à importer de la bière. Puis, ils édifièrent des brasseries dans leur pays d'adoption. Plus récemment, l'essor de la bière a été conduit par des entreprises en expansion.

Avant 1914, le monde de la brasserie était loin d'être uniforme, même au sein d'un même pays. Seuls points communs observables : une tendance à utiliser des méthodes plus saines, des centres de production de plus grande envergure et l'emploi d'ingrédients plus fiables. Or, en 1975, alors même que la consommation mondiale de bière augmentait, le nombre de styles proposés à la vente se réduisait.

Durant les quatre décennies suivantes, deux mondes se dessinent. Le premier, centré sur la propriété, a pour acteurs quelques gros producteurs détenant plus de 90 % de la production mondiale et entretenant entre eux des relations pour le moins complexes. Ces gros parieurs se disputent le monopole sur de nouveaux marchés aux débouchés potentiels mirobolants, comme la Chine et l'Inde, tandis que les ventes sur tous les marchés traditionnels accusent un net déclin, parfois alarmant.

Les amateurs s'intéresseront au regain du brassage artisanal, non seulement dans les pays où la bière est une tradition, mais aussi dans les dizaines d'autres qui se mettent à cette production. Il est quasi impossible d'obtenir à la source des données fiables. Il est néanmoins probable que, dans tous les pays où la production de bière avait diminué notablement en 2010, la proportion des brasseurs artisanaux, elle, avait augmenté ; et que dans les pays où la production globale était en hausse, les ventes de bières artisanales l'étaient également.

Partout dans le monde, les consommateurs apprécient les bières de caractère, tandis que les marques industrielles perdent de leur attrait.

Les pages suivantes offrent un panorama de la production de bières de qualité au début de cette deuxième décennie du XXIe siècle, commençant par les pays d'Europe où, à ce jour, les traditions ont le plus influé sur le retour du brassage artisanal, puis en poursuivant avec les pays d'autres continents dont le travail contribuera à faire évoluer encore le monde de la bière.

Page de gauche : champ d'orge à l'aube, près de Gubbio, en Ombrie, Italie.

L'EUROPE

Dans les années 1970, quatre aires – principalement en Europe septentrionale et centrale – perpétuaient encore une pratique millénaire du brassage : la Grande-Bretagne, les régions occidentales d'Allemagne et de Tchécoslovaquie, et la Belgique. On y trouvait diverses ales conditionnées en bouteille et en baril, des bières de blé troubles, des ales intenses vieillies en fût de chêne, ainsi que des blondes et autres bières de garde conservées pendant des mois dans des entrepôts frigorifiques, selon la volonté de leurs créateurs.

Ailleurs en Europe, comme dans le nord de la France, aux Pays-Bas, en Autriche, en Suisse, dans le nord de l'Italie ainsi qu'en Scandinavie et sur le pourtour de la Baltique, les habitants demeuraient certes de fervents amateurs de bière, mais, à l'instar des consommateurs du reste du monde, ils acceptaient de boire des bières de plus en plus industrialisées et produites dans une gamme limitée de styles. Beaucoup de brasseurs industriels auraient bien aimé pouvoir universaliser de tels produits.

Le renouveau de la bière en Europe reflète le regain d'intérêt qu'ont connu d'autres aliments comme le pain de qualité ou le fromage ; il a même légèrement précédé la tendance. Bien sûr, ce renouveau s'exprime différemment d'un pays à l'autre, mais dans aucun d'entre eux on n'enregistre une baisse du nombre de brasseries ou une réduction de la diversité des bières de fabrication locale. Bien au contraire. En Grande-Bretagne, en France, au Danemark, en Allemagne et en Italie, les brasseries artisanales qui ont ouvert depuis 1990 représentent un nombre à trois chiffres ; l'Autriche, la Suisse, la Suède, la Norvège, la Belgique et la Hollande se targuent d'en avoir des dizaines.

Dans la plupart des pays, les styles de bière se multiplient considérablement. La blonde n'est plus la chasse gardée des brasseurs britanniques, pas plus que le stout n'est encore la spécialité de l'Irlande. Si les styles de bière belge, véritables trésors longtemps gardés secrets, ont motivé le renouveau de la bière dans le monde, ils ont fait aussi des émules et trouvent aujourd'hui de la concurrence.

Ci-dessus : encore et toujours, la bière est la plus conviviale des boissons.

Ci-dessus : des amies en tenue folklorique alpestre trinquent dans une *Bierhaus* bavaroise.

Page précédente : meules de foin dans un champ d'orge à Karst, en Slovénie.

Voilà cinq siècles que les Allemands se distinguent par leur goût pour des bières parfaitement homogènes (« un millier de subtiles variations sur une même boisson », dit-on souvent), mais même dans ce pays, de jeunes consommateurs abordent des styles de bière très éloignés des préférences locales. En Grande-Bretagne, les enfants de « la génération de l'ale authentique » prennent leurs distances par rapport à leurs parents : ils les surpassent par leur curiosité.

Le développement des « bières spéciales » se fait largement aux dépens des blondes de marques industrielles. Malheureusement, il affecte aussi les blondes de qualité, qui se retrouvent associées à tort avec le tout-venant de la bière mondiale. Les bières de basse fermentation les plus remarquables en Europe atteignent l'excellence grâce à un choix minutieux des ingrédients, à un brassage soigné et à trois mois d'entreposage frigorifique, cet ensemble générant un coût plus élevé. Leur avenir dépendra donc de la disposition des propriétaires de brasserie, des investisseurs et des clients à supporter ces coûts.

Somme toute, la bière européenne aborde le XXIe siècle sous de bons auspices. Personne ne peut prédire quelle sera son évolution, mais elle ira certainement de l'avant.

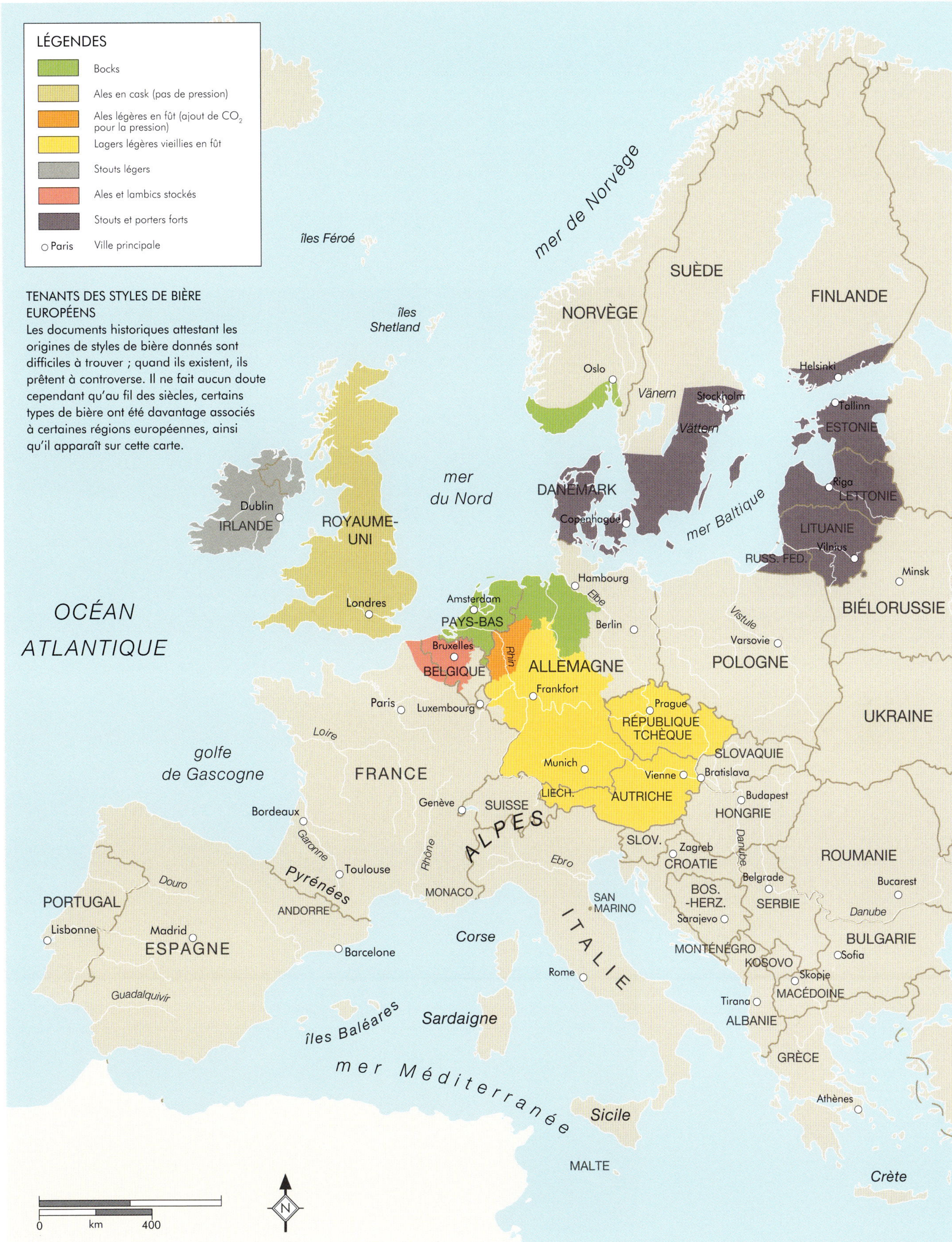

TENANTS DES STYLES DE BIÈRE EUROPÉENS

Les documents historiques attestant les origines de styles de bière donnés sont difficiles à trouver ; quand ils existent, ils prêtent à controverse. Il ne fait aucun doute cependant qu'au fil des siècles, certains types de bière ont été davantage associés à certaines régions européennes, ainsi qu'il apparaît sur cette carte.

LA BELGIQUE

La Belgique est à la bière ce que la France est au vin ou ce que l'Écosse est au whisky. C'est le vaisseau amiral de la brasserie artisanale. Comprendre les modes de fabrication sur la côte nord de l'Europe continentale permet de mieux apprécier les saveurs et les caractères potentiels de la bière.

La Confédération des brasseurs belges affirme décliner plus de quatre cents styles distincts de bière. Certains ne contiennent pratiquement pas d'alcool, alors que d'autres titrent plus de 12 % vol., leur profil organoleptique allant d'une douceur presque écœurante à une franche vivacité ; certaines bières peuvent plaire dès la première gorgée, tandis que d'autres exigent du temps pour être appréciées à leur juste mesure.

Là où les brasseurs d'autres pays s'attachent à la présentation de leurs bières, les Belges sont devenus maîtres dans la variété des styles. Selon la théorie admise, après plus de trente invasions et occupations par des armées étrangères au cours du millénaire passé – sans oublier les deux dernières du XXe siècle –, les Belges ont développé un esprit de clocher propice à la conservation de leurs pratiques régionales, dans la fabrication de la bière comme dans bien d'autres domaines.

Dans les années 1980, les multiples brasseries des petites bourgades se sont distinguées en refusant de se conformer à la mode mondialiste des blondes lagers à col blanc, brillantes et faciles à boire. Ces brasseries se sont attachées à promouvoir les talents et l'imagination, tout en revendiquant un droit à l'erreur. Ainsi, les brasseurs de la génération suivante, dans le monde entier, ont pu remettre en question l'omniprésence des bières industrielles considérées jusqu'alors comme des standards indétrônables.

Alors qu'elle ne faisait l'objet que d'un simple entrefilet dans les articles économiques des années 1960, la bière est devenue l'une des exportations belges les mieux notées. Plus de 60 % de la bière qui y est brassée est maintenant exportée à travers toute l'Europe, l'Amérique du Nord, l'Australie et l'Extrême-Orient.

Ci-dessus : le style « fin de siècle » rencontre l'oude gueuse au café *À la Mort Subite* de Bruxelles.

LES MARQUES LES PLUS VENDUES

Affligem	(Heineken)
Alken	(Heineken)
Grimbergem	(Heineken)
Hoegaarden	(Anheuser-Bush InBev)
Jupiler	(Anheuser-Bush InBev)
Leffe	(Anheuser-Bush InBev)
Maes	(Heineken)
Palm	(National)

Ci-contre : Gand, en Flandre-Orientale, l'une des dix destinations les plus prisées des amateurs de bière.

Les brasseries d'ales de Belgique

La Belgique compte environ cent quarante brasseries. Ici, apparaissent les brasseurs d'ales à petite échelle et les fabricants de lambics (*voir la carte* p. 63) qui contribuent largement au succès des « bières belges ».

Bières trappistes et bières d'abbaye

AUTHENTIC TRAPPIST PRODUCT

Ci-dessus : le symbole qui signale une bière « trappiste » certifiée.

Les plus connus, peut-être, de tous les types de bières belges sont ceux que brassent les moines. Au nord de l'Europe, les abbayes produisent de la bière depuis plus de mille ans.

La *Règle de saint Benoît*, texte du VIe siècle qui étaye les traditions du monachisme chrétien, autorise la consommation d'alcool à ceux qui sont entrés dans les ordres, en suggérant « une hémine de vin », l'hémine étant une unité de mesure du Moyen Âge équivalant à 28 cl. Cette boisson encourage le labeur productif, et la création de « pain sous forme liquide » issu des céréales moissonnées à la ferme abbatiale sied aux principes bénédictins : la paix, la prière et le travail. Aux siècles passés, c'était aussi une boisson alternative à l'eau, alors peu saine et porteuse de maladies.

Le brassage dans les abbayes offrait, en outre, l'opportunité de nourrir d'excellentes relations avec le monde extérieur. Les tavernes et les auberges étaient populaires auprès des vendeurs itinérants pour leurs plats simples, mais équilibrés, leurs bonnes ales de fabrication maison et leurs hôtes bien informés.

Les abbayes françaises furent spoliées de leurs richesses et privées d'influence par Napoléon Bonaparte en 1793. Plusieurs se réinstallèrent

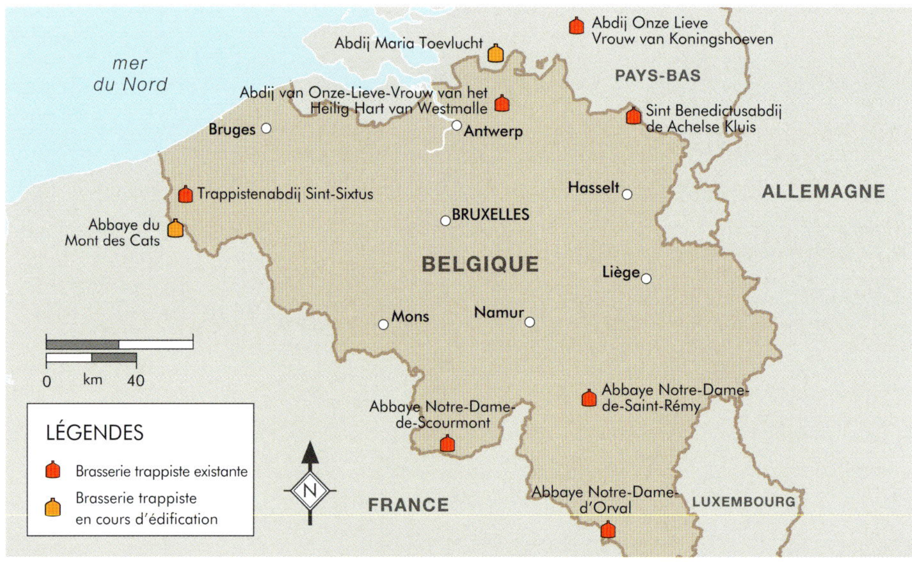

Brasseries trappistes

Les six brasseries trappistes établies furent rejointes en 1999 par une septième, nouvellement construite au cloître d'Achel. Deux de plus sont en cours de développement et devraient ouvrir en 2015 ; elles se situent à la frontière de la Belgique, du nord-est de la France et du sud de la Hollande.

SÉLECTION DE BIÈRES

CHIMAY TRIPLE (8 % vol.)
Chimay, Scourmont (Hainaut)
Pour des raisons de place et de production accrue à Scourmont, de hautes cuves de fermentation ont été installées, tandis que les systèmes d'embouteillage et de conditionnement ont été supprimés. Sa blonde ale forte, étiquetée « Cinq Cents », est plus douce à la pression et plus amère en bouteille de 75 cl.
www.chimay.com

KAPPITEL PRIOR (9 % vol.)
Van Eecke, Watou (Flandre-Occidentale)
Cette noire triple, forte et corsée, typique d'une tradition ancienne n'ayant jamais disparu des côtes belges, atteint sa maturité après environ cinq ans dans sa bouteille de 75 cl ; elle est alors capiteuse avec un petit goût fruité de poire.
www.brouwerijvaneecke.tk

ORVAL (6,2 % vol.)
Orval, Villers-devant-Orval (Luxembourg)
La bière principale d'Orval offre une robe orange mordoré. C'est une ale houblonnée à cru : les sacs de houblon sont trempés dans les cuves de garde (*voir* p. 22). Un apport de *Brettanomyces* est réalisé lors de la mise en bouteille (*voir* p. 65). Il convient de présenter la bière avec un beau chapeau de mousse. Elle a un petit goût amer et un bouquet subtil. La forme de sa bouteille est unique.
www.orval.be

en Hollande du Sud, qui offrait alors une relative sécurité. Dans les années 1830, après la fondation du royaume de Belgique, certaines d'entre elles reprirent leur activité de brassage, d'abord très modestement.

Le Vatican autorise la fabrication de bière pour le commerce dans sept abbayes, toutes dirigées par l'ordre cistercien de la Stricte Observance : les Trappistes. Si l'une d'elles, la Koningshoeven dont la production est commercialisée sous le nom de « La Trappe », se situe dans le Brabant-Septentrional au Pays-bas, les autres se trouvent en Belgique : Saint-Benedictus (Achel), Saint-Sixtus (Westvleteren) et les abbayes de Notre-Dame-de-Scourmont (Chimay), Saint-Remy (Rochefort), d'Orval (Orval) et le Saint-Cœur-de-Westmalle (Westmalle) (*voir* p. 56-57).

Il n'existe pas de style trappiste en tant que tel, même si toutes ces bières doivent être fabriquées dans l'enceinte d'une abbaye par les membres mêmes de la communauté monastique, ou sous leur supervision, et que les revenus doivent être employés au bénéfice de ladite communauté ou bien financer des œuvres de bienfaisance.

Koningshoeven ne produisait que de la blonde lager dans les années 1970, mais toutes les bières trappistes actuelles sont des ales. Ce sont en majorité des brunes, titrant de 6,5 à 11,2 % vol., encore qu'il existe également deux blondes pale ales remarquables et d'autres bières blondes intenses. La plupart se vendent uniquement en bouteilles.

Les anciennes marques de qualité XX et XXX équivalent à peu près aux termes hollandais plus récents de *dubbel* et *tripel* ; si, partout ailleurs,

Ci-dessus : salle de brassage de l'abbaye Notre-Dame-de-Saint-Remy, à Rochefort.

SAINT BERNADUS ABT 12 (10,5 % vol.)
Saint-Bernard, Watou (Flandre-Occidentale)
La brasserie a été fondée en 1946 à seule fin de brasser des bières d'imitation Westvleteren, mais depuis 1992, elle suit son propre chemin, et sa gamme élargie comprend ce vin d'orge à la robe mordorée et aux notes fruitées, lequel vieillit bien pendant au moins cinq ans.
www.sintbernadus.be

TRAPPIST ACHEL EXTRA BRUIN (9,5 % vol.)
Achel, Hamont-Achel (Limburg)
Le cloître Saint-Benedict a commencé à brasser des bières légères pour son réfectoire en 1999. Il a fait progresser sa production vers des bières en bouteille plus intenses, parmi lesquelles cette grande brune au petit goût de noisette infiniment persistant.
www.achelsekluis.org

TRAPPISTES ROCHEFORT 6 (7,5 % vol.)
TRAPPISTES ROCHEFORT 8 (9,2 % vol.)
TRAPPISTES ROCHEFORT 10 (11,3 % vol.)
Rochefort, Rochefort (Namur)
La gamme la plus accomplie de bières trappistes provient de l'abbaye Notre-Dame-de-Saint-Remy, à Rochefort, où sont fabriquées trois ales brunes en bouteille. Par ordre croissant de force, elles pourraient respectivement être qualifiées de « rustique », de « noble » et de « majestueuse ». Les deux bières les plus fortes comptent parmi les meilleures bières qu'on puisse trouver au monde.
www.abbaye-rochefort.be

les brasseurs artisanaux les emploient de plus en plus et recourent aux termes « double » et « triple », elles passent pour avoir des origines monastiques. Ces termes impliquaient à l'origine qu'une bière avait deux ou trois fois la quantité normale de malt dans sa trempe. Le terme « *quadrupel* », inventé en 1990 à l'occasion de la création de la nouvelle marque La Trappe, n'a pas de précédent historique.

Ces dernières années, le rendement annuel de Chimay et de Westmalle est passé à plus de 125 000 hl. Plus tôt, au XXIe siècle, quelques brasseries commerciales tenaient leur licence de l'Ordre, à divers degrés de procédure et de formalité, ce qui leur permettait de produire des imitations de bières trappistes à une plus grande échelle. D'autres brasseurs leur ont emboîté le pas sans y être invités, recourant à des images et à des termes associés aux moines à des fins purement mercantiles.

La confusion a atteint son comble lorsque divers ordres ont accepté des arrangements, vendant sous licence l'usage du nom d'une abbaye particulière.

Quelques-unes de ces prétendues « bières d'abbaye » sont indubitablement des bières accomplies, certaines l'étant même davantage que les bières trappistes d'origine. D'autres, cependant, sont médiocres et douceâtres, avec très peu de chose à leur avantage hormis une allusion à la dévotion.

Le nom d'« Authentic Trappist Product » ne doit figurer que sur une bière fabriquée dans une abbaye trappiste. Doit-on soutenir les tentatives d'encadrer davantage la dénomination « bière d'abbaye » pour réserver celle-ci à des marques soutenues par un ordre monastique ? Difficile à décider quand on est consommateur, car la qualité n'est pas toujours à l'avenant.

SÉLECTION DE BIÈRES

TRAPPIST WESTVLETEREN BLONDE (5,8 % vol.)
TRAPPIST WESTVLETEREN (10,2 % vol.)
Westvleteren, Westvleteren (Flandre-Occidentale)
La brasserie de l'abbaye Saint-Sixtus conserve des cuves de fermentation découvertes, d'où naît une délicate blonde ale aromatique, issue de houblons entiers ; celle-ci se déguste mieux au café, aux portes de l'abbaye. Les deux bières brunes, la plus forte, la 12, et la moins forte, la 8, sont des produits culte mais peuvent décevoir. Les meilleures ont vieilli deux ans en cave.
www.sintsixtus.be

TRIPEL KARMELIET (8 % vol.)
Brouwerij Bosteels, Buggenhout (Flandre-Orientale)
Cette déclinaison d'une triple blonde, somptueuse et épicée, est brassée à partir d'une trempe composée de trois grains, l'orge, l'avoine et le froment, ce qui la rend plus moelleuse, avec un goût de céréale bien appuyé. Une grande bière à déguster tranquillement.
www.bestbelgianspecialbeers.be

SAINT-FEUILLIEN TRIPLE (9 % vol.)
Brasserie Saint-Feuillien, Le Roeulx (Hainaut)
Pour inconditionnels, une triple chargée en malt avec plus de houblons aromatiques que la plupart. La vieille brasserie familiale qui la fabrique la loge parfois dans des bouteilles de champagne de grand format (de 1,5 à 9 litres) afin de favoriser l'action des levures.
www.st-feuillien.com

Page précédente : l'entretien de l'abbaye de Villers-devant-Orval du XIe siècle est largement financé par sa production brassicole.

LES FRÈRES BRASSEURS

La tradition brassicole peut encore attirer de jeunes hommes vers l'ordre trappiste, mais pour le moment, l'implication de cet Ordre se limite surtout à la supervision. Les superviseurs sont certes largement autodidactes, mais leur sagesse est tenue en haute estime.

À Chimay (*voir* p. 54) et à La Trappe, des équipes professionnelles de brasseurs se trouvent à la tête d'une petite brasserie sise en un lieu particulier, avec une supervision éthique et une gouvernance d'entreprise.

À Westmalle, Orval, Rochefort et Achel (*voir* p. 56-57), la collaboration est plus complexe. C'est une brasserie efficace qui se développe sur des terres agricoles appartenant à l'abbaye à Westmalle et pourtant soucieuse de l'environnement ; la technologie est placée sous l'égide de la sagesse.

À Westvleteren (*voir* p. 56), les membres de l'Ordre s'acquittent de l'essentiel des activités quotidiennes : une vie campagnarde modeste.

Dans toutes les abbayes brassicoles, moines et frères convers ont la permission de boire de la bière, mais ils doivent rester sobres et modérés. À Rochefort, la ration quotidienne est de 33 cl de 8, mais la consommation est restreinte aux périodes festives de Noël et de Pâques. À Chimay, Westmalle et Orval, les bières faiblement alcoolisées sont brassées par les membres de la communauté monastique.

Ci-contre : superviser la production de bière dans les brasseries abbatiales nécessite de réelles compétences.

WESTMALLE DUBBEL (7 % vol.)
WESTMALLE TRIPEL (9,5 % vol.)
Westmalle, Westmalle (Anvers)
À Westmalle, les bières méritent parfaitement les qualificatifs de *dubbel* et de *tripel* dans leur acception moderne. La règle s'est maintenue depuis le milieu des années 1950 : la *tripel* doit être blonde. À condition d'être bien gardée, la *dubbel* développe des nuances chocolatées, tandis que la *tripel* acquiert un goût de miel.
www.trappistwestmalle.be/en/page/leveninarbeid.aspx

WITKAP PATER DUBBEL (7 % vol.)
Slaghmuylder, Ninove (Flandre-Orientale)
Créée par un ancien brasseur de Westmalle dans les années 1920, reprise par cette petite brasserie familiale en 1979, une *dubbel* classique au goût caramélisé et malté, avec une petite nuance acidulée non dénuée de charme.
www.witkap. be

Bières vieillies en fût de chêne

Dans l'univers de la bière, il y a peu de brasseries aussi extraordinaires que Rodenbach à Roeselare, au nord de Kortrijk (*voir* photo, p. 62). Près de 300 foudres de chêne à côtés droits, contenant 180 hl de bière, s'alignent, posés sur des socles situés à un mètre au-dessus du sol. Pratiquement tous sont remplis de la même brune portée lentement à maturation ; certaines atteignent leur pleine maturité en dix-huit mois, tandis que d'autres ont besoin de deux ans et plus pour y parvenir.

À vingt kilomètres au sud-est, les frères Verhaeghe proposent un éventail de bières en accord avec la tradition familiale de cette brasserie du XIXᵉ siècle ; ils possèdent une activité de vente en gros (voir ci-dessous). À mi-chemin entre les deux, la brasserie Bavik, qui remporte un beau succès commercial, propose une blonde pale ale vieillie en fût de chêne aux mêmes fins (*voir* p. 64).

Jusqu'à l'arrivée de matériaux moins coûteux, conserver les bières dans des fûts de chêne était courant, mais le temps de vieillissement était, lui, très aléatoire. Lorsque les fabricants de porter dans le Londres du début du XVIIIᵉ siècle lancèrent leurs entreprises, ils s'inscrivirent dans la longue histoire de la production de « l'ale vieux » de nombreux pays.

Les effets aromatiques du vieillissement dans le chêne ne proviennent pas du bois lui-même, mais de la microflore vivant entre ses fibres – le *Pediococcus* qui produit l'acide lactique. Ainsi une brune caramélisée gagne-t-elle en équilibre et en complexité aromatique.

Ces dernières décennies, les producteurs, soucieux de se conformer à des goûts plus conventionnels, avaient évité de distribuer de telles bières pures, c'est-à-dire non diluées, préférant s'en servir dans des assemblages, avec un apport de 20 à 25 % de bière mûre dans de l'ale de même type fraîchement fabriquée. Avec le regain d'intérêt que connaît la brasserie artisanale, des produits complexes attirent de nouveau l'attention.

Des Rodenbach grand cru ou des Vichtenaar de Verhaeghe peuvent rebuter à la première gorgée en raison de leur amertume, encore que

Ci-contre : un grand cru Rodenbach vieilli en fût de chêne – peut-être la brune la plus remarquable au monde.

SÉLECTION DE BIÈRES

DUCHESSE DE BOURGOGNE (6,2 % vol.)
ECHT KRIEKENBIER (6,8 % vol.)
Brouwerij Verhaeghe, Vichte (Flandre-Occidentale)
Cette excellente petite brasserie familiale produit la Vichtenaar (voir ci-dessus), légère, et la Duchesse de Bourgogne, plus ronde, la plus élégante parmi une palette de brunes acidulées. Echt Kriekenbier est fabriquée uniquement par trempage de fruits entiers dans de l'ale vieillie en fût de chêne.
www.brouwerijverhaeghe.be

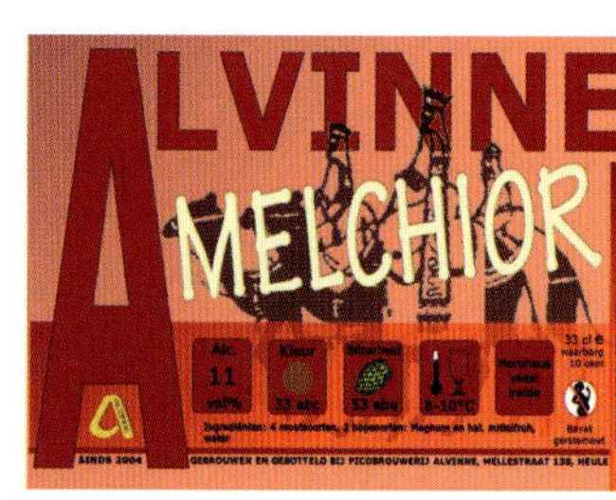

MELCHIOR (10-11 % vol.)
Brouwerij Alvinne, Moen (Flandre-Occidentale)
Non contents d'expérimenter le vieillissement en fût à petite échelle, les beaux-frères d'Alvinne se lancent également dans d'autres techniques. Leurs six ales intenses s'inscrivent dans une gamme de bières tout aussi remarquables.
www.alvinne.be

Page suivante : des bières de différents millésimes vieillissant dans une cave à lambic, à Payottenland.

les amateurs de vins rouges élevés sous bois, notamment ceux issus du cabernet-sauvignon, y prendront goût plus volontiers. À quarante kilomètres à l'est de Kortrijk, aux abords du bourg d'Oudenaarde, des brasseurs possédaient encore dans les années 1980 du moût de bière vieilli en fût de chêne de petite taille et issu d'ales brunes bouillies (c'est-à-dire brassées très longtemps afin de produire davantage de caramel). Hélas, les producteurs actuels font vieillir leurs bières dans des logements en Inox en recourant à des enzymes.

L'intérêt que suscite le vieillissement en fût de chêne augmente, et il est vraisemblable que de nouvelles bières seront créées. Les bières plus fortes, plus blondes ou macérées avec des fruits entiers en cours d'expérimentation en témoignent. Certains brasseurs mènent aussi des expériences avec des bières vieillissant dans des fûts de cognac, de whisky, de porto et de vin ; il faudra néanmoins du temps avant de discerner si l'emploi de la microflore spécifique à ces alcools produit des bières plus subtiles que les autres.

Ci-dessus : avant assemblage, chaque cuve d'ale affinée est analysée en laboratoire, puis dégustée par des experts au palais exercé.

OERBIER RESERVA (9 % vol.)
De Dolle Brouwers, Esen (Flandre-Occidentale)
Kris Herteleer, pionnier du renouveau de la bière belge dans les années 1980, explore les effets du vieillissement dans des fûts ayant contenu des spiritueux sur les différents millésimes de son excellente Oerbier brune. Une bière complexe, marquée par une pointe lactique.
www.dedollebrouwers.be

BLONDE PETRUS VIEILLIE (7,3 % vol.)
Bavik, Bakhihove (Flandre-Occidentale)
Destinée à l'origine aux États-Unis, comme le suggérait son nom anglicisé (« PETRUS AGED PALE »), cette blonde ale longuement vieillie en fût de chêne possède une tannicité inhabituelle. Elle est à présent diffusée en Belgique.
www.bavik.be

RODDENBACH GRAND CRU (6 % vol.)
Rodenbach, Roeselare (Flandre-Occidentale)
Brune et légèrement vive, cette bière surprenante, soigneusement vieillie, assume sa singularité. Servie l'été dans un seau de glace, elle est revigorante.
www.rodenbach.be

Lambics

La Belgique peut en tirer fierté, car les lambics restent bel et bien l'apanage de ce pays. Les produits traditionnels les plus élégants comptent parmi les boissons les meilleures et les plus originales de la planète, bien que les consommateurs non initiés puissent considérer que leur goût est peu ou prou comparable à celui d'une bière.

Les douze fabricants de lambics sont installés dans un rayon de 16 km au sud-ouest de Bruxelles. Alors que tous les fabricants d'ales vieillies en fût de chêne font leurs des techniques vinicoles comme la mise sous bois, ceux de lambics vont encore plus loin en la matière : ils n'ajoutent plus aucune levure à leurs bières et se fient à la nature.

Lambic est le nom d'un groupe de bières, distinct des ales ou des lagers par leur mode de fermentation : la fermentation spontanée à partir de levures indigènes. La base commune à tous les lambics est un brassin qu'on appelle le « lambic ».

Cette bière de base est née de la tradition de la bière de blé en Europe centrale (*voir* p. 72-73) : elle est empâtée avec 30 à 40 % de blé non malté. Elle diffère des autres bières de blé du fait qu'elle est chargée en houblons, mais l'emploi de cônes (ou fleurs) d'au moins trois ans d'âge (le « houblon suranné ») lui évite tout déséquilibre entre amertume et douceur. Ces cônes ont une amertume et un caractère floral peu perceptibles ; en revanche, ils lèguent des agents naturels de conservation, qui préviennent toute détérioration du produit fini.

Ci-dessus : le lambic vieillit longuement dans les celliers de Brouwerij Boon, à Lembeek.

SÉLECTION DE BIÈRES

3F VINTAGE OUDE GEUZE (6,5 % vol.)
3F SCHAARBEEKSE OUDE KRIEK (6 % vol.)
Drie Fonteinen, Beersel (Brabant flamand)
Armand Debelder coupe et trempe les lambics avec l'aide d'autres brasseurs pour continuer à les vendre à la pression dans le café-restaurant de son frère, sur la place du village ; parfois, il les embouteille et les entrepose en cave jusqu'à ce qu'ils atteignent la complexité souhaitée. La Vintage Oude Geuze vieillit au moins trois ans pour que les arômes issus de la fermentation (*Brettanomyces* ; *voir* p. 65) gagnent en complexité. La Schaarbeekse Oude Kriek emploie les cerises Schaarbeek de la région, rares mais, historiquement, préférées des brasseurs pour recréer le goût suret, *kriek*, de griotte.
www.3fonteinen.be

BOON OUDE KRIEK (6 % vol.)
BOON OUDE GEUZE MARIAGE PARFAIT (8 % vol.)
Brouwerij Boon, Lembeek (Brabant flamand)
Tandis que d'autres menaient campagne avec passion pour préserver le lambic, Frank Boon a méticuleusement préparé son renouveau. Il est actuellement le plus grand producteur de lambic traditionnel. Son Oude Kriek est plus fruité que les autres, grâce à l'emploi de cerises d'Europe centrale. Mariage Parfait est la plus forte des deux gueuzes traditionnelles, résultant de l'assemblage de lambics de densité supérieure, au caractère plus affirmé mais à la vivacité parfaitement équilibré.
www.boon.be

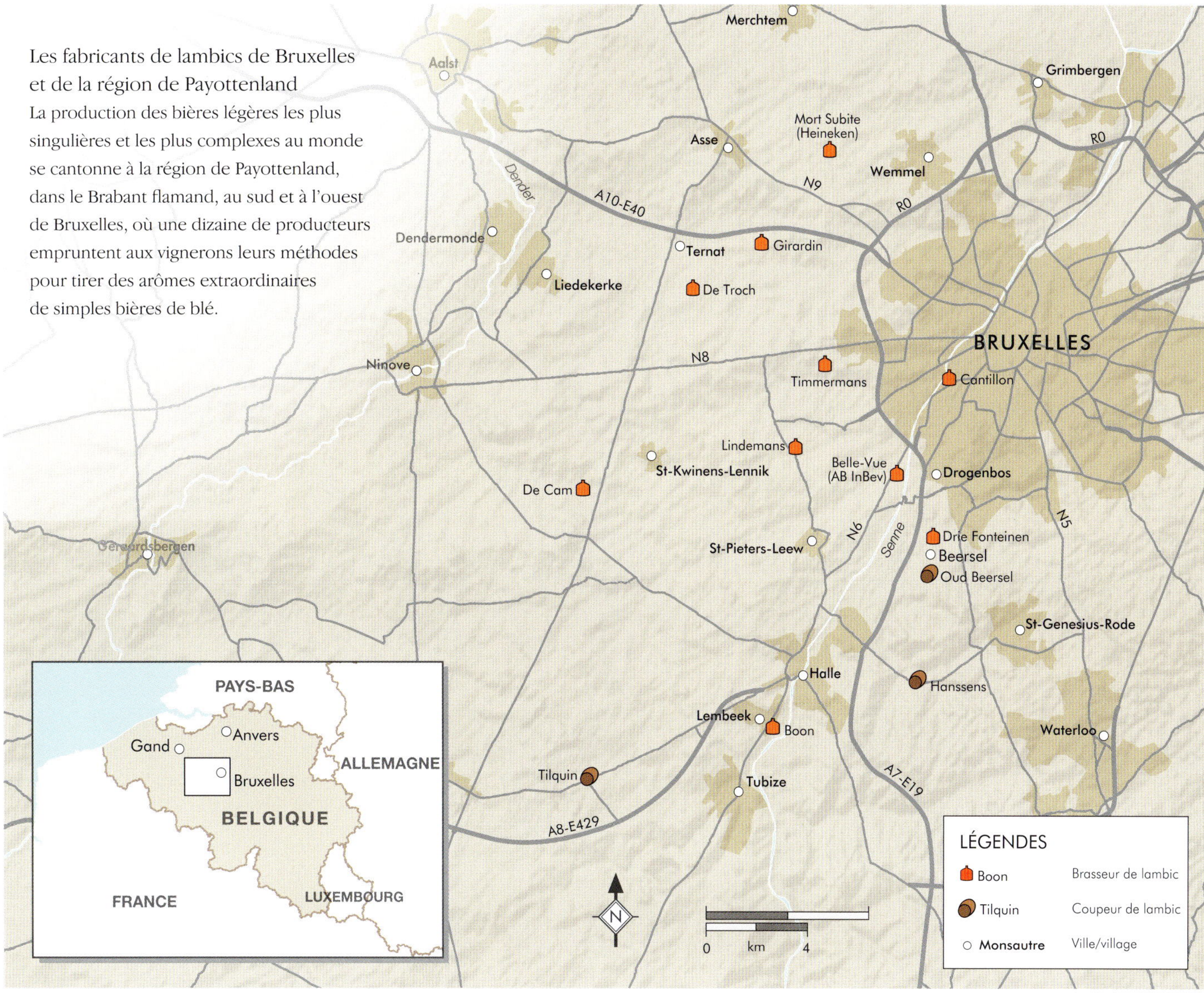

Les fabricants de lambics de Bruxelles et de la région de Payottenland

La production des bières légères les plus singulières et les plus complexes au monde se cantonne à la région de Payottenland, dans le Brabant flamand, au sud et à l'ouest de Bruxelles, où une dizaine de producteurs empruntent aux vignerons leurs méthodes pour tirer des arômes extraordinaires de simples bières de blé.

CANTILLON BROUCSELLA GRAND CRU (5 % vol.)
CANTILLON IRIS (6 % vol.)
CANTILLON ROSÉ DE GAMBRINUS (5 % vol.)
Cantillon, Bruxelles

Le dernier site de fabrication de lambic à Bruxelles est un centre d'excellence, doté d'un musée officiel. Les visiteurs découvrent une dizaine de bières de Jean Van Roy, de classe mondiale. Grand cru est, une fois n'est pas coutume, un vieux lambic embouteillé à complète maturation, de sorte qu'il devrait être presque plat. Iris n'est pas légalement un lambic ni une gueuze, puisqu'il est élaboré avec 100 % de malt. Le Rosé de Gambrinus est une rareté : lambic raffiné, aromatique, mêlé de framboises.
www.cantillon.be

DE CAM OUDE GEUZE (6,5 % vol.)
Geuzestekerij De Cam, Gooik (Brabant flamand)

Pour se détendre en fin de semaine, le brasseur Karel Goddeau tient une « cave » de lambics dans un regroupement d'écomusées. Il fabrique plusieurs bières impressionnantes, dont cette gueuze traditionnelle de premier ordre.
http://users.belgacom.net/gc762821/NL/brouwers/decam/decam.htm

Ci-dessus : *Kermesse avec théâtre et procession* (détail) de Pieter Bruegel le Jeune (1616), musée royaux des Beaux-Arts de Belgique.

SÉLECTION DE BIÈRES

GEUZE GIRARDIN 1882 (LABEL NOIR) (5 % vol.)
Brouwerij Girardin, Saint-Ulriks-Kapelle (Brabant flamand)
Pratiquement tous les lambics qu'on trouve à la pression dans les cafés de Pajottenland proviennent de cette brasserie agricole qui ne fait guère de publicité. La version oude de sa Gueuze Girardin, distinguable par son seul symbole noir, est considérée par plusieurs fabricants d'autres lambics comme la meilleure gueuze entre toutes.
www.geuzeinfo.com/index.php/girardin

HANSSENS ARTISANAAL OUDE GUEUZE (6 % vol.)
HANSSENS ARTISANAAL OUDBEITJE (6 % vol.)
Hanssens Artisanaal, Dworp (le Brabant flamand)
Les vieilles annexes agricoles, à l'arrière de la résidence de John Matthys et de Sidi Hanssens, abritent des rangées de fûts bien classés, où les lambics vieillissent selon la philosphie des Hanssens. Dans la Oude Gueuze, des notes de fumée de bois se mêlent aux arômes d'agrumes. L'Oudbeitje est le seul lambic à la fraise de fabrication traditionnelle conservant encore du fruité longtemps après que la couleur et la douceur ont disparu.
www.geuzeinfo.com/index.php/Hanssens-Artisanaal

Après brassage, le moût de bière filtré (*voir* p. 22) est décanté dans une cuve-guilloire (ou *koelschip*), où il est d'usage de le laisser refroidir « à toit ouvert au firmament », afin que s'introduisent les levures en suspension dans l'air ambiant. En réalité, les brasseurs font souffler de l'air (approximativement) filtré au-dessus pour éloigner les insectes, ce qui leur assure un semblant de contrôle sur le processus. Là où d'autres brasseurs ajoutent des *Saccharomyces* de culture afin de déclencher la fermentation (*voir* p. 20), les fabricants de lambic comptent sur des levures indigènes, ou naturelles.

Le rôle joué par la microflore oxydative que celle-ci vienne de l'atmosphère, des cieux nocturnes, des chevrons des brasseries ou encore des parois des fûts en bois où l'on verse le *koelschip* – donne lieu à bien des débats dans les cercles du lambic. Selon toute probabilité, ces trois sources de fermentation apportent leur contribution.

D'où qu'elles proviennent, les *Saccharomyces* en nombre suffisant alimentent une fermentation principale assez vigoureuse pendant deux semaines, puis poursuivent leur action plus modérément pendant encore trois ou quatre semaines. Comme dans le cas des ales vieillies en fût de chêne, les *Pediococci* prennent ensuite le relais – c'est la fermentation lactique (*voir* p. 58) –, et l'on peut leur attribuer en partie toute une palette de saveurs d'agrumes.

La singularité des lambics tient à la troisième phase de fermentation, celle qui se produit entre la deuxième et la troisième année de maturation en fût de chêne. Les souches de levure responsables d'une fermentation lente, les *Brettanomyces*, survivent dans les fibres cellulosiques du bois du fût ou du foudre : la bière acquiert ainsi des caractères distincts, parfaitement suggérés par les expressions « vieille librairie », « couverture pour cheval » et « fenil ».

On peut encore trouver du lambic pression « brut » dans quelques bars de Bruxelles et de Pajottenland, vendu dans des contenants en plastique parce que les inspecteurs de l'action sanitaire se méfient du bois. Servi entre six et douze mois après sa mise sous bois, il est qualifié de « *jong* », offrant alors des arômes de champignon et d'ale, tandis qu'au terme de deux à trois ans en fût de chêne, il devient « *oud* » (vieux) avec une tendance à être plat et vineux.

Avant 1950, les lambics finissaient très souvent en *faro*, bière pression additionnée de sucre pour provoquer une refermentation et une réduction de l'acidité. On la trouve encore dans quelques estaminets, comme le De Rare Vos à Schepdaal, au cœur du Pajottenland, au sud de Bruxelles.

De nos jours, le lambic le plus traditionnel sert principalement à créer des bières en bouteille, comme l'oude g(u)euze (*voir* ci-dessous) et l'oude kriek.

La législation belge définit actuellement les lambics de telle façon que certains produits n'ont que peu à voir avec la version authentique. Heureusement, l'Union européenne est intervenue en établissant quelques dénominations réglementaires qui ne sont applicables qu'aux seuls lambics fabriqués selon la tradition : le qualificatif de « old » a été changé par les termes hollandais « oud » et français « vieux ».

La gueuze traditionnelle – *geuze* dans certains dialectes locaux – a pour base un lambic jeune assemblé à une certaine proportion de lambic âgé, avant d'être embouteillée avec une dose de sirop de sucre. Le lambic jeune constitue le corps de la bière, le lambic âgé apporte de la personnalité, et le sucre confère la petite étincelle. En règle générale, plus la proportion de lambic âgé de trois ans sera importante, plus la gueuze aura de caractère.

La kriek traditionnelle se fabrique par trempage de cerises (*krieken* en vieux flamand) dans un fût de lambic pendant environ six mois. Bien qu'on la trouve parfois à la pression, elle est surtout embouteillée. Mieux vaut employer des fruits fermes, secs et dotés d'une légère amertume, avec leurs noyaux intacts, afin d'ajouter une note d'amande à un bouquet de fruits acidulés, nuancé de sous-bois.

Le trempage de framboises crée la « framboise », tout aussi traditionnelle mais devenue rare de nos jours. Des expérimentations avec le trempage de raisins, d'abricots, de fraises et d'autres fruits ont donné des résultats prometteurs, mais ces produits doivent encore gagner leurs lettres de noblesse.

Outre les producteurs mentionnés ci-dessous, on trouve des gueuzes et des krieks traditionnelles fabriquées par la famille De Troch et par Timmermans, qui font partie des grands groupes. Sans oublier la Mort Subite de Heineken. Le plus grand brasseur officiel de lambic, Belle-Vue (Anheuser-Busch InBev), ne fabrique pas de produits traditionnels.

Page suivante : casier de gueuze bio, vieillissant en bouteilles à la brasserie Cantillon, à Bruxelles.

LINDEMANS CUVÉE RENÉ OUDE GUEUZE (5 % vol.)
Brouwerij Lindemans, Vlezenbeek (Brabant flamand)
Brasseurs réputés de lambics raffinés, aux notes de citron, prisées des coupeurs, les Lindemans ont passé deux décennies à fabriquer des bières fruitées, souvent douces, avant que leur cuvée René ne signale le retour des lambics traditionnels, au goût plus léger.
www.lindemans.be

OUD BEERSEL OUDE KRIEK (6,5 % vol.)
Oud Berseel BVBA, Beersel (Brabant flamand)
En 2007, Gert Christiaens a sauvé la singulière brasserie Vandervelden. Il y poursuit la tradition des lambics. Son dynamisme et le soutien local lui ont permis de produire des bières sophistiquées, dont cette kriek brune un peu austère.
www.oudbeersel.com

TILQUIN GUEUZE À L'ANCIENNE (6,4 % vol.)
Gueuzerie Tilquin, Bierghes (Brabant wallon)
Pierre Tilquin a acheté son premier lambic en mars 2009 et vendu sa première gueuze à l'été 2011, ce qui illustre bien l'investissement financier requis pour le nouveau fabricant de lambic. Ses premières bières sont prometteuses.
www.gueuzerietilquin.be

BIO
GUEUZE
23/10/08

Bières de saison

En Wallonie, les brasseurs artisanaux ont fait un retour en force en produisant un type de bière dénommé « de saison », que certains amateurs ont surnommé « ale fermière ».

Aux siècles passés, les fermiers brassaient souvent l'hiver pour tirer une autre source de revenus de leurs moissons céréalières. De plus, ils avaient coutume d'aider les brasseurs régionaux en brassant leurs surplus à la belle saison (lorsque dans les caves de fermentation surchauffées), les cuves découvertes étaient vulnérables aux attaques d'insectes et autres altérations.

De telles bières auraient été plus fortes et plus houblonnées que les bières courantes, et se seraient donc mieux conservées. Si cette théorie est plausible, il manque des annales historiques fiables pour lui donner crédit. Une explication plus vraisemblable, étayée par les archives de production qui sont parvenues jusqu'à nous, serait que ces bières wallonnes estivales, principalement fabriquées par des ouvriers agricoles en zone rurale et par les mineurs et les poseurs d'acier dans les villes industrielles qui poussaient comme des champignons le long de la Meuse, de la Sambre et du canal du Center, se composaient essentiellement d'eau pour la réhydratation et de sucre pour l'énergie.

Il est bien connu que les ales légères et sucrées sont apparues aux abords de Liège et des zones industrielles, de manière analogue par certains égards aux brunes plus légères du nord de l'Angleterre et de la région des Midlands. Il y avait également des bières ultralégères et houblonnées, associées davantage aux contrées rurales et ayant peut-être bien un héritage commun avec les lambics plus légers appelés *meerts* ou *maerts,* que les fabricants utilisaient encore au coupage à l'instar de Boon (*voir* p. 62) et de Tilquin.

Une troisième sorte de bière a pu également existé, plus forte et plus houblonnée, mais dans ce cas, il est probable qu'elle aurait été réservée aux célébrations, à l'époque des moissons.

Il est possible que ces trois sortes de bière aient été appelées « de saison », mais quel qu'ait été le contexte historique, le type de bière devenu célèbre au cours des vingt dernières années est une blonde pale ale amère au goût de grain. Elle jouit d'un regain d'intérêt grâce au succès de la Saison Dupont en Amérique du

SÉLECTION DE BIÈRES

SAISON IV (6,5 % vol.)
Brasserie de Jandrain-Jandrenouille, Jandrain (Brabant wallon)
Superbe, raffinée et houblonnée à la perfection, cette blonde revisite le style « saison ». Elle est élaborée dans la brasserie construite en 2007 à l'emplacement de l'ancienne ferme.
www.hesbayebrabanconne.be/spip.php?article555

SAISON CAZEAU (5 % vol.)
Brasserie de Cazeau, Templeuve (Hainaut)
Cette blonde ale légère correspond au style « saison », même si l'on a pris des libertés avec tout style défini par l'adjonction de fleurs de sureau. Les houblons y sont mis en valeur par un subtil arôme estival.
www.brasseriedecazeau.be

Nord. Cette bière a incité les Américains à intensifier notablement le houblonnage.

Les bières « de saison », dans le sens traditionnel, connaissent des fortunes diverses ; ce sont des bières de saison d'un nouveau style qui ont trouvé un marché, car elles séduisent en particulier ceux qui apprécient la présence des houblons aromatiques dépourvues d'une amertume trop prégnante. À l'instar des bières citées auparavant, la Saison Saint-Feuillien et la Saison De Ranke de Dottignies méritent d'être découvertes.

Ci-dessus : collines boisées et méandres des rivières caractérisent les Ardennes.

Page précédente : le brasseur Jean-Louis Dits, devant sa cuve-matière à la brasserie à vapeur de Pipaix.

Page suivante : la moisson des houblons, près de Poperinge, en Flandre-Occidentale.

SAISON DE PIPAIX (6 % vol.)
Brasserie à Vapeur, Pipaix-Leuze (Hainaut)
En 1985, Jean-Louis Dits a sauvé de la destruction la dernière brasserie à vapeur. Sa bière amère et épicée proviendrait d'une recette datant de 1785.
www.vapeur.com

SAISON DUPONT (6,5 % vol.)
Brasserie Dupont, Tourpes (Hainaut)
La nouvelle génération aux commandes de la brasserie fabrique ses bières dans des installations modernes, sur le site de l'ancienne ferme-brasserie. Des notes d'herbes et de foin soulignent une amertume houblonnée. En bouteilles de 75 cl.
www.brasserie-dupont.com

SAISON VOISIN (5 % vol.)
Brasserie des Géants, Ath (Hainaut)
La meilleure des bières « saison », douces et légères, provenait de la brasserie Voisin à Flobecq. Un temps fermée, elle a été recréée en 2002 avec l'aval de l'ancien propriétaire.
www.brasseriedesgeants.com

ULTRAFRAÎCHE (3,5 % vol.)
Brasserie d'Écaussinnes, Écaussinnes (Hainaut)
C'est une des rares bières « saison » authentiques et légères provenant d'une « micro brasserie » florissante axée sur l'exportation ; le recours à des houblons secs avantage cette blonde ale toute simple.
www.brasserieecaussinnes.be

Bières blanches épicées

Dès le IXe siècle, on trouve dans les annales mention du brassage au blé surtout au nord du Saint Empire romain germanique, sur lequel régnait Charlemagne, ce qui laisse supposer que les bières « blanches » (ou *wit*) hollando-flamandes, la *Berliner Weisse*, la bavaroise *Weizen* et les lambics ont eu un parcours historique commun.

En 1966, le gérant de laiterie Pierre Celis décida de reproduire près de la maison de son enfance, un brassin de la brasserie Tomsin, qui avait marqué sa mémoire. Il y ajouta de la coriandre, un peu de cumin et de l'écorce séchée d'oranges de Curaçao afin d'aromatiser une trempe composée à 30 % de blé non malté et d'orge. Il la baptisa Oud Hoegaard en l'honneur de sa ville de Hoegaarden.

L'habitude de saupoudrer les bières d'épices proviendrait de l'usage antique de mélanges de *gruyt* pour leur qualité de conservateurs et d'adjuvants aromatiques (*voir* p. 15) – néanmoins le débat persiste sur la question de savoir si la bière de blé belge a toujours été épicée. Plus au nord en Leuven, le style *peeterman* aujourd'hui disparu n'était pas épicé, mais les émules de Celis, qui furent légion, ajoutaient des zestes séchés et de la coriandre, afin d'obtenir une bière voilée, au goût de pain frais, agréable et subtile au palais.

Celis n'aspirait pas au statut de héros ni de millionnaire. C'était un homme d'affaires modeste, un peu rêveur, et un bourreau de travail à l'ancienne qui savait reconnaître une bonne opportunité quand elle se présentait. Sa bière, par son aspect et son goût, se démarquait foncièrement de celles qui dominaient le marché à une époque où la standardisation commençait à passer de mode.

En Belgique, les bières blanches se sont, depuis lors, diversifiées : elles contiennent de l'épeautre, du sarrasin, du seigle et d'autres grains. Certaines sont devenues plus épicées, plus « nature », moins intenses ou plus fortes, plus limpides ou au contraire plus troubles, et parfois brunes, redéfinissant leur place sur un marché en mutation.

L'Oud Hoegaard a fini par se transformer en Hoegaarden, première bière artisanale récente à remporter un succès mondial (bien après la disparition de son créateur, cependant).

Coriandre

Cumin

Blé

Avoine

Zestes d'orange

SÉLECTION DE BIÈRES

AUGRENOISE (6,5 % vol.)
Brasserie d'Augrenoise, Casteau (Hainaut)
C'est une version amère et légèrement herbacée d'une bière blanche, à la finale intense. Elle est fabriquée dans un centre d'aide par le travail, supervisé par un maître brasseur (*voir* p. 54).
www.augrenoise.com

BLANCHE DES HONNELLES (6 % vol.)
Brasserie de l'Abbaye des Rocs, Montignies-sur-Roc (Hainaut)
Blanche double aux États-Unis, cette bière corsée, légèrement herbacée et parfumée de mandarine, brassée avec de l'orge se démarque des autres.
www.abbaye-des-rocs.com

LIMBURGSE WITTE (5°)
Brouwerij Sint-Jozef, Opitter-Bree (Limburg)
Éviter la refermentation en bouteille ne nuit aucunement à cette bière blanche belge « standard » qui n'est pas encore reconnue à ses justes mérites.
www.brouwerijsintjozef.be

Ci-dessus : blé brassicole, dans une ferme de Flandre.

SARA BRUNE (6 % vol.)
Brasserie de Silenrieux, Silenrieux (Namur)
Cette brasserie du Sud a été fondée dans le but de promouvoir l'usage de grains anciens dans le brassage. Ainsi de ce brassin brun et épicé issu du sarrasin.

SAISON D'ÉPEAUTRE (6 % vol.)
Brasserie de Blaugies, Blaugies (Hainaut)
C'est une des bières les plus étonnantes de Belgique, composée d'épeautre. Elle est le fruit d'une association houblons-levures qui apporte un remarquable caractère à la dégustation.
À servir trouble.
www.brasseriedeblaugies.com

WAASE WOLF (6 % vol.)
Brouwerij Boelens, Belsele (Flandre-Orientale)
Les bières de Waasland, de Kris Boelens, ont un caractère traditionnel de miel, d'épices et de fumé. Il en est ainsi de cette bière blanche moelleuse et opaque.
www.brouwerijboelens.be

L'influence anglo-saxonne

Charles de Gaulle disait de la Belgique qu'elle avait été inventée par les Britanniques pour contrarier les Français… Fondée à la Conférence de Londres en 1830, la Belgique eut pour premier souverain le beau-frère de la reine Victoria. Avant la fin du siècle, celui qui exerçait la plus grande influence sur ses brasseurs était un Anglais.

George Maw Johnson brassait à Canterbury, mais il se lia à la ville de Hal (actuelle Halle), au sud de Bruxelles : des brasseurs locaux l'avait, en effet, consulté sur la meilleure façon de fabriquer une bière qui imiterait celle des cabaretiers du cru, lesquels ajoutaient du sucre, au petit bonheur, aux cuves découvertes. De là naquit en 1899 le *Petit Journal du Brasseur* sous sa responsabilité éditoriale.

Ce fut Maw Johnson qui, au tournant du siècle, persuada les brasseurs belges de créer un style léger de blonde pale ale dénommée *spéciale*, certains ajoutant « 1900 » sur l'étiquette (*voir* la note de dégustation pour la Spéciale De Ryck, ci-contre). Suivirent les brunes douces inspirées du stout laiteux (ou *milk stout*) britannique, tout comme les ales écossaises fortes, gorgées de malt, et les robustes stouts d'exportation.

Les grandes sociétés britanniques telles que Whitbread, Bass et Watney exportaient leurs bières dans des foudres ; après leur entreposage en Belgique, les bières décantaient en bouteilles. Dans le même temps, des importateurs comme John Martin d'Anvers faisaient entrer en Belgique des ales de Guinness, de McEwans et de Barclay Perkins, les brassins subsistant souvent en Belgique bien après leur disparition en Grande-Bretagne. Avec le temps les meilleures idées allaient être reprises par la culture brassicole belge, et les talents locaux prendre la relève.

Ci-contre : la brasserie de Silly, dans le nord du Hainaut, a continué à produire une ale écossaise classique bien après que les brasseurs écossais eurent oublié comment faire.

Page suivante, à gauche : maltées et tonifiantes, les ales écossaises semblent autant indiquées pour supporter les intempéries du climat belge que les rigueurs du climat plus froid de l'Écosse.

Page suivante, en haut à droite : le moût est séparé des grains à la Brouwerij de Ryck, à Herzle.

Page suivante, en bas à droite : l'engouement pour la bière à la pression, notamment à l'export, a conduit de nombreuses brasseries belges à investir dans des fûts.

SÉLECTION DE BIÈRES

BELLEVAUX BLACK (6,3 % vol.)
Brasserie de Bellevaux, Bellevaux (Liège)
L'influence britannique perceptible dans ce brassin hivernal provient en droite ligne de l'Old Peculier de Theakston. Le brasseur Will Schuwer a fondé cette brasserie en 1980 (*voir* p. 121).
www.brasseriedebellevaux.be

HERCULE STOUT (9 % vol.)
Brasserie Ellezelloise, Ellezelles (Hainaut)
L'un des stouts de fabrication belge les plus vigoureux, aux notes de caramel et de chocolat, suivant la tradition de la Guinness Export – ainsi nommé en l'honneur de Monsieur Poirot.
www.brasserie-ellezelloise.be

HOFBLUES (5,5 % vol.)
't Hofbrouwerijke, Beerzel (Anvers)
L'homme-orchestre Jef Goetelen brasse tout ce qui lui fait envie, mais il revient toujours à son stout noir et sec, au malt torréfié, qui pourrait rivaliser avec les meilleurs d'Irlande.
www.thofbrouwerijke.be

SCOTCH SILLY (7,5 % vol.)
Brasserie de Silly, Silly (Hainaut)
Cet exemple raffiné d'une ale écossaise forte, douce et maltée avec un houblonnage modeste, vient d'une brasserie familiale de village, vieille de cent soixante ans, près d'Ath.
www.silly-beer.com

SPECIAL DE RYCK (5,5 % vol.)
Brouwerij De Ryck, Herzele (Flandre-Orientale)
La meilleure des bières développées à partir du style d'ales blondes « Spéciale 1900 » (*voir* ci-dessus), fabriquée par l'une des petites brasseries de Belgique les plus respectées.
www.brouwerijderyck.be

STOUT LEROY (5 % vol.)
Brouwerij Leroy, Boezinge (Flandre-Occidentale)
Il est peu probable qu'on lui décerne des prix, mais c'est une survivante intéressante de l'époque où le milk stout du Kent, doux et caramélisé, avait l'air bon, l'était et vous faisait du bien !
www.brouwerijvaneecke.tk

Bières régionales

Le plaisir de boire de la bière en Belgique tient à la fabuleuse diversité des styles et aux créations exceptionnelles des brasseurs locaux : les *streekbieren*, ou bières régionales.

À Limbourg, on fabrique des ales blondes légères à partir des houblons des pâturages à la belle saison. Les brasseurs du Brabant, entre autres, coupent les lambics avec certaines de leurs ales. Les brasseurs du Sud suivent vaguement les principes des blondes, des brunes et des ambrées qui ont cours en France. D'autres ajoutent à la trempe du miel, de la farine de moutarde, un soupçon de graines de coriandre ou d'anis.

Les nouvelles bières belges ne sont pas toutes le fruit de l'imagination créative. Quand une bière est couronnée de succès, elle fait des émules. Par exemple, lorsque la Duvel (« diable » en flamand) de la brasserie Moortgat a pris son essor (*voir* ci-après), de nombreux brasseurs ont entrepris de fabriquer des blondes ales légères d'une teneur d'environ 8,5 % vol. et ils leur ont donné des noms comme la Lucifer ou la Judas.

Toutes ne sont pas pour autant d'une grande qualité. La vogue récente des bières fruitées, pour reprendre la tradition de l'oude kriek, a vu peu de brasseurs créer des bières vraiment authentiques. La plupart utilisent des sirops ou des concentrés de jus de fruits pour concocter des boissons aussi banales qu'offensantes envers une grande tradition culturelle.

L'usage d'épices et autres substances aromatiques peut être suspect. Si la pratique a de solides racines historiques et si les épices utilisées avec subtilité peuvent mettre une bière en valeur, nombre de producteurs suivent l'exemple de leurs ancêtres en recourant à de telles astuces pour masquer un houblonnage de piètre qualité ou ajouter du goût à des bières qui pâtissent de délayages et de méthodes expéditives visant à réduire les coûts.

La Proefbrouwerij in Lochristi, en Flandre-Orientale (*voir* p. 82), qui a des liens avec l'une des écoles brassicoles du pays, a été créée pour aider les brasseurs professionnels,

CONSEILS AUX VISITEURS

- 80 % des propriétaires de café belges en savent remarquablement peu sur la bière.
- En cas de doute, optez pour une bière locale.
- Bruxelles est plus calme le week-end et l'été ; Bruges, les soirs de semaine.
- Ayez l'air d'en savoir plus que les autres ou devenez vraiment calés en vous documentant sur Internet et dans les ouvrages spécialisés.
- À voir absolument : le musée et la brasserie de lambic du Cantillon à Bruxelles (*voir* p. 63).
- À déguster absolument, avec modération…

Page suivante : Dirk Naudts, maître-brasseur à Proef, Lochristi, en Flandre-Orientale, a produit plus de 2 000 bières pour des clients de Belgique et d'ailleurs.

SÉLECTION DE BIÈRES

3 SCHTÉNG (6 % vol.)
Brasserie du Grain d'Orge, Hombourg (Liège)
Une ale brune moelleuse et épicée tirant sur le porter, brassée pour les grossistes des débits de boissons locaux et nommée en l'honneur des Trois Pierres, à la frontière de la Belgique, de la Hollande et de l'Allemagne.
www.grain-dorge.com

ALPÄIDE (10 % vol.)
Brouwerij Nieuwhuys, Hoegaarden (Brabant flamand)
Une brune étonnamment forte, bien charpentée, mûre et équilibrée, fabriquée par un producteur relativement nouveau, sans lien avec les autres brasseurs de la ville (*voir* p. 76), qui jouit d'une belle notoriété.
www.hoegaardsbier.be

BELLA MÈRE (6,5 % vol.)
Brasserie Artisanale Millevertus, Breuvanne (Luxembourg)
Plus complexe qu'une « saison » typique moderne, cette ambrée est un exemple parmi les dizaines que produit ce brasseur de village d'une grande inventivité, soutenu par sa belle-mère…
www.millevertus.be

BINK BLOND (5,5 % vol.)
Brouwerij Kerkom, Kerkom-Sint-Truiden (Limbourg)
« Faire de la bière amère est facile, de la bière houblonnée, plus difficile », déclare Marc Limet, en parlant de l'attrait de cette blonde ale de Limbourg, élégante et gourmande.
www.brouwerijkerkom.be

BLACK ALBERT (13 % vol.)
Brouwerij 't Oude Schooltje, Oostvleteren (Flandre-Occidentale)
Le collectif des Struise Brouwers produit des bières agréables pour les natifs du pays et d'autres, ambitieuses, pour les étrangers, tel ce stout « belge royal » dense, débordant de malts torréfiés et d'une franche amertume houblonnée.
www.struise.noordhoek.com/eng/

CARACOLE (7,5 % vol.)
Brasserie Caracole, Falmignoul (Namur)
Cette ambrée classique, de force moyenne, est fabriquée à partir de cinq malts et d'écorces séchées. Une brasserie réhabilitée vieille de deux cents ans, établie dans les Ardennes du Nord.
www.brasserie-caracole.be

CUVÉE DE RANKE (7 % vol.)
Brouwerij De Ranke, Dottignies (Hainaut)
Difficile de choisir parmi les excellentes bières De Ranke. Cet assemblage de blonde pale ale et de lambic conserve les esters de houblons, ainsi qu'une fraîcheur aux notes de sous-bois. À déguster absolument.
www.deranke.be

DUVEL (8,5 % vol.)
Brouwerij Duvel Moortgat, Breendonk (Anvers)
Cette blonde d'une grande pâleur parmi les ales fortes conditionnées en bouteilles n'est plus seulement une bière régionale, mais aussi une réussite à l'échelle mondiale. Elle parvient – tout juste – à éviter la standardisation.
www.duvel.be

EMBRASSE (9 % vol.)
Brouwerij De Dochter van de Korenaar, Baarle-Hertog (Anvers)
Cette bière se positionne entre un stout robuste et une noire tripel avant vieillissement en fût de chêne.
www.dedochtervandekorenaar.be

ESTIVALE (5,2 % vol.)
Brasserie Artisanale de Rulles, Rulles-Habay (Luxembourg)
La plus légère parmi les ales de classe mondiale fabriquée par la brasserie villageoise de Grégory Verhelst : une ambrée aromatique, riche d'esters de houblons, comme s'ils revenaient à la mode.
www.larulles.be

FANTÔME (8 % vol.)
Brasserie Fantôme, Soy (Luxembourg)
Le brasseur fondateur Dany Prignon jouit d'une belle réussite, celle de toute une vie passée à produire des bières singulières. La plus suivie est cette ale, estivale mais forte, aux notes de pomme et de poire.
www.fantome.be

GOUDEN CAROLUS CLASSIC (8,5 % vol.)
Brouwerij Het Anker, Malines (Anvers)
La bière la plus ancienne produite dans cette brasserie revitalisée, à Anvers, est cette ale forte aux reflets brun-roux, que l'on dit fidèle à la vieille tradition de Malines.
www.hetanker.be

GRUUT AMBER (6,6 % vol.)
Gentse Stadsbrouwerij Gruut, Gand (Flandre-Orientale)
La famille d'Annick De Splenter a dû vendre la brasserie qu'elle espérait un jour relancer. Aussi a-t-elle construit la sienne : elle y fabrique des bières de *gruits* (voir p. 76) sans houblon.
www.gruut.be

GULDEN DRAAK (10,5 % vol.)
Van Steenberge, Ertvelde (Flandre-Orientale)
La bouteille blanche nuit à l'image de ce vin d'orge, pourtant haut de gamme, aux levures épicées, provenant de cette brasserie à l'identité fondamentalement flamande.
www.vansteenberge.com

semi-professionnels et amateurs à mener à bien des expériences et à créer de nouvelles bières. Tenue par une équipe hautement compétente, elle élabore chaque année des centaines de nouvelles bières : certaines d'entre elles sont appelées à devenir des classiques.

La variété se reflète dans les cafés et les restaurants du pays : certains ont une carte impressionnante, parfois aussi longue que celle d'un restaurant gastronomique. Les établissements sont approvisionnés par un réseau d'entrepôts de boissons, nombre d'entre eux assurant aussi une vente directe au public. Les entrepôts établis à proximité des frontières françaises et hollandaises voient depuis peu leurs parkings envahis par des véhicules immatriculés à l'étranger, ces voisins venant approvisionner leurs celliers pour une saison entière.

Ci-contre : la Belgique compte d'élégants cafés.

Page suivante : certaines ales belges ont pris beaucoup d'envergure sur le plan commercial, comme on le voit dans cette brasserie high-tech de Duvel Moortgat, près de Puurs.

SÉLECTION DE BIÈRES

HOPUS (8,3 % vol.)
Brasserie Lefebvre, Quenast (Brabant wallon)
Cette brasserie familiale du sud de la Belgique a acquis la réputation de fabriquer des bières de qualité, doucement épicées, en volume limité. Elle élabore cette forte blonde ale très houblonnée, et appréciée.
www.brasserielefebvre.be

LA BINCHOISE SPÉCIALE NOËL (9 % vol.)
Brasserie La Binchoise, Binche (Hainaut)
Quitte à épicer une bière, autant le faire pour Noël, et d'une main généreuse, à la louche, comme pour cette forte ambrée. Une grande.
www.brasserielabinchoise.be

LA SAMBRESSE BLONDE (8 % vol.)
Brasserie Brootcoorens, Erquelinnes (Hainaut)
Rares sont ceux qui, au-delà d'Erquelinnes, ont entendu parler d'Alain Brootcoorens, brasseur artisanal belge. Parmi ses grandes ales, on trouve cette blonde forte au petit accent terreux.
www.brasserie-brootcoorens-erquelinnes.be

MALHEUR DARK BRUT (12 % vol.)
Malheur Bieren, Buggenhout (Flandre-Orientale)
Le recours à la méthode traditionnelle (seconde fermentation en bouteille comme elle est pratiquée en Champagne) donne à ce stout impérial dense, aux notes de café noir et de chocolat, un côté vif déconcertant.
www.malheur.be

ONDINEKE OILSJTERSEN TRIPEL (8,5 % vol.)
Brouwerij De Glazen Toren, Erpe-Mere (Flandre-Orientale)
Cette blonde ale forte, riche, douce amère est la bière officielle d'Aalst. Sa recette emploie des houblons de la contrée.
www.glazentoren.be

PALM DOBBEL (5,5 % vol.)
Brasseries Palm, Steenhuffel (Flandre-Orientale). La quatrième plus grande brasserie indépendante de Belgique produit cette variante insolite d'une bitter de l'avant-guerre au nord de l'Angleterre. Un brassin d'hiver.
www.palmbreweries.com

PATER LIEVEN BRUIN (6,5 % vol.)
Brouwerij Vanden Bossche,
Sint-Lievens-Esse (Flandre-Orientale)
Fabriquée dans une ancienne brasserie de tour, sur la place du marché, par un brasseur de la quatrième génération, cette brune toute simple mais au style élégant est l'une des meilleures de Belgique.
www.paterlieven.be

STRUBBE PILS (5 % vol.)
Brouwerij Strubbe, Ichtegem
(Flandre-Occidentale)
Des brasseries belges beaucoup plus modestes ont renoncé à la Pils, mais celle-ci, produite par la famille Strubbe, est remarquablement houblonnée, vive et légère.
www.brouwerij-strubbe.be

'T SMISKE (7 % vol.)
Brouwerij Smisje, Oudenaarde
(Flandre-Orientale)
Johan Brandt, jeune brasseur passé d'une large production à une production plus modeste, a créé une blonde ale rafraîchissante qui a bénéficié d'une eau de source et de 100 % de houblons de la Flandre-Occidentale.
www.smisje.be

TARAS BOULBA (4,5 % vol.)
Brasserie de la Senne, Bruxelles
Si la Belgique est renommée pour ses bières fortes et folkloriques, certains de ses meilleurs brasseurs produisent magistralement des brassins plus simples, comme cette ale légère et houblonnée de la capitale.
www.brasseriedelasenne.be

TONNEKE (5 % vol.)
Brouwerij Contreras, Gavere
(Flandre-Orientale)
Fruitée, avec un petit goût vif, l'ambrée légère, qui constitue à elle seule une catégorie à part, est fabriquée par une brasserie familiale au sud de Gand.
www.contreras.be

VICARIS GENERAAL (8,8 % vol.)
Brouwerij Dilewyns, Dendermonde
(Flandre-Orientale)
Cette brune forte exhale de puissants arômes torréfiés, ainsi que des notes de croûte de pain, ce qui la place entre une ale écossaise et une noire tripel.
www.vicaris.be

VIVEN PORTER (7 % vol.)
Proefbrouwerij, Lochristi (Flandre-Orientale)
L'un des meilleurs produits de brasserie, le *nec plus ultra* : une porter intense, tout feu tout flamme.
www.viven.be

L'ALLEMAGNE

Brassant près de 100 millions d'hectolitres par an, l'Allemagne est le cinquième producteur de bière au monde, et, pourtant, moins de la moitié de sa production (38 %) provient de grandes compagnies – ce qui la singularise parmi les quarante premiers pays brassicoles. À titre de comparaison, dans les quatrième et sixième pays producteurs mondiaux, que sont le Brésil et le Mexique, les géants du brassage contrôlent 99 % du marché.

Il ne faut pas croire pour autant que l'Allemagne soit à l'abri d'une mainmise des brasseurs mondiaux. Quatre des « Six Grandes » compagnies qui interviennent chaque année lors de l'Oktoberfest à Munich, ainsi que de nombreuses marques connues de bières allemandes, telles que la Beck et la Saint Pauli, sont la propriété directe (ou de fait) d'Anheuser-Busch InBev ou de Heineken. Leur influence est cependant restreinte, et les grandes firmes – comme les groupes Radeberger et Oettinger, Bitburger et Krombacher – ont majoritairement conservé des propriétaires allemands.

Le reste du marché se répartit entre 1 300 brasseries environ, presque toutes installées en Bavière. Pour certaines d'entre elles, le brassage n'est qu'un passe-temps et il ne s'agit au mieux que d'approvisionner un seul et unique établissement. En majorité, ces minuscules entreprises régionales sont ancrées dans un brassage multiséculaire.

Le conservatisme naturel du marché doit beaucoup aux restrictions du « décret sur la Pureté de la bière » datant de cinq cents ans et qui n'est légalement plus en vigueur (*voir* encadré ci-contre). Le décret garantissait la qualité suivie de la bière allemande (à défaut d'être exceptionnelle). Même des marques comme Krombacher Pils – qui, à raison de 4,5 millions d'hectolitres par an, enregistre les plus fortes ventes du pays – et comme la Bitburger (*voir* p. 82) préservent un caractère dit authentique.

Les brasseurs allemands cherchent à produire des bières de grande qualité à des prix encadrés. Leur objectif est rarement de créer un produit

Ci-dessous : troisième plus grande ville de Bavière et site d'une université majeure en Allemagne, il n'est guère étonnant qu'Augsbourg compte une demi-douzaine de brasseries.

LE REINHEITSGEBOT

En 1516, le duc Wilhelm IV de Bavière acceptait avec son pair le duc Ludwig X de ratifier un chef-d'œuvre de la législation, que les historiens saluent comme la loi de défense des consommateurs la plus pérenne au monde.

Brasseurs et boulangers se livraient une guerre des prix pour le blé. Alors que l'on s'inquiétait de plus en plus de voir les brasseurs ajouter toutes sortes d'ingrédients aux bières locales, comme des herbes, des légumes tubéreux, des champignons et des produits de source animale, ce tout dernier grief suscita une réaction connue jusqu'à la fin du XIXe siècle comme la « Prohibition subrogée » et plus récemment, comme « le décret sur la Pureté de la bière » (ou *Reinheitsgebot*).

Le décret stipulait que la bière devait désormais être fabriquée exclusivement avec de l'orge, des houblons et de l'eau. Il n'était pas fait mention de levures, puisqu'elles étaient encore à découvrir. Moins d'une décennie plus tard, l'ironie voulut que l'on fasse une exception pour le blé malté.

Quand les États allemands furent unifiés à l'initiative de Bismarck, beaucoup adoptèrent ces normes réglementaires ; *ipso facto* maints styles de bières, historiques et vicinaux furent frappés d'illégalité. En 1919, la Bavière en fit une condition pour accepter d'être assimilée à la nouvelle Allemagne.

Le *Reinheitsgebot* fut aboli en 1988, l'Union européenne y voyant un frein au libre-échange : de fait, peu de brasseries allemandes recourent à ce jour au sucre, aux grains de substitution et aux additifs auxquels donne droit la nouvelle loi qui l'a remplacé.

Allemagne : densité brassicole

Regroupant à elle seule la moitié du secteur brassicole d'Allemagne, la Bavière (Bayern) est l'une des régions les plus riches de la planète en brasseries. C'est aussi le plus vaste État fédéral et le deuxième au plan de la démographie.

qui se distingue de manière spectaculaire, ou de s'inspirer des préférences d'autres pays en matière de brassage.

L'Allemagne du Nord compte d'innombrables microbrasseries, presque toutes fondées ces vingt dernières années, qui proposent la plupart du temps une lager légère, une brune, une bière de froment, ainsi que, de temps à autre, un brassin saisonnier. Au sud dominent, dans de petites villes, des brasseries familiales plus anciennes, depuis les producteurs d'une seule et unique bière jusqu'à ceux fabriquant une vaste palette de marques – encore que nombre de ces derniers préfèrent s'en tenir aux trois bières classiques : légère, brune, de blé.

Les contrastes perceptibles d'un bout à l'autre du pays sont fascinants. Un *Biergarten* de Munich offrira la bière dans un *Maß* ou stein d'une contenance de 1 litre, mais sitôt que l'on s'aventure au nord de Cologne, la chope se réduit à une *Stange* de 20 cl. La *Märzen* à Bamberg peut avoir des arômes de jambon fumé, alors qu'à Augsbourg, elle sera franche, maltée et tonifiante. Une bière blanche à Berlin est supposée être légère et acidulée, alors qu'en Bavière, c'est un brassin fruité et épicé.

Davantage en Allemagne que partout ailleurs, c'est l'amateur itinérant qui savourera le mieux la plus grande sélection de bières et fera les découvertes les plus agréables. Les « grands » brasseurs en Allemagne sont les « héros du coin », inconnus hors de leur paroisse.

Le brassage artisanal de style allemand gagne du terrain, mais si l'on y réfléchit, la question serait plutôt de savoir si les groupes brassicoles détenus par des Allemands sauront garder la tête froide et éviter de succomber aux sirènes du coût moindre et de la normalisation. Étant donné que même les consommateurs les moins exigeants se lassent des bières industrielles, les perspectives s'annoncent intéressantes pour ceux qui ont maîtrisé l'art du brassage de qualité à grande échelle.

LES MARQUES LES PLUS VENDUES

Beck's	(Anheuser-Busch InBev)
DAB	(Nationale)
Franziskaner	(Anheuser-Busch InBev)
Hacker-Pschorr	(Heineken)
Hasseröder	(Anheuser-Busch InBev)
Holsten	(Carlsberg)
Kulmbacher	(Heineken)
Löwenbräu	(Anheuser-Busch InBev)
Oettinger	(Nationale)
Paulaner	(Heineken)
Radeberger	(Nationale)
Spaten	(Anheuser-Busch InBev)
Warsteiner	(Nationale)

Helles et autres bières lagers blondes

Au sud de l'Allemagne, le terme consacré pour décrire une blonde de fermentation basse, vive et rafraîchissante, avec un houblonnage faible à moyen, est celui de *Helles*, qui veut dire « légère » ou « brillante », alors que « lager », dérivé de l'allemand *lagern* signifiant « entreposer », est réservé aux bières qui ont légèrement vieilli. *Pils* peut s'utiliser indifféremment, mais le terme se réfère généralement à une bière plus houblonnée et plus sèche.

La Helles est la bière de consommation courante à Munich, celle qui emplit les imposants steins figurant en bonne place dans les représentations de Bavarois en liesse. À son summum, c'est une bière élégante et rafraîchissante, expression sublime de la finesse de l'art du brassage ; sous sa forme la plus banale, et donc la moins réussie, elle devrait encore désaltérer de façon agréable.

Dès le XIVe siècle, les brasseurs de la région de Munich se seraient rendu compte qu'il était possible d'éviter les désagréments des bières brassées l'été, en réfrigérant celles-ci dans les grottes des contreforts des Alpes. Ils entreprirent d'y entreposer leurs brassins printaniers tardifs, réduisant ainsi la température de fermentation ; sans le savoir, ils favorisaient alors l'action des levures de fermentation basse activées par le froid (*voir* p. 20).

Les malts blonds arrivèrent en Allemagne du Sud peu après l'apparition des blondes légères de fermentation basse en Bohême ; en peu de temps, ils gagnèrent les États du Nord. Ces pils allemandes ont un profil malté plus sec, moins riche que leurs homologues de Bohême, allant jusqu'à un niveau accru d'amertume perçue (sinon mesurable). Au sud du fief de la pils germanique que sont la Basse-Saxe et le Haut-Rhin, ces bières offrent un caractère houblonné moins agressif, une plus grande élégance et un malté plus affirmé, ce qui les rapproche de la pils originale.

Ci-dessus : le *Maß* d'un litre est le verre préféré pour la Helles dans toute la Bavière.

Ce style fermement malté, que les étrangers associent à la cité nordique de Dortmund, n'est pas officiellement reconnu en Allemagne, où le classement de la bière repose davantage sur la présentation que sur le caractère. Par exemple, les bières contenant des levures, essentiellement en bouteille, voire en barils à la façon des ales britanniques « authentiques », sont connues comme des *Zwickel,* des *Ungespundet,* des *Kraüsen* ou encore des *Kellerbier*. Certaines sont ambrées, d'autres sont des brunes pures et simples. De même, les *Landbier* ont un faible taux de gazéification, mais sont normalement filtrées.

On appelait *Märzen* les bières envoyées en entreposage frigorifique et consommées l'été, avant la reprise du brassage qu'on reprenait en septembre. Les volumes restants étaient dégustés lors des festivals clôturant la belle saison.

D'une teinte légère ambrée classique, elles avaient tendance à être plus fortes, dotées d'une richesse gustative et d'un malté plus accentué. Les variétés plus récentes *Export* et *Spezial* ne

SÉLECTION DE BIÈRES

ANDECHSER SPEZIAL HELL (5,8 % vol.)
Klosterbrauerei Andechs, Andechs (Bavière)
Le monastère d'Andechs, près de Munich, produit des trésors et sert ses grandes bières dans un cadre plein de charme. Sa *Spezial* est généreusement houblonnée.
www.andechs.de

AUGUSTINER EDELSTOFF (5,6 % vol.)
Augustiner-Bräu Wagner, Munich (Bavière)
Cette brillante blonde d'exportation, issue de l'une des deux brasseries indépendantes des « Six Grandes » de Munich (*voir* p. 80), offre une douceur élégante aux notes de houblon, avec une finale maltée et une très légère amertume.
www.augustiner-brauer.de

AYINGER JAHRHUNDERT-BIER (5,5 % vol.)
Brauerei Aying, Aying (Bavière)
Créé pour célébrer le centenaire en 1978 de cette brasserie bénéficiant d'une bonne distribution, ce brassin bavarois au goût malté affirmé évoque la bière *Dortmunder*, mais dans un style plus puissant.
www.ayinger.de

BITBURGER PREMIUM BEER (4,8 % vol.)
Bitburger Braugruppe, Bitburg (Rhénanie-Palatinat)
Pièce maîtresse de l'une des plus grandes entreprises de brassage nationales, cette pils lumineuse demeure la boisson conviviale et rafraîchissante qu'elle a toujours été.
www.bitburger.com

BRAUBERGER ZWICKELBIER (4,8 % vol.)
Brauberger zu Lübeck, Lübeck (Schleswig-Holstein)
Lübeck, autre site protégé inscrit au Patrimoine mondial, tout comme le magnifique Bamberg (*voir* p. 84), détient une brasserie où une seule bière est fabriquée : une ambrée légère non filtrée, au goût de noisette, tirée de tonneaux en bois.
www.braugerger.com

HOFBRÄU OKTOBERFESTBIER (6,3 % vol.)
Hofbräu Munich, Munich (Bavière)
Typique d'une *Märzen* moderne. Une bière riche et d'un ambré prononcé, puissante, épicée et maltée. C'est une Helles d'une brasserie nationalisée.
www.hofbraeu-muenchen.de

sont pas nécessairement vieillies, mais présentent des variations d'intensité ; à un bout de cette gamme, on trouve les *Bocks*.

Ci-dessus : de nombreuses salles bavaroises paraissent minuscules en comparaison des *Biergärtens* en plein air, dont certains peuvent accueillir des milliers de clients.

JEVER PILSENER (4,8 – 5,2 % vol.)
Radeberger Gruppe, Jever (Basse-Saxe)
Vaisseau amiral des pilsen en tout genre du nord de l'Allemagne, la Jever doit son succès à son équilibre entre une amertume assumée et une solide base maltée.
www.jever.de

KEESMANN BAMBERGER HERREN PILS (4,5 % vol.)
Brauerei Keesmann, Bamberg (Bavière)
Un brassin exquis, raffiné, floral, herbacé, vif, d'une teinte paille. Il tient presque davantage de la Helles que de la pils.
www.bamberg.info/en/poi/keesmann_brewery-5205

KELLY BIER (4,9 % vol.)
St Georgen Bräu, Buttenheim (Bavière)
La « carte de visite » de cette brasserie multiséculaire de Franconie : une bière ambrée et fermentée, épicée, avec un nez légèrement herbacé, une bouche acidulée dotée d'une finale mi-sèche.
www.kellerbier.de

MÄRZEN (5,5 % vol.)
Staffelberg-Bräu, Loffeld (Bavière)
Une authentique *Märzen* ancien style, d'un ambré profond et d'une douceur rappelant celle du pain, provenant d'une brasserie-boucherie insolite située à la périphérie de Bamberg (*voir* p. 84).
www.staffelberg-braeu.de

ROTHAUS PILS (5,1 % vol.)
Badische Staatsbrauerei Rothaus AG, Grafenhausen-Rothaus (Bade-Wurtemberg)
Connue comme la Tannenzäpfle, en bouteille de 33 cl, cette bière houblonnée de bonne facture s'est comportée remarquablement bien sur les marchés à l'export : c'est le produit d'un grand complexe dont le gouvernement est propriétaire.
www.rothaus.de

WAGNER PILS (4,5 % vol.)
Wagner-Bräu, Kemmern (Bavière)
Meilleure quand elle est tirée du fût, cette bière riche et herbacée, déclinaison du style pils, réserve une finale délicieusement amère.
www.brauerei-wagner.de

Bières de Franconie

À raison de 105 litres par habitant en 2009, les Allemands sont de gros consommateurs de bière. Ce chiffre serait à multiplier par deux en Bavière et, à en croire certains, on pourrait bien le multiplier par trois, si les limites géographiques étaient encore plus resserrées pour n'inclure que la région nord, la Franconie.

Région d'Europe (sinon du monde) ayant la plus grande concentration de brasseries, la Franconie compte près de trois cents établissements, soit un pour cinquante kilomètres carrés en Haute-Franconie, dans les environs de Bamberg. Dans leur vaste majorité, ce sont de petites exploitations locales ne produisant pas plus de 10 000 hectolitres par an et, si elles sont mieux connues pour leurs bières fumées (*voir* encadré ci-contre), les brasseries de Franconie produisent aussi une vaste palette de styles. Selon une terminologie présentant des différences subtiles par rapport à celle en vigueur dans d'autres régions d'Allemagne, les visiteurs trouveront de la *Vollbier* (ici la bière principale de la brasserie), de la *Landbier* (une bière de style champêtre, sans plus) et, occasionnellement, la *Ungespundet* modérément gazeuse, fraîchement tirée du fût, ou bière « débouchée ».

Avec Bamberg comptant à elle seule dix brasseries dans un splendide paysage urbain classé par l'Unesco et d'innombrables bâtisses préservées, la région de Haute-Franconie mérite assurément le détour.

Ci-contre : la ville brassicole de Bamberg est aussi un paradis architectural, inscrit par l'Unesco au Patrimoine mondial.

Brasseries de Franconie

L'aire comptant le plus de brasseries au monde est la Haute-Franconie, à la pointe septentrionale de la Bavière. La bière pure est ici de règle ; les brasseries ont presque toutes leur magasin de vente au public et, très souvent, elles offrent même le gîte. Notre carte fait apparaître les communes accueillant une ou plusieurs brasserie.

LES « RAUCHBIER » DE BAMBERG

Avant que la torréfaction ne soit autorisée pour un maltage de l'orge plus contrôlé, tout malt présentait une teinte et un caractère fumé, en raison du feu de bois utilisé pour sécher les grains germés. Si les brasseries dans le monde se sont pratiquement toutes détournées de ce profil organoleptique, celui-ci a néanmoins persisté à Bamberg et il est même devenu une spécialité régionale.

Connues sous le nom de *Rauchbier*, ces bières fumées font appel à des pourcentages variables de malt celui-ci ayant été soumis à un touraillage au-dessus d'un feu de bois de hêtre. Exemple connu de ce style, l'Aecht Schlenkerla. La brasserie Heller-Bräu Trum qui le produit a recours à de généreuses quantités de malt fumé. La Spezial (voir ci-contre), sise à l'autre bout de la ville, produit des bières délicatement fumées en moindres quantités. Toutes deux ont leurs propres maltages. On estime que soixante-dix autres brasseurs emploient occasionnellement cette méthode dans la région.

SÉLECTION DE BIÈRES

AECHT SCHLENKERLA RAUCHBIER MÄRZEN (5,1 % vol.)
Heller-Bräu Trum, Bamberg
La bière la plus célèbre de Bamberg, dont le caractère fumé est si présent que certains le tournent en dérision en déclarant avoir l'impression de trouver du « jambon fumé dans leur verre ». D'autres saluent en cette bière un grand classique régional – à raison.
www.schlenkerla.de

GOLDENER LÖWE ALTFRÄNKISCHES LAGER (4,9 % vol.)
Brauerei Först (Brauerei Goldener Löwe), Drügendorf
La bière entreposée de Vieille Franconie du Lion d'Or affiche une robe ambrée et un caractère très malté. Elle s'apprécie le mieux dans le *Gasthaus* à colombages multiséculaire de cette « Suisse franconienne », près de son lieu de fabrication.
www.brauerei-foerst.de

MERKENDORFER HUMMEL-BRÄU RÄUCHERLA (5,6 % vol.)
Brauerei Hummel, Memmelsdorf-Merkendorf
Cette brasserie familiale de village, vieille de cent cinquante ans, produit une demi-douzaine de bonnes bières, dont la meilleure est probablement cette *Märzen* légèrement fumée qui est proposée cinq fois par an.
www.brauerei-hummel.de

MÖNCHSAMBACHER LAGER (5,5 % vol.)
Brauerei Zehendner, Mönchsambach
Ce brassin houblonné, qui met plus ses arômes en avant que son amertume, provient d'une brasserie familiale produisant de manière infaillible des bières impressionnantes.
www.moenchsambacher.de

ROPPELT KELLERBIER (4,9 % vol.)
Brauerei Roppelt, Stiebarlimbach
Le pichet en pierre dans lequel on la sert au village Bierkeller en obscurcit la profonde teinte ambrée, mais intensifie l'expérience de ce qui constitue véritablement un brassin traditionnel champêtre.
www.brauerei-roppelt.de

SPEZIAL LAGERBIER (4,7 % vol.)
Brauerei Spezial, Bamberg
Si une bière qui sent la fumée de bois et en a le goût peut être délicatement nuancée, c'est bien elle. Moins exubérante que d'autres, elle se prête fort bien à la convivialité dans l'atmosphère particulière de cette brasserie.
www.brauerei-spezial.de

UNGESPUNDET-HEFETRÜB (5,2 % vol.)
Mahr's Bräu, Bamberg
Pour éviter que votre langue ne fourche, commandez simplement une « U » (prononcer « ou »), si vous désirez savourer cette bière pression extra, ni filtrée ni pasteurisée, gorgée de malt, aux arômes de pain et de terre, nuancés d'accents épicés.
www.mahrs-braeu.de

ZWERGLA (6 % vol.)
Brauerei Fässla, Bamberg
Quand, à Bamberg, on sort de la brasserie *Spezial* et que l'on traverse la rue, la Vollbier de Fässla est une brune non fumée qui vous est proposée. Une bonne alternative au style torréfié d'une *Dunkles* plus intense (voir p. 92), tirant vers la *Bock*.
www.faessla.de

Altbier de Westphalie au nord du Rhin

Les styles de bière courants se devinent à la première gorgée. Le stout sec, la blonde de style américain et bien d'autres types de bières de blé se révèlent ainsi rapidement et peuvent être définis en deux ou trois adjectifs. Et puis, il y a les bières qui prennent leur temps pour se dévoiler, des bières pour lesquelles, idéalement, il faudrait remonter à la source afin de mieux les apprécier. L'*Altbier*, ou *Alt*, issue de la Westphalie au nord du Rhin, est de celles-là.

Altbier signifie littéralement « vieille bière », et son berceau est l'*Altstadt* de Düsseldorf, ou « vieille ville », même s'il existe des variantes aux quatre coins de la région. Son histoire est compliquée.

Au fur et à mesure que la fermentation à froid se répandait dans toute l'Allemagne et gagnait d'autres contrées européennes dans les années suivant sa découverte (*voir* p. 82), des poches de résistance se formèrent, surtout au nord-ouest de l'Allemagne. À Düsseldorf, on fit des concessions en faveur d'une longue garde au à froid de la blonde (*voir* p. 22), mais l'usage des levures de l'ale fut conservé (*voir* p. 20), créant un hybride entre les deux familles de bières.

Ci-contre : la brasserie de Zum Schlüssel à Düsseldorf.

SÉLECTION DE BIÈRES

BOLTENS UR-ALT (4,7 % vol.)
Privatbrauerei Bolten, Korschenbroich
De teinte brune et d'un caractère légèrement torréfié, la version non filtrée de l'*Altbier* si traditionnelle de Bolten nous renvoie des siècles en arrière.
www.bolten-brauerei.de

FÜCHSCHEN ALT (4,5 % vol.)
Brauerei im Füchschen, Düsseldorf
Comparée à ses proches voisines, l'*Alt* de la brasserie « Füchschen » [le « Renardeau »] est plus fruitée, d'un houblonnage moins affirmé, et d'un caractère malté plus rond, voire légèrement crémeux.
www.fuechschen.de

ORIGINAL PINKUS OBERGÄRIG (5,1 % vol.)
Brauerei Pinkus Müller, Münster
De l'*Altstadt* de Münster provient cette variante locale (sur laquelle on se méprend souvent) d'*Alt* – moins vive que la précédente, elle livre un petit caractère lacté dû à son vieillissement, même si son profil gustatif d'*Alt* reste classique.
www.pinkus-mueller.de

ORIGINAL SCHLÜSSEL (5 % vol.)
Hausbrauerei Zum Schlüssel, Düsseldorf
Son implantation au sein de la vieille ville fait que l'*Altbier* de cette brasserie phare sera probablement la première bière dégustée par les visiteurs. « Sèche » et terreuse, avec un léger fruité en finale, c'est aussi l'une des meilleures.
www.zumschluessel.de

Westphalie au nord du Rhin

La région Cologne-Düsseldorf-Dortmund n'est pas seulement un foyer d'activité brassicole, elle produit également deux styles de bière bien particuliers, la *Kölsch* et l'*Altbier*, et accueille une grande convention et une vaste foire, toutes deux très courues.

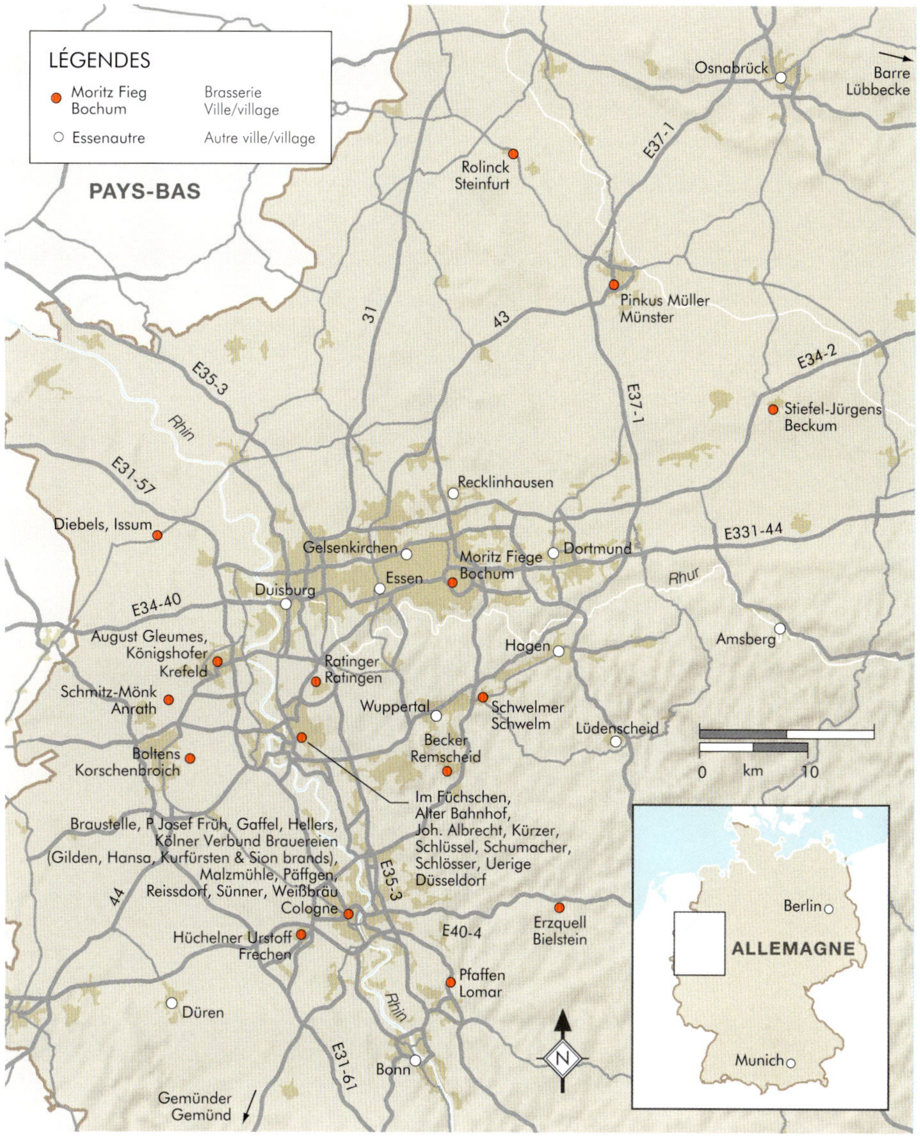

Pourtant, l'énigme de l'*Alt* ne se résume pas à cela. Si cette bière est souvent d'une couleur brun soutenu, elle révèle un caractère plus tourbeux que torréfié, et son houblonnage lui confère en bouche une sécheresse plus qu'une amertume. De plus, sa garde au froid fait que sa rondeur en bouche, qui devrait la rapprocher de l'ale, reste modérée.

Les brasseries de Düsseldorf compliquent le panorama en produisant occasionnellement une spéciale *Sticke*, ou *Altbier*, confidentielle : plus forte, souvent d'un brun plus profond, mais pas moins envoûtante. Quelques excursions en train de la Deutsche Bahn vous mèneront vers des villes où les brasseurs font les choses à leur façon.

La situation géographique idéale de Düsseldorf et l'attrait de sa vieille ville en font une étape agréable du voyage.

SCHUMACHER ALT (4,6 % vol.)
Brauere Schumacher, Düsseldorf
La légèreté de l'*Altbier* se traduit bien dans cette bière pâle et délicate, plus florale que terreuse, avec un malté fruité subtil. Proposé dans l'*Altstadt*, au restaurant-brasserie *Im Goldenen Kessel*.
www.schumacher-alt.de

STIEFL-JÜRGENS UR-ALT DUNKEL (4,8 % vol.)
Brauhaus Stiefl-Jürgens, Beckum
Cette *Alt* sauvage et vive, authentique survivante des styles d'antan provient de la *Hausbrauerei* de neuvième génération, qui ne fonctionne localement qu'en soirée.
www.stiefel-juergens.de

UERIGE ALT (4,7 % vol.)
Uerige Obergärige Hausbrauerei, Düsseldorf
L'*Altbier*, à l'aune de laquelle toutes les autres sont jugées, est fabriquée dans une *Hausbrauerei* typique de la vieille ville. Une journée en janvier et en octobre une *Sticke* titrant 6 % vol., aromatisée et houblonnée à cru, est aussi proposée.
www.uerige.de

Kölsch

La *Kölsch* est une bière difficile à cerner. De teinte claire et délicatement parfumée, sans grande force ni houblonnage marqué, elle est souvent écartée d'emblée des dégustations sérieuses tant elle est jugée tout juste bonne à étancher la soif. De fait, la *Kölsch* est désavantagée par la manière traditionnelle dont on la sert, dans les verres cylindriques *Stange* d'une contenance de 20 cl. Pas étonnant que les Bavarois, avec leurs steins *Maß* démesurés, tournent en ridicule les débits de boisson de Cologne.

Et pourtant, la *Kölsch* est bel et bien une affaire sérieuse. Ses producteurs, au nombre d'une vingtaine, ont obtenu la protection la plus stricte qui soit accordée à une bière dans l'Union européenne, et ils peuvent encore décrocher une appellation contrôlée à part entière. Au sein de l'Union européenne, tous les prétendants au titre doivent brasser dans une zone urbaine et périurbaine définie lors d'une convention qui s'est tenue en 1985, mais certains producteurs des environs, installés depuis une date antérieure, peuvent également y prétendre. Les qualificatifs emphatiques tels que « haut de gamme » ou « de qualité supérieure » sont proscrits des étiquettes et des publicités, et même la mention de la forme et de la taille d'une *Stange* est interdite.

Voilà bien des histoires, pourrait-on penser, pour une blonde qui, telle l'*Altbier*, est fermentée à des températures analogues à celles d'une lager, avec des conditions de garde similaires (*voir* p. 82).

Pour se convaincre que la *Kölsch* n'est pas une « petite » blonde de plus dans la longue liste des « bières au goût de foin », il faut en goûter les meilleures productions. Où ? Dans la ville

Ci-dessus : le bar à bières *Päffgen* est bondé tous les soirs, les habitués côtoyant les touristes.

Ci-dessous : la cathédrale de Cologne est un bon point de départ pour une visite guidée des brasseries Kölsch de la ville.

d'origine et dans l'un des nombreux bars où on la tire directement d'un tonnelet non pressurisé, percé dans l'heure. On ne saurait manquer de percevoir la complexité qui se cache sous des apparences toutes simples.

Entre une douceur fruitée initiale et une note finale « sèche », la *Kölsch* devrait vous faire passer progressivement par toute une palette de sensations : notes houblonnées, velouté sur la langue, caractère malté plus prononcé. À chaque *Kölsch* son profil.

Les *Ausschänke* (ou « tireuses à bière ») de la cité – nombre d'entre elles se trouvant dans les ruelles tortueuses près de la cathédrale de Cologne – offrent des bières très différentes, même si le rituel du service ne change pas : des serveurs tout de bleu vêtus, les *Köbesse,* circulent entre les tables avec leur plateau de bières, remplaçant les chopes dès qu'elles sont vidées et notant d'un trait les commandes successives sur les dessous-de-verre. Le cycle s'interrompt lorsque le client couvre son verre du sous-bock ; les marques sont comptabilisées et la note est réglée.

Ci-contre : des plateaux de *Stangen* circulent régulièrement dans les bars à bières très animés de Cologne, les *Köbesse* remplaçant promptement les verres vides.

SÉLECTION DE BIÈRES

FRÜH KÖLSCH (4,8 % vol.)
Cölner Hofbräu P. Josef Früh, Cologne
En face de la cathédrale, la maison de la bière Früh, aux nombreux coins et recoins, est très prisée des touristes. Sa *Kölsch* au fruité subtil, des plus abordables, est une raison supplémentaire de s'y attarder.
www.frueh.de

GAFFEL KÖLSCH (4,8 % vol.)
Privatbrauerei Gaffel Becker & Compagnon, Cologne
La *Kölsch* la plus houblonnée ? Peut-être bien mais, à coup sûr, la plus « sèche », avec un arôme floral attrayant et une finale d'une amertume désaltérante.
www.gaffel.de

MÜHLEN KÖLSCH (4,8 % vol.)
Brauerei Zur Malzmühle, Cologne
L'atmosphère de cette brasserie « moulin à malt » n'est pas sans rappeler celle d'une ferme. La bière est à l'avenant : malté quasi champêtre et arômes de houblon frais.
www.muehlenkoelsch.de

PÄFFGEN KÖLSCH (4,8 % vol.)
Brauerei Päffgen, Cologne
Située près de l'endroit où s'était jadis dressé le mur d'enceinte de la ville, la brasserie produit diverses bières locales et attire les visiteurs avec une *Kölsch* bien houblonnée, plus épicée qu'amère.
www.paeffgen-koelsch.de

Bières blanches allemandes

L'histoire de ces bières allemandes, connues à la fois comme *Weisse* (« blanches ») et *Weizen* (« de froment »), est émaillée d'anecdotes en lien avec un personnage politique conciliant, avec telle ou telle obédience, mais son cadre demeure la Bavière.

Si le *Reinheitsgebot* ou « décret sur la Pureté de la bière » (*voir* p. 80) prohibait au début l'usage du blé pour le brassage, celui-ci fut rapidement rétabli, et assujetti néanmoins à une lourde imposition, supérieure aux taxes habituelles en vigueur pour la bière. En 1602, l'électeur de Bavière Maximilien Ier annula le différentiel fiscal, mais soumit la production à une licence. En raison de la chute des prix de revient, les bières de blé connurent un regain spectaculaire de popularité, qui joua en faveur de la dynastie du duc, les Wittelsbach, laquelle avait acheté toutes les licences !

Ce monopole prit fin en 1798 avec le déclin des bières de froment, et il fallut attendre qu'un brasseur munichois du nom de Georg Schneider (*voir* ci-contre) achète une licence en 1872 pour que des types de bière presque disparus soient remis au goût du jour. Les bières de froment bavaroises, surtout quand leur nom s'accompagne du préfixe *Hefe* – (qu'on peut traduire par « avec des levures ») – ne doivent pas

SÉLECTION DE BIÈRES

GOEDECKE DÖLLNITZER RITTERGUTS GOSE (3,9 % vol.)
Brauhaus Hartmannsdorf, Hartmannsdorf (Saxe)
Les bières Gose, acidulées, avec des notes d'agrumes et de coriandre, surprennent le palais par leur légère salinité mais, dès la troisième gorgée, elles se révèlent agréablement rafraîchissantes. On trouve très fréquemment la Leipziger Gose (4,5 % vol.) de Bayrischer Bahnhof, mais la meilleure est sans doute celle-ci.
www.braha.de

GUTMANN WEIZENBOCK (7,2 % vol.)
Brauerei Friedrich Gutmann, Titting (Bavière)
La famille Gutmann réunit des spécialistes de la bière de blé, en produisant d'excellentes brunes, blondes ou même des bières légères (3,1 % vol.). Leur *Weizenbock* blonde, intense, est remarquable.
www.brauerei-gutmann.de

KARG WEIZEN-BOCK (7 % vol.)
Brauerei Karg, Murnau (Bavière)
Une palette intense, fruitée, tirant sur le caramélisé, voilà ce qui caractérise cette ambrée puissante aux reflets vermeils. Elle est issue d'une brasserie séculaire, spécialisée dans les bières de blé et installée sur les contreforts alpins de la Bavière.
www.karg-weissbier.de

MAISEL'S WEISSE KRISTALL (5,1 % vol.)
Brauerei Gebr. Maisel, Bayreuth (Bavière)
La filtration affadit souvent les bières de blé, mais tel n'est pas le cas pour cette blonde brillante, d'une limpidité cristalline, dont le malt s'allie à des notes d'agrumes et à une finale vive, stimulante.
www.maisel.com

Page précédente : Gutmann Brauerei, Wasserchloss, Allemagne.

Ci-contre : écumage des levures dans une cuve traditionnelle de fermentation découverte, dans une brasserie de bière blanche.

leur renom aux seuls grains qu'elles contiennent. Selon la règle, de telles bières fermentent sous l'action d'une famille distincte de levures ; les esters qui en résultent lèguent des notes de banane (*voir* p. 20 et 21) et un caractère épicé de clou de girofle. Des notes d'agrumes peuvent également se manifester avec le blé, ainsi que des accents poivrés. Filtrées et clarifiées, ces bières sont souvent appelées *Kristall*, tandis que celles issues d'autres malts plus foncés, deviennent des *Dunkel Weisse* (qu'on pourrait traduire par « bières de blé sombres ») ou même, occasionnellement, des *Schwarzer Weisse* (« bières de blé noires »).

Des bières *Weizenbock* plus fortes sont également apparues ces dernières années, mais on ne saurait dire si elles ressuscitent un ancien style ou en créent un nouveau.

D'autres régions d'Allemagne suivent, en matière de bière blanche, une tradition radicalement différente de celle du Sud. La *Gose*, qui provenait à l'origine de la ville de Goslar, près de Hanovre, mais qui fut adoptée au XIXe siècle comme une spécialité de Leipzig, présente un style similaire à celui de la bière de blé de haute garde (*voir* p. 20) disparue dans les années 1960. Elle a été remise à l'honneur après les chutes conjointes du *Reinheitsgebot* et du Mur de Berlin, fabriquée par une poignée de brasseries qui reprennent des recettes traditionnelles utilisant de la coriandre et, contre toute attente, du sel.

Le style *Berliner Weisse* était autrefois d'une faible teneur en alcool et en acides lactiques, avec un côté acidulé. Les meilleures bières de ce style sont maintenant brassées aux États-Unis. L'acidité agréable de la bière est souvent adoucie – pour ne pas dire écrasée – par l'adjonction de sirop de sucre aromatisé à la framboise ou au gaillet odorant.

MEHRINGER ALTBAYERISCHES WEISSBIER DUNKEL (4,8 % vol.)
Weißes Brauhaus Wolfgang Mehringer, Neunburg-vorm-Wald (Bavière)
Une sacrée gorgée – à plus d'un titre, avec ce nom imprononçable ! Une modeste brasserie de la forêt Oberpfalz, dont la bière remarquablement douce, d'une robe marron, regorge de notes de chocolat, de fruits et de vanille.
Tél. : +49 967 2871

SCHNEIDER WEISSE (5,4 % vol.)
G. Schneider & Sohn, Kelheim (Bavière)
La *Weissbier* la plus ancienne (1872), maintenant brassée près de Regensburg. Plus foncée que la moyenne, elle présente un caractère épicé classique, au nez comme en bouche.
www.schneider-weisse.de

UNERTL URSUD (5,8 % vol.)
Unertl Weißbier, Haag in Oberbayern (Bavière)
Cette brune *Hefeweisse*, somptueuse, de haute garde, vient d'une brasserie familiale spécialisée, qui incorpore 70 % de blé à la trempe et utilise des cuves de fermentation découvertes.
www.unertl.de

WEIHENSTEPHANER HEFEWEISSBIER (5,4 % vol.)
Bayerishe Staatsbrauerei Weihenstephan, Freising (Bavière)
Une bière rafraîchissante, aux notes de banane et de fruits tropicaux, avec une finale assez sèche. Elle est produite par l'une des plus anciennes brasseries au monde (qui daterait de 1040).
www.brauerei-weihenstephan.de

Bières brunes et bocks

Quand de nouvelles techniques de touraillage permirent la production d'un malt ultrapâle, les brasseurs comme les consommateurs allemands se sont mis aux blondes avec enthousiasme, reléguant quelque peu aux oubliettes nombre de variétés locales de brunes. Avec un intérêt marqué pour « tout ce qui n'était pas de la pils » et qui maintenait le marché de la bière allemande dans les années 1980, les bières du Sud furent regroupées sous le nom de *Dunkles,* ou parfois de *Münchener*, auquel cas elles sont censées être fabriquées dans la ville de Munich à partir d'un malt munichois (*voir* p. 17).

Au nord, la même période a vu le renouveau ou l'émergence de bières encore plus brunes, les *Schwarzbier* (littéralement, les « bières noires »). Cependant, la plus grande résistante est sans conteste la *Bock,* qui daterait du XIVe siècle à Einbeck, une cité de Basse-Saxe que l'on appelait autrefois Eimbock. Elle fut probablement une ale à ses débuts, et les archives indiquent qu'elle aurait été une bière de blé avant de devenir finalement une bière pur malte fermentée à froid. Elle était très alcoolisée, peut-être parce que les brasseurs d'Einbeck, fortement dépendants des exportations, pensaient (à juste titre) qu'une alcoométrie élevée protégerait la bière lors de ses voyages vers Munich, la France, l'Angleterre et au-delà.

La *Bock* d'aujourd'hui affiche habituellement un caractère malté doux sous une teinte noire, même s'il existe des *bock* plus claires, notamment la *Maibock* (« *Bock* de mai »). Généralement, ces bières titrent 6 ou 7 % vol. ; il existe aussi une *Doppelbock* (ou « double *Bock* »).

Des documents historiques laissent supposer que ces bières furent d'abord du « pain liquide » destiné à sustenter les moines pendant leur jeûne ; Martin Luther, alors qu'il comparaissait devant de la diète de Worms en 1521, aurait fait son souper d'un baril de bière d'Einbeck dont on lui avait fait don. Cela peut expliquer pourquoi il fut mis au ban…

Ci-contre : en raison de leur intensité, les *Bock* sont parfois servies dans des verres plus petits et plus stylisés que d'autres lagers allemandes.

SÉLECTION DE BIÈRES

EINBECKER UR-BOCK DUNKEL (6,5 % vol.)
Einbecker Brauhaus, Einbeck (Basse-Saxe)
Ur signifie « original ». Il est peu probable, cependant, que la bière soit restée inchangée depuis 1378. Cette ambrée d'une robe profonde, au goût de malt riche mais sec, offre une vivacité et une légère amertume en finale.
www.einbecker.com

ETTALER CURATOR (9 % vol.)
Klosterbrauerei Ettal, Ettal (Bavière)
Toujours supervisée par les moines bénédictins, cette brasserie monastique brasse et distille avec perspicacité ; elle produit, entre autres marques, cette *Doppelbock* aux notes épicées et aux accents de malt torréfié.
www.kloster-ettal.de

KNEITINGER BOCK (6,8 % vol.)
Brauerei Johann Kneitinger, Ratisbonne (Bavière)
Brassée pour l'hiver, elle compte certainement parmi les *Bocks* les plus foncées d'Allemagne : sous une robe effectivement presque noire apparaissent une douceur équilibrée et des soupçons de pain de seigle sur un fond épicé.
www.kneitinger.de

KÖNIG LUDWIG DUNKEL (5,1 % vol.)
König Ludwig Schloßbrauerei Kaltenberg, Fürstenfeldbruck (Bavière)
À la barre, le descendant du prince bavarois dont le mariage inspira l'Oktoberfest. Marque phare de cette brasserie, cette bière est un délice aux notes de café et de chocolat, avec un houblonnage à cru inhabituel (pour l'Allemagne) visant à intensifier ces arômes et à donner à la bière encore plus de caractère.
www.koenig-ludwig-brauerei.com

Ci-dessus : quand on savoure une bière entre chien et loup, dans un café de Basse-Saxe...

QUAND VOUS Y SEREZ

- Les brasseries pratiquent presque toutes la vente directe au public aux heures d'ouverture
- Partager sa table est d'usage, mais n'omettez pas de demander d'abord la permission
- Attention : le *Stammtisch* est réservé aux habitués et accessible sur invitation uniquement
- Pour les meilleures mises à jour, consultez www.german-breweries.com ou, pour la Franconie seulement, www.bierfranken.eu
- Les festivals de bière sont nombreux en Bavière, s'intégrant en général dans le cadre de plus larges célébrations
- À visiter absolument : Bamberg, Munich, Düsseldorf, Cologne et Berlin

LES NOUVELLES BIÈRES ALLEMANDES

Même les grandes brasseries allemandes produisent des bières d'une qualité honorable. Cela explique probablement pourquoi le pays ne compte pas de groupes protestataires contre l'appauvrissement des styles de bière. Néanmoins, le consommateur exige désormais de trouver les meilleures bières de la production mondiale, qu'elles soient importées ou fabriquées en Allemagne à partir d'autres modèles, même si ceux-ci dérogent aux diktats de la « pureté ».

La nouvelle vague allemande ravive ainsi des styles plus anciens, sortant de brassins issus d'autres traditions et, depuis une date plus récente, elle cherche à développer de nouveaux styles à partir de ceux existants. Par exemple, la gamme de Camba Bavaria en Bavière du Sud (www.cambabavaria.com) comprend plusieurs ales, dont l'excellente IPA d'Eric (8 % vol.). Freigeist Abraxxxas (6 % vol.) de Stolberg est fabriquée par Braustelle de Cologne (www.braustelle.com), qui propose aussi une *Tripelbock* appelée Helios (9,5 % vol.). Gänstaller-Bräu de Hallendorf-Schnaid, au nord de Nuremberg, a ajouté une étape de fumage à la recette afin de créer Affumicator (9,6 % vol.), et même Schneider, le concepteur de la bière blanche moderne (*voir* p. 91), entend se positionner dans ce secteur du marché avec sa Tap X Mein Nelson Sauvin (7,3 % vol.).

La composante « artisanale » du marché de la bière allemande est encore minuscule actuellement : nous ne pouvons que saluer le travail de la brasserie de l'éminent producteur de malt Weyermann de Bamberg, qui brasse environ quarante styles différents à ce jour et qui mérite de faire des émules dans la région.

KÖSTRITZER SCHWARZBIER (4,8 % vol.)
Köstritzer Schwarzbierbrauerei, Bad Köstritz (Thuringe)
Mentionnée ici pour sa typicité plus que pour son excellence, cette bière noire moderne est légèrement douce, avec des accents de réglisse ; si elle est moins foncée que le stout, elle en a du moins le profil organoleptique.
www.koestritzer.de

KULMBACHER MÖNCHSHOF SCHWARZBIER (4,9 % vol.)
Kulmbacher Brauerei, Kulmbach (Bavière)
L'une des plus grandes manufactures de bière d'Allemagne produit l'une de ses meilleures bières noires, avec un houblon d'amertume, un malt affirmé, et un soupçon de réglisse et de chocolat en finale.
www.kulmbacher.de

PAULANER SALVATOR (7,9 % vol.)
Paulaner Brauerei, Munich (Bavière)
L'une des premières *Doppelbock*, cette bière est entièrement fabriquée à partir de malt *Münchener* (de Munich) : accents de mélasse et onctuosité.
www.paulaner.de

SCHÖNRAMER ALTBAYRISCH DUNKEL (5 % vol.)
Brauerei Schönram, Petting/Schönram (Bavière)
Un assemblage judicieux de malts noirs torréfiés donne à cette « vieille Bavaroise » une personnalité maltée distincte, plus terreuse que douce, avec des houblons aux notes florales perceptibles jusque dans la finale délicieusement amère.
www.braurei-schoenram.de

SCHWARZER SPECHT (6,1 % vol.)
Privatbrauerei Specht, Ehrenfriedersdorf (Saxe)
Fabriquée par une petite brasserie de l'est de l'Allemagne, cette bière noire, fruitée, a un caractère doux et modéré.
www.privatbrauerei-specht.de

WELTENBURGER KLOSTER ASAM BOCK (6,9 % vol.)
Klosterbrauerei Weltenbourg, Ratisbonne (Bavière)
Ce cloître bénédictin brasse, depuis un millénaire ou presque une bière aux légers arômes de noisette et de caramel, si densément maltée qu'elle en paraît épaisse sur la langue.
www.weltenburger.de

L'AUTRICHE

Tenir une petite échoppe près d'un grand magasin n'est jamais facile, surtout quand un concurrent très respecté se trouve juste en face. On pourrait comprendre que les brasseurs autrichiens se sentent négligés par ceux qui, en quête de bonne bière, visitent l'Allemagne et la République tchèque.

LES MARQUES LES PLUS VENDUES

Edelweiss	(Heineken)
Gösser	(Heineken)
Kaiser	(Heineken)
Ottakringer	(National)
Stiegl	(National)
Stiegl	(National)

Anton Dreher, l'un des grands précurseurs du brassage des lagers, oeuvrait à Schwechat (voir ci-dessous, ci-contre), où il perfectionna le malt de Vienne, la base des Wiener lagers (viennoises)

Ci-dessus : pour mieux apprécier la bière, les Autrichiens ont un penchant certain pour des couvre-chefs élaborés.

rouges de teinte ambrée. Pourtant, ni les brasseurs ni les débitants de boissons en Autriche aujourd'hui ne vantent les mérites de ce style en tant que spécialité locale, préférant imiter les styles allemands comme les Helles, les Märzen, les Dunkles et les Schwarzbier.

Le fait que l'Autriche n'ait jamais eu à se soumettre au Reinheitsgebot, ou « décret sur la Pureté de la bière » (*voir* p. 80) donna aux Allemands un prétexte pour faire la fine bouche devant les bières fabriquées vers les Alpes, au bout du monde germanophone. Si l'histoire de l'empire austro-hongrois après 1918, et surtout après 1948, avait été différente, qui sait quelles similitudes la bière autrichienne aurait maintenant avec celle de Bohême ?

L'Autriche compte environ 180 brasseries en exploitation, dont nombre de bistros-brasseries telle que la Compagnie-Brasserie 1516 des plus innovantes, à Vienne. Approximativement 55 % de la bière autrichienne provient de la Brau Union AG, qui fait partie de Heineken et dirige neuf brasseries. De nombreuses entreprises familiales font remonter leurs origines à des dates incroyables.

L'aire de culture du houblon qui s'étend de Styrie (Steiermark) jusqu'en Slovénie a donné la dénomination de « houblon styrien » ainsi que quelques-uns des premiers houblons à être cultivés de façon naturelle. Cela a suscité chez les brasseurs d'Autriche le désir de revenir à des ingrédients locaux et de produire des bières entièrement bio.

Autre spécialité nationale, la tradition de la Steinbier, pour laquelle le moût de bière (*voir* p. 22) est porté à ébullition par les pierres incandescentes qui y sont plongées, ce qui l'amène à caraméliser et à acquérir un léger goût fumé.

Page suivante : meules de foin en début d'automne, à Zillertal, au nord du Tyrol.

SÉLECTION DE BIÈRES

DIE WEISSE HELL (5,2 % vol.)
Salzburger Weissbierbrauerei, Salzbourg (Salzbourg)
Splendide microbrasserie 1901 qui a survécu au xxe siècle et brasse des bières de blé dans des styles bavarois classiques, principalement conditionnées en bouteilles à bouchon couronne.
www.salzburgerweissbier.at

EGGENBERG URBOCK 23° (9,6 % vol.)
Stöhr GmbH & Compagnon, Vorchdorf (Haute-Autriche)
Cette Doppelbock ambrée est l'une des bières les plus intenses au monde, conservée pendant neuf mois dans les celliers d'une brasserie familiale, en activité depuis 1680.
www.schloss-eggenberg.at

FORSTNER STYRIAN ALE (6,6 % vol.)
Forstner Biere Handbrauerei, Kalsdorf près de Graz (Steiermark)
Un style de bière pré-pils fabriqué dans une excellente nouvelle brasserie employant des levures de Pale Ale anglaises et des houblons américains. Le vin d'orge 5 vor Zwölf (13 % vol.) est tout aussi extraordinaire.
www.forstner-biere.at

GRANITBOCK (7,3 % vol.)
Brauerei Hofstetten, St Martin (Basse-Autriche)
Une Steinbock fabriquée occasionnellement par une brasserie familiale florissante ; les cuves en granit renferment du moût de bière bouilli à feu direct avec des pierres incandescentes, ce qui crée un goût de fumé et des notes de caramel (*voir* ci-dessus).
www.hofstetten.at

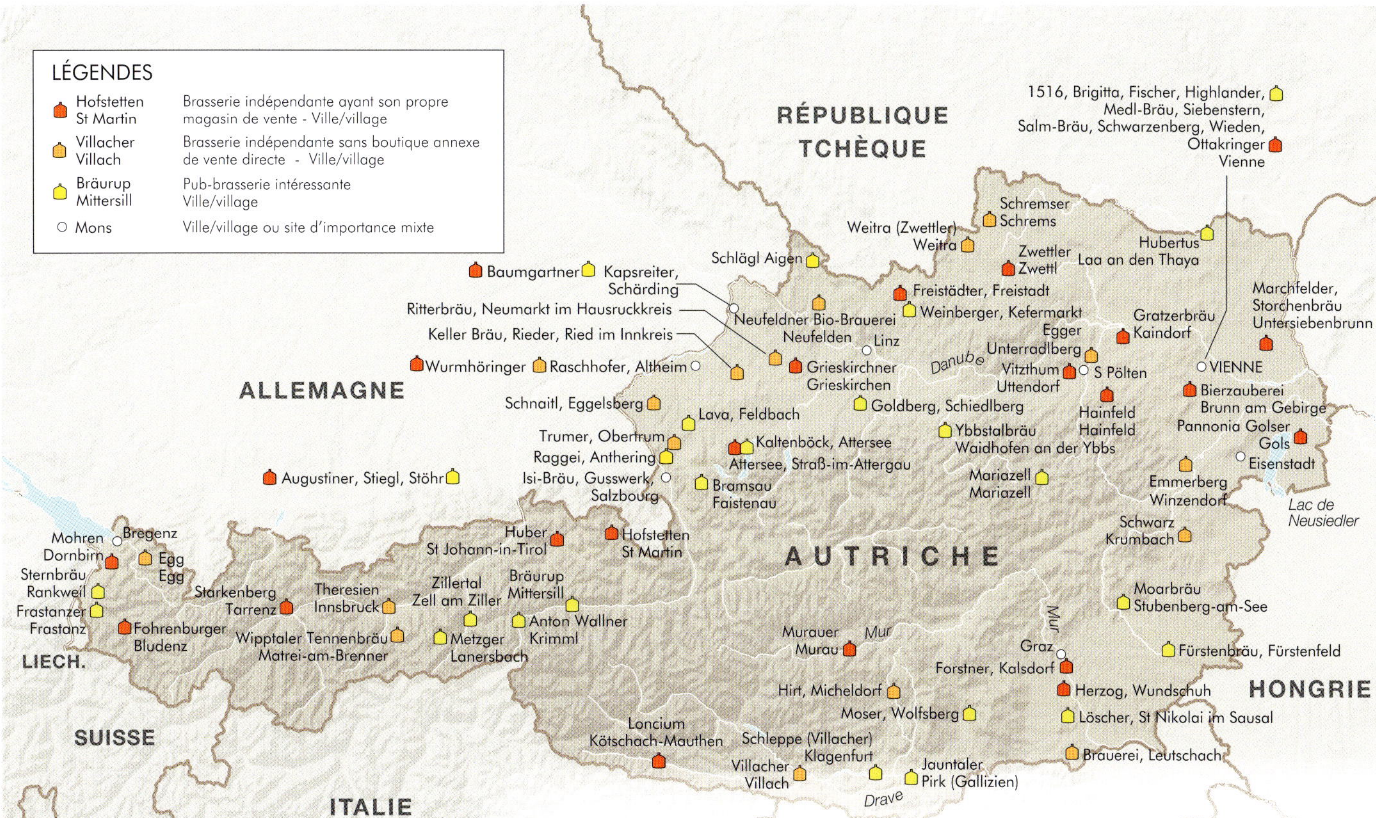

Les brasseries indépendantes les plus actives d'Autriche

L'Autriche compte au total près de deux cents brasseries, dont les deux tiers sont des pubs-brasseries. Elles sont nombreuses à disposer d'une échoppe pour vendre directement leurs produits au public. Sur cette carte figurent les brasseries indépendantes et les meilleurs pubs-brasseries.

Nota bene : l'Union Brau brasse aussi à Falkenstein, Göss, Kaltenhausen, Puntigam, Schladming, Schwechat, Wieselbourg et Zipf.

HIRTER MORCHL (5 % vol.)
Brauerei Hirt, Micheldorf (Haute-Autriche)
Une généreuse bière noire, aux notes de caramel et de cacao, meilleure que la plupart des bières allemandes ; elle est issue d'une brasserie indépendante dont les origines remontent à 1270. La Märzen fait aussi tourner les têtes.
www.hirterbier.at

SCHWECHATER ZWICKL (5,4 % vol.)
Brauerei Schwechat, Schwechat (Basse-Autriche)
Ne pas filtrer une blonde améliore celle-ci souvent sensiblement. Tel est le cas de cette bière ingénieusement houblonnée par la Brau Union, dans la ville natale d'Anton Dreher (voir ci-dessus).
www.schwechater.at

TRUMER PILS (4,9 % vol.)
Trumer Privatbrauerei, Salzbourg (Salzbourg)
Peu de pays nourrissent une affection sincère pour une pils, mais cette bière médaillée, aux arômes floraux, est assez populaire pour que l'on trouve une brasserie jumelle en Californie, aux États-Unis.
www.trumer.at

URBAN KELLER'S STEINBIER (5,6 % vol.)
Brauhaus Gusswerk, Salzbourg (Salzbourg)
Voici une Märzenbier médaillée brassée par la méthode des pierres incandescentes (*voir* ci-contre) par un bistro-brasserie associé à une microbrasserie artisanale soucieuse de l'environnement.
www.brauhaus-gusswerk.at

WÄLDER SENN (2,5 % vol.)
Brauerei Egg, Egg (Vorarlberg)
De nombreuses bières de consommation courante viennent de cette brasserie familiale accueillante, mais aucune ne parvient à égaler cette bière légère, incroyablement savoureuse, avec lactose.
www.brauerei-egg.at

WEITRA BRÄU HADMAR (5,2 % vol.)
Bierwekstatt Weitra, Weitra (Basse-Autriche)
Les meilleures blondes lagers viennoises authentiques d'Autriche, ambrées et chargées en malt, issues d'une petite brasserie dans une ville où la bière est de tradition 100 % bio.
www.bierwerkstatt.at

LA RÉPUBLIQUE TCHÈQUE

Les Tchèques figurent parmi les grands buveurs de bière dans le monde, consommant dans les 140 litres par an et par habitant. Leur style de bière de prédilection, comme la *světly ležák* (blonde lager), est même proposé sur les cartes des restaurants. Il n'est donc pas surprenant que sur les terres de la pils (ou *Plze*) et de la Budweis (*České Bud jovice*), où sont respectivement produites la Pilsen Urquell et la Budweiser Budvar, la bière blonde représente 90 % de la bière (*pivo*) consommée. Pourtant, l'histoire du brassage témoigne de moins de conservatisme dans ce pays.

En Bohême, région qui représente la moitié occidentale de la République tchèque, on pratiquait déjà la culture du houblon au VIIe siècle ; en 1089, cette culture fut soumise à des taxes. Au XIIIe siècle déjà, de nombreuses villes avaient leur propre brasserie (*pivovar*), socle d'une tradition de nationalisation qui a subsisté jusqu'à nos jours sous une forme ou sous une autre.

La densité de la bière, ici, est définie en degrés Plato, qui correspond à la masse d'extrait dans 100 millilitres de moût. Une bière à 13 °P contient donc 13 g de sucres pour 100 millilitres, ce qui correspond à une bière à 4 °. Il y a quatre catégories, encore que la plus faible, la *lehké* (moins de 8 °), ait virtuellement disparu. *Výčepni* (de 8 à 10,99 °) signifie « pression », même quand la bière est embouteillée, tandis que *ležák* (de 11 à 12,99 °) veut dire « lager », même quand le produit s'apparente à de l'ale. Les bières plus fortes sont des *speciàl*.

Les bières tchèques classiques sont généralement brassées avec de l'eau douce, et issues d'un processus de décoction (*voir* p. 22 et 102) ; elles comportent des houblons de Saaz (ou Žatec *voir* p. 18) et sont fermentées à froid, puis soumises à une garde pouvant atteindre trois mois (*voir* p. 22 et 102). Il subsiste des exploitations de houblon aux environs d'Úštěk et de Tršice en Moravie centrale, non loin du site où est produite la meilleure orge Haná (voir p. 17).

Ci-dessus : un ouvrier agricole charge une remorque de houblon, à Lhota près de Žatec en Bohême occidentale.

Ci-dessus : à l'instar de son industrie brassicole, Prague fut préservée durant l'ère communiste.

Carte des brasseries régionales de la République tchèque

Les cent cinquante brasseries environ que compte la République tchèque se répartissent dans les treize provinces (*kraje*) et dans la capitale, Prague. Une quarantaine d'entre elles sont antérieures à la révolution de Velours ; les méthodes traditionnelles de production y ont été depuis supplantées.

Les entreprises plus récentes sont surtout des pubs-brasserie ou de petites brasseries locales cherchant à améliorer les critères de fabrication de la bière en jonglant entre méthodes anciennes et méthodes modernes.

La meilleure façon de découvrir les meilleurs produits de la brasserie artisanale tchèque est de visiter les établissements représentés sur cette carte, lesquels ont su échapper à l'emprise de propriétaires étrangers comme aux diktats de la production massive. Leurs échoppes attenantes accueillent les visiteurs.

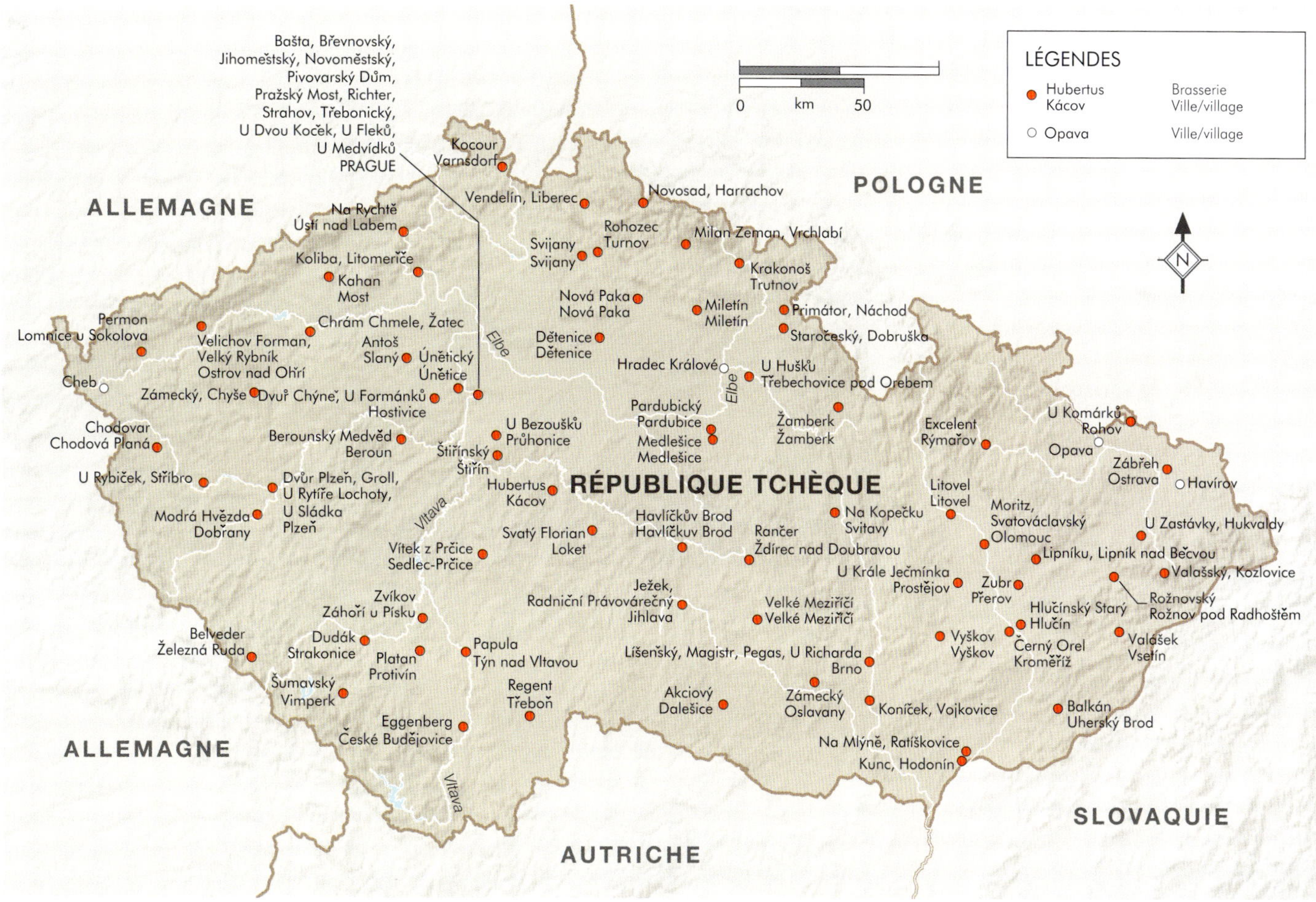

Quand la révolution de Velours mit fin à l'influence soviétique (1948-1989), il restait environ 100 brasseries. Toutes étaient nationalisées, et n'avaient que des équipements vieillissants pour fabriquer des bières raffinées avec un budget dérisoire. Les Russes avaient fait bien peu d'investissements.

Le retour à l'économie de marché a incité maintes compagnies étrangères à s'implanter à l'est de l'Europe. Elles ont acquis des brasseries, en ont fermé de nombreuses et équipé d'autres en vue de produire des lagers selon les critères internationaux – autrement dit, à moindre coût et vite.

Au creux de la vague, vers 1997, moins de cinquante brasseries subsistaient. Les bières nouvelles étaient souvent pauvres, et les buveurs tchèques, pourtant résignés par habitudes, s'en détournèrent ; la brasserie Budvar, nationalisée, a acquis le statut de « héros de la nation » en refusant catégoriquement de rogner sur les coûts ou de revendre à un acheteur mondial.

A succédé à cette période un renouveau très progressif, initié par quelques pubs-brasseries aventureuses et suivies par de rares microbrasseries animées d'un esprit d'entreprise. Plus récemment, la situation des compagnies régionales, d'implantation plus ancienne, s'est améliorée, et il y a même des signes de réévaluation à grande échelle. Tout dépendra des amateurs de bière de part le monde : les mieux informés d'entre eux accorderont-ils de nouveau leur confiance à la bière blonde ?

LES MARQUES LES PLUS VENDUES DANS LE PAYS

Budweiser Budvar	(national)
Gambrinus	(SABMiller)
Kozel	(SABMiller)
Master	(SABMiller)
Pilsen Urquell	(SABMiller)
Staropramen	(MolsonCoors)

Lagers blondes

En dépit de leur échelle de production, deux des lagers blondes tchèques les mieux connues, la Pilsen Urquell et la Budweiser Budvar (*voir* ci-dessous), demeurent proches de l'authentique style pils, la seconde étant distribuée en Amérique du Nord sous la dénomination Czechvar qui la distingue de la Budweiser américaine, celle-ci n'ayant aucun rapport avec la blonde tchèque.

Ci-dessous : une ouvrière, dans une malterie tchèque, prélève des échantillons d'orge germée de Moravie pour analyse.

La pils authentique est une bière d'une simplicité élaborée, atteignant la perfection grâce à l'emploi d'ingrédients haut de gamme, à un brassage soigneux et à une maturation lente.

La Budvar de 12°, par exemple, n'utilise que des houblons aromatiques entiers de Žatec, en Bohême septentrionale (*voir* p. 18-19), trois variétés d'orge maltée de Moravie méridionale, douze jours de fermentation à 12 °C puis quatre-vingts jours de fermentation basse dans des logements horizontaux à 0-3 °C (*voir* p. 22).

Une période de garde basse écourtée se révélera à la dégustation par des accents délicatement plus austères, même si les bières titrant 10 ou 11 % vol. s'adoucissent généralement en six à huit semaines.

La méfiance qu'inspirent les lagers blondes aux buveurs avertis a incité certains brasseurs à procéder à de légères améliorations. Par exemple, l'addition de kräusen (ou moût des premiers stades de la fermentation) dans la cuve de garde d'une bière presque aboutie apporte plus de rondeur en bouche, un arôme de pain et des notes de levure.

On appelle de telles bières de façons variées : *kroužkovaný*, *kvasnicové* ou *kvasni ak*, ce qui est traduit souvent par « bière au goût de levure ».

Ne pas pasteuriser une bière pression peut renforcer notablement sa personnalité. Ne pas la filtrer (*nefiltrované*) apporte davantage de complexité encore, mais au détriment de son aspect brillant, le meilleur argument de vente de la blonde.

De telles techniques sont une aubaine pour les pubs-brasseries, car leur processus est simple

SÉLECTION DE BIÈRES

BERNARD SVÁTEČNÍ LEŽÁK 12° (5 % vol.)
Bernard, Humpolec (Vysočina)
La brasserie est détenue à 50 % par Duvel Moortgat (*voir* p. 77), mais elle est libre de fabriquer des lagers de style ancien, parfois avec des variantes novatrices, dont cette bière au goût de levure un rien austère et non dénuée d'amertume.
www.bernard.cz

BUDVAR KROUŽKOVANÝ LEŽÁK (5 % vol.)
Budějovický Budvar, České Budějovice (Bohême méridionale)
La Budweiser Budvar 12° (Czechvar en Amérique du Nord) dans sa version légèrement refermentée (avec l'ajout de kräusen) (*voir* p. 102) se déguste à la pression et en République tchèque uniquement. Elle possède un petit plus au charme raffiné et constant de sa version internationale.
www.budvar.cz

ČERNÁ HORA MORAVSKÉ SKLEPNÍ 10° (4 % vol.)
Černa Hora, Černa Hora (Moravie méridionale)
Une lager plus légère et non filtrée, légèrement amère et gouleyante, provenant de Moravie. Caractéristique des nouvelles bières légères de style *výčepni* (voir p. 98).
www.pivovarcernahora.cz

CHOTĚBOŘ PRÉMIUM 12° (5,1% vol.)
Chotěboř, Chotěboř (Vysočina)
Cette lager médaillée, issue d'une nouvelle brasserie lauréate de nombreux prix, relance les saveurs douces-amères associées à l'époque où l'on savait amadouer les pils.
www.pivovarchotebor.cz

Ci-dessus : en République tchèque, seules les bières brassées dans la ville de Plzeň ont droit au nom de « Pilsens ». La dénomination standard pour une blonde est *světly ležak*.

KLÁŠTER LEŽÁK 11° (4,6 % vol.)
Klášter, Klášter Hradiště nad Jizerou (Bohême centrale)
Une lager plus légère qui déborde de saveurs ; ses fabricants mentionnent une recette monastique (nous soupçonnons plutôt une absence de pasteurisation).
www.pivovarklaster.cz

KRAKONOŠ SVĚTLY LEŽÁK KVASNICOVÉ 12° (5,1 % vol.)
Krakonoš, Trutnov (Hradec Králové)
Plus dorée que blonde, avec des reflets orangés, elle laisse au palais le souvenir d'arômes d'écorce amère.
www.pivovar-krakonos.cz

LITOVEL SVÁTEČNÍ SPECIÁL 13° (6 % vol.)
Litovel, Litovel (Olomouc)
Une favorite en titre qui se démarque des hordes de lagers tchèques grâce à son fort goût de grain et à sa rondeur très présente. L'une des meilleures.
www.litovel.cz

OPAT MEDOVÝ KVASNIČÁK 12° (5 % vol.)
Broumov, Broumov (Hradec Králové)
Cette lager délicieusement maltée, avec un petit goût fruité, provient d'une brasserie silésienne qui bénéficie de ses propres maltages. La 13° serait encore meilleure…
www.pivovarbroumov.cz

à mettre en œuvre et il permet même parfois de rogner sur les coûts. La personnalité ainsi renforcée de ces bières attire le respect dans une approche plus moderne qui voudrait que des bières artisanales, plus goûteuses, soient aussi plus troubles – alors que cela était sacrilège aux yeux de la génération précédente de consommateurs.

Dans la pratique, les bars tchèques vendent les bières d'une brasserie en particulier et pas d'une autre, et peu de petits producteurs exportent leurs bières pour le moment ; de ce fait, découvrir, dans toute son étendue, la lager blonde dans le pays même qui l'a inventée exige des recherches approfondies, comme de savoir sortir des sentiers battus.

Outre les bières figurant ici, d'autres brassins valent la peine d'être recherchés tels le Strakonický Nektar de Strakonice, le Régent de Bohême de Třeboň, le Herold Bohemian de Březnice, la Samson Budweiser de České Budějovice, la Zlatopramen d'Ústí nad Labem, et la Březňák de Velké Březno.

Page suivante : dans l'incroyable unité de production à grande échelle Budějovický Budvar, propriété de l'État, à České Budějovice sont brassées des bières de classe mondiale au milieu d'un décor d'acier et de béton.

À PROPOS DE LA PILS, DE LA BUDWEIS ET DE LA LOI

En République tchèque, seules les bières fabriquées dans la ville de Plzeň (Pilsen) sont appelées *Pilsner* (ou « de Pilsen »). De même, seules les bières fabriquées à České Budějovice sont dénommées Budweiser.

La première lager blonde du monde fut créée en 1842 à Pilsen. Son succès précoce, elle le devait à son innovation technique : une décoction visant à produire un moût parfait, fermentation à froid pour minimiser les altérations et longue garde basse aux fins de stabilisation (*voir* p. 22-23).

Mais, de même que l'image animée transforma en stars des acteurs de belle allure, ce furent les verres d'une transparence cristalline, à un coût modique, qui permirent à la première bière blonde limpide du monde d'accéder à une renommée mondiale. À la fin du XIXe siècle, elle gagna l'Europe centrale et, en 1899 un arrêt de la cour de Munich fit date, car il dépossédait formellement les brasseurs qui l'avaient créée de tout droit à l'usage exclusif de son nom.

Dès lors, la pils s'attaqua au monde, y perdant son excellence à mesure qu'elle progressait géographiquement. Fabriquer de la blonde était chose facile. Créer la bière brassée en Bohême prenait du temps, exigeait du savoir-faire et de vastes capacités de stockage.

Dotée d'un bel aspect et d'une structure délicate, la « Pils » était devenue, au fil du temps, le style de bière favori dans le monde. Subissant de profondes modifications, cette bière a vu son nom abrégé, et le maïs, le riz et les sirops ajoutés à l'orge maltée. La fermentation est accélérée, et la filtration a remplacé la garde basse. L'aspect a pris le pas sur le contenu.

SÉLECTION DE BIÈRES

PILSNER URQUELL NON PASTEURISÉE BIÈRE DE RÉSERVE (4,4 % vol.)
Pilsner Urquell (SAB-Miller), Pilsen (Pilsen)
Disponible à la pression uniquement, principalement en République tchèque, cette bière passe de la cuisson à l'embouteillage en cinq semaines, perdant ainsi de sa subtilité dans sa version pasteurisée en bouteilles.
www.pilsnerurquell.com

RYCHTÁŘ NATUR 12° (4,9 % vol.)
Rychtář, Hlinsko v Čechách (Pardubice)
Une lager légère au goût de houblon frais et aux arômes de levure ; une boisson des plus agréables.
www.rychtar.cz

SVIJANSKÝ RYTÍŘ 12° (5 % vol.)
Svijany, Příšovice (Liberec)
C'est une lager d'une légèreté trompeuse qui frappe d'abord par sa souplesse avant qu'un houblonnage plus intense ne prenne le relais.
www.pivovarsvijany.cz

ŽATECKÝ BARONKA PREMIUM 13° (5,4 % vol.)
Žatecký, Žatec (Ústí nad Labem)
La dernière brasserie du fief des houblons de Saaz. Une bière plus douce que la moyenne, presque miellée dans ses arômes, avec une présence houblonnée remarquablement discrète.
www.zateckypivovar.cz

Budějovický
Budvar

Brunes et autres bières tchèques

Les bières tchèques, qui connaissent un remarquable renouveau depuis le regain d'intérêt pour le brassage local, à la fin des années 1990, sont celles-là mêmes qui avaient disparu *ou* que l'on négligeait.

La bière brune fait partie intégrante du paysage brassicole tchèque depuis plus de mille ans. À présent, il s'agit dans la grande majorité de lagers s'inscrivant (comme les blondes) dans les catégories de la *výčepni* et de la *ležak*, encore qu'il existe de nombreuses versions *speciál* à 14° et plus (*voir* p. 98).

Les brunes varient énormément en douceur, en couleur, en limpidité et en qualité. Les qualificatifs de « noires » (*cerné*) et de « brunes » (*tmavé*) sont largement interchangeables, mais des versions plus intenses (15 ° et plus) sont plus souvent dénommées « Tmavé », sans oublier la « porter ».

Les lagers ambrées, sous la forme *polotmavé* (medium brune), *granát* (grenat) et *jantar* (ambrée), sont de nouveau prisées. *Řezané* (signifiant « coupée ») implique une bière fabriquée par assemblage de bières brassées séparément, les unes blondes et les autres brunes.

Clin d'œil à la modernité, les premières IPA de style tchèque ont fait leur apparition, même si le brassage d'ales reste rare. Ces IPA sont donc en grande majorité de fermentation basse (*voir* p. 20), d'une originalité certes contestable mais susceptible de s'améliorer.

Ci-dessus : les bières foncées (*tmavý*) sont vraisemblablement fabriquées depuis plus de cinq cents ans à U Fleků (« Le Flacon »), à Prague.

SÉLECTION DE BIÈRES

FERDINAND SEDM KULÍ POLOTMAVÝ LEŽAK 13° (5,5 % vol.)
Ferdinand, Benešov (Bohême centrale)
Une lager ambrée à reflets roux, avec plus d'empreinte caramélisée qu'on ne s'y attendrait, ainsi qu'un soupcon de réglisse et de prune séchée.
www.pivovarferdinand.cz

FLEKOVSKÝ TMAVÝ LEŽAK 13° (4,9 % vol.)
U Fleků, Prague
Cette bière brune à la saveur délicate – caramel nuancé d'un soupçon de caoutchouc – convient à toutes les saisons ; elle est servie uniquement à la taverne-brasserie de Prague qui fabrique de la bière depuis 1499.
www.ufleku.cz

HAVRAN TMAVÝ LEŽAK 12° (4,5 % vol.)
Vyškov, Vyškov (Moravie du Sud)
C'est une brune unique. Fabriquée dans « l'autre » brasserie d'État de la République tchèque, elle est un classique dans son genre avec une finale marquée par les fruits secs.
www.pivovyskov.cz

KOCOUR TMAVÝ LEŽAK (5 % vol.)
Kocour, Varnsdorf (Ústí nad Labem)
Une lager foncée avec des arômes dominants de vanille et de fruits, représentative des intentions de la brasserie : marquer les esprits en douceur.
www.pivovar-kocour.cz

Ci-dessus : photographié ici en 2010, Adam Matuška était déjà, à tout juste vingt ans, un maître brasseur à la tête de sa propre brasserie ; c'est la voie radicale de demain pour la nouvelle brasserie tchèque.

KOUT NA ŠUMAVĚ TMAVÝ SPECIÀL 14°
(6 % vol.)
Kout na Sumave, Kout na Sumave (Pilsen)
Cette lager classique foncée, produite par une petite société dans une vieille brasserie urbaine, incarne assez bien le style de bière stable, au goût douceâtre, qui figure à la carte des restaurants haut de gamme de Prague.
www.pivovarkout.eu

MATUŠKA RAPTOR IPA 15° (6,3 % vol.)
Matuška, Broumy (Bohême centrale)
Une ingénieuse main-mise tchèque sur l'IPA américaine, c'est une bière intensément maltée et assez houblonnée, mais de fermentation basse (*voir* p. 20). Sa différence suffit à susciter un nouvel engouement.
www.pivovarmatuska.cz

MERLIN ČERNÝ TMAVÉ LEŽÁK
(4,7 % vol.)
Platan, Protivin (Bohême du Sud)
Une lager foncée de commande, avec la personnalité d'un stout fort, dont le lactose est rendu amer par des malts torréfiés.
www.pivo-merlin.cz

NÁCHOD PRIMÁTOR WEIZENBIER
(5 % vol.)
Primátor, Náchod (Hradec Kralove)
Une bière blanche aux arômes de noisette et à la saveur dominante de caramel.
www.primator.cz

La bière de froment (*pšeničé* ou *bílé*) a réapparu après de nombreuses décennies d'absence, principalement dans le style *Hefeweizenbier* bavarois. Il existe aussi des bières aromatisées à la cerise, au café, au chanvre et bien d'autres encore, même si elles ne reposent sur aucune tradition locale et n'ont que peu à offrir, en dehors de leur nouveauté.

Pour trouver la plus historique des lagers tchèques foncées, il faut visiter *U Fleků* (voir p. 104), la taverne-brasserie de Prague vieille de cinq cents ans. Pour avoir un avant-goût de l'avenir, il faut suivre la brasserie Matuška (*voir* p. 105) à l'ouest de Prague et celle de Kocour à Varnsdorf, proche de la frontière allemande, en Bohême du Nord, chacune s'attachant à faire connaître aux Tchèques des styles de bière étrangers, version Bohême.

Organisez votre voyage de façon à découvrir un autre aspect de la bière tchèque, ainsi qu'un pays riche d'une longue histoire, encore épargné par les flux de visisteurs. Les pubs-brasseries, sont souvent implantés dans des villes qui présentent par ailleurs bien d'autres attraits.

CONSEILS AUX VISITEURS

- L'univers cosmopolite de la bière est essentiellement praguois.
- Les bars servent surtout des lagers pression issues d'une seule et même brasserie.
- L'étiquette exige que les hommes précèdent les femmes en entrant dans les bars – pour s'assurer qu'il n'y a pas de rixes.
- Informez-vous sur les pubs-brasseries et les brasseries grâce à ce site : www.pivni.info
- À voir absolument : le musée et la brasserie Budvar à České Budějovice.
- À déguster absolument : la lager noire à la taverne-brasserie *U Fleků* de Prague, vieille de cinq cents ans (11 Křemencova – *voir* p. 104).

Ci-contre : une brasserie se trouve dans la taverne *U Fleků* à Prague depuis plus de cinq cents ans, ce qui en fait probablement le plus vieux pub-brasserie au monde.

SÉLECTION DE BIÈRES

PERNŠTEJN PARDUBICKÝ PORTER 19°
(8 % vol.)
Pernštejn, Pardubice (Pardubice)
Ce trésor national est lié aux porters de style baltique de la Pologne et du nord-est de l'Europe. Aux arômes de grains brûlés succède un corps charpenté, puis une finale d'une aridité moyenne.
www.pernstejn.cz

REBEL ČERNÝ 11° (4,7 % vol.)
Rebel, Havlíčkův Brod (Vysočina)
Une lager médaillée franche, d'une teinte rubis foncé avec une intensification des arômes de raisins secs en finale.
www.hbrebel.cz

TAMBOR TMAVÝ SPECIÁL 13°
(5 % vol.)
Dvur Kralove nad Labem (Hradec Kralove)
Une lager brune excentrique, issue d'une brasserie qui commence à faire beaucoup parler d'elle. Des nuances de tabac, des notes très vives de caramel et un petit côté fruité.
www.pivo-tambor.cz

U MEDVÍDKŮ X BEER 33 (12,6 % vol.)
U Medvídků, Prague
La lager la plus intense au monde, brassée à 33° Plat (*voir* p. 100), élaborée selon des procédés ancestraux avec la plus grande quantité de malt possible, pour l'obtention d'un moût compact. D'une douceur intense et d'un titre alcoométrique élevé.
www.umedvidku.cz

Ci-dessus : les hameaux de Bohême les plus modestes avaient jadis leur propre brasserie mais, à l'issue de l'ère communiste, le nombre de brasseries sur le plan national était tombé à moins de cinquante en 1997. Aujourd'hui, le brassage connaît néanmoins un nouvel essor.

LA GRANDE-BRETAGNE ET L'IRLANDE

Bien des types de bières relevant de la brasserie artisanale doivent leurs origines à ces îles au relief insolite qui font face au littoral nord-ouest de l'Europe continentale, les îles Britanniques. La blonde ale (indienne, ou autre), le stout (à la farine d'avoine, impérial ou à base d'huîtres), la « scotch ale », ou ale écossaise, et le porter y ont vu le jour.

Et pourtant, les bières de prédilection au Royaume-Uni comme en Irlande sont somme toute moins charpentées. Les lagers industrielles dominent le marché : en Grande-Bretagne, ce sont les blondes à saturation basse ; en Irlande, les stouts ordinaires traités à l'azote.

En 1971, quatre jeunes journalistes anglais décidèrent, en réaction au net déclin de la qualité de la bière, de fonder un groupuscule contestataire. On allait assister à la confrontation d'un géant avec un Petit Poucet : une industrie, résolue à produire en grands volumes toujours plus de brassins en « prêt-à-boire » contre un mouvement de défense des bières authentiques, d'un abord certes plus difficile mais tellement plus gratifiantes : ce fut la Campagne pour l'Ale Authentique (CAMRA).

Les bières de fermentation haute (*voir* p. 20), gardées en fût, furent surnommées « ales authentiques », devenant ainsi synonymes de bonnes bières en Grande-Bretagne. Sans attendre, la CAMRA allait enregistrer de beaux succès ; les amateurs d'autres pays reprirent ainsi courage et un renouveau du brassage artisanal allait survenir à l'échelle mondiale. En Irlande, on vit même la présence de marques mondiales être contestée.

Toutefois, toute médaille a son revers et, en Grande-Bretagne, l'image de la « vraie bière » se figea dans les années 1960, alors qu'elle était déjà bien mal en point. Depuis peu, les deux pays recréent de vieux styles qui, bien qu'ayant fait la renommée de leurs brasseurs, avaient virtuellement disparu de leurs patries d'origine.

Brasseries indépendantes établies en Écosse
La bière écossaise est en plein renouveau. La volonté accrue d'expérimenter pourrait être une réaction à la faiblesse relative des brasseries établies de plus longue date.
À noter : Greene King SA brasse aussi à Belhaven Brewing, à Dunbar (East Lothian).
Heineken détient Caledonian à Édimbourg.

LES MEILLEURES VENTES DU PAYS

Bass	(diverses*)
Boddingtons	(Anheuser-Busch InBev)
Carling	(MolsonCoors)
Foster's	(Heineken)
Greene King	(national)
John Smith's	(Heineken)
McEwan's	(national)
Newcastle Brown	(Heineken)
Tennent's	(C&C Group)
Tetley's	(Carlsberg)
Worthington	(MalsonCoors)

*Au Royaume-Uni, la plupart des marques Bass sont produites par Anheuser-Busch InBev.

Brasseries indépendantes établies en Angleterre et au Pays de Galles

Sur les quelque huit cents brasseries locales et régionales du Royaume-Uni, 90 % ont été créées en 1990. Sur cette carte figurent les sociétés indépendantes en activité, avec leur date d'ouverture. Les pubs-brasserie, les brasseries industrielles et celles qui font partie de grands groupes n'y figurent pas.

À noter : Marston's SA brasse aussi à Wolverhampton (Midlands de l'Ouest), Jennings Bros à Cockermouth (Cumbrie), Ringwood à Ringwood (Hampshire) et Wychwood à Witney (Oxfordshire).

LÉGENDES

● Shepherd Neame (1698) Faversham	Brasserie (fondée en) Ville/village
○ Sheffield	Autre ville/village

Bières blondes ales et amères

Pour ce qui est de la saveur, de la variété et de la subtilité (ou de l'absence de subtilité), les blondes britanniques naturellement gazéifiées en fût méritent leur succès.

Ci-dessus : au XIXe siècle, les brasseurs eurent une telle influence au Parlement britannique, tant à la Chambre des communes qu'à la Chambre des pairs, que l'on surnomma celui-ci le « Beerage » [amalgame malicieux de « bière » et de « peer » (pairie)].

Le brassage des blondes fut facilité au XVIIe siècle grâce à l'invention des tourailles. Pour la première fois, les malteurs avaient les moyens techniques de ne pas brûler leurs malts. Une bière blonde fortement houblonnée et destinée aux Indes était apparue à Londres en 1780, mais son amertume très marquée, qui se dissipait néanmoins lors du long périple maritime jusqu'à Bombay, déplaisait aux Anglais.

En 1820, la toute nouvelle brasserie de Samuel Allsopp, à Burton-upon-Trent dans les Midlands, décida d'imiter ce style en recourant à l'eau calcaire de la région, eau alcaline riche en gypse. On découvrit alors que cette eau absorbait l'amertume du houblon sans nuire à sa nature : il en résultait des bières élégantes, bien différentes des brunes à la douceur maltée, des porters et des stouts. Les brasseurs de Burton purent bien exporter leur bière, mais ils avaient perdu récemment, en Russie, les ventes lucratives de la brune intense et du stout. L'expédition par bateau de grandes quantités de blondes vers les avant-postes d'un empire en expansion fit la fortune de la famille Allsopp et d'autres brasseurs de Burton, comme Worthington et Bass. De plus, ces bières brassées à Burton, estampillées de la marque exotique India Pale Ale, ou IPA, se prêtaient bien plus à une consommation immédiate sur le marché anglais.

Ailleurs, les brasseurs apprirent bientôt à « burtoniser » l'eau en l'enrichissant de sulfates, et l'Angleterre tout entière se mit à brasser des blondes hautement houblonnées. Les « bitter », ou bières amères, firent ainsi leur apparition au milieu du XIXe siècle et se vendirent au prix fort.

Dans ces régions dénuées de liaisons ferroviaires avec les producteurs de houblon du Kent et du Sussex, ou de Herefordshine et de Worcestershine, les brasseurs utilisaient des associations de malt léger pour que leurs blondes ales se distinguent.

L'Écosse, elle, affinait ses brassins en fonction de différentes catégories fiscales – « 70 shilling » et « 80 shilling » – tandis que les brasseurs irlandais fabriquaient des ales rousses analogues aux ales viennoises. La blonde houblonnée devint la bière de prédilection des gentlemen et des gens du Sud. La montée en puissance de la

SÉLECTION DE BIÈRES

BATEMAN XXXB (4,5 % vol.)
George Bateman & Son, Wainfleet (Lincolnshire)
La plus forte des trois ales blondes régulières issues de cette brasserie familiale de renom datant du XIXe siècle. Un goût plus sec et plus amer que dans beaucoup d'autres ales blondes, avec une forte présence houblonnée et, en finale, des arômes de grains.
www.bateman.co.uk

BATHAMS BEST BITTER (4,3 % vol.)
Daniel Batham & Son, Brierley Hill (Midlands de l'Ouest)
Au Pays noir, au nord-ouest de Birmingham, la tradition des mild ales s'étend aux blondes amères d'un malt léger ; le meilleur exemple de ce type de bière vient de cette brasserie familiale de cinquième génération.
www.bathams.com

BISHOPS FAREWELL (4,6 % vol.)
Oakham Ales, Peterborough (Cambridgeshire)
Cette brasserie avant-gardiste, couronnée de succès, défia d'abord les consommateurs avec la JHB [ou « Jeffrey Hudson Bitter »], une bière amère, presque blanche, qu'elle fit suivre de cette blonde légère au houblonnage plus charpenté.
www.oakhamales.com

BLUEBIRD BITTER (3,6 % vol.)
Compagnie brassicole Coniston, Coniston (Comté de Cumbrie)
Les houblons Challenger et un soupçon d'orange façonnent cette bitter légère, propre à cette région riche en brasseurs et en beaux paysages.
www.conistonbrewery.com

Ci-dessus : tout en utilisant l'eau calcaire de Burton, les brasseurs de la ville recouraient aussi à une méthode de refermentation (ici, au centre brassicole national).

Ci-dessus : une exploitation houblonnière du Kent, où les houblons sèchent sous l'air chaud d'une touraille, dans des séchoirs à houblon traditionnels.

« bitter » moderne fut un phénomène des années 1950. En août 1914, quand éclata la Première Guerre mondiale, le gouvernement libéral promulgua les lois sur la défense du Royaume. La Ligue de tempérance avait milité des décennies durant. D'un coup, elle augmenta les taxes en vigueur et imposa aux pubs des heures obligatoires de fermeture, tout en interdisant les bières les plus fortes.

Jusqu'en 1914, les bières britannique et irlandaise titraient en général entre 5 et

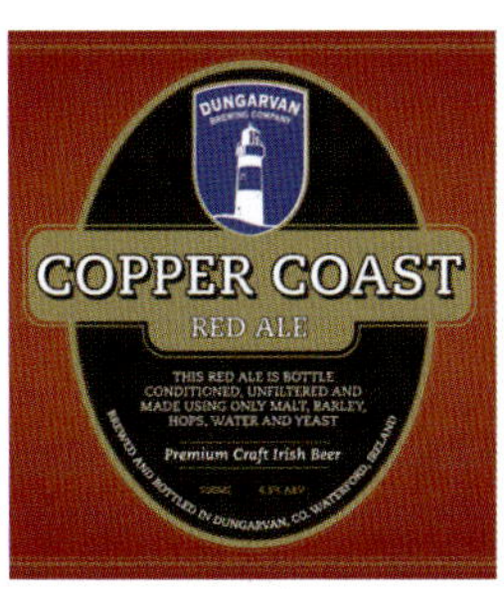

COPPER COAST RED ALE (4,3 % vol.)
Compagnie brassicole Dungarvan, Dungarvan (Waterford)
Si elle est de loin la meilleure de ces « rousses » d'Irlande influencées par le malt de Vienne, elle n'est pourtant pas le fleuron de cette nouvelle brasserie impressionnante. Ce sont le stout Black Rock et la Helvick Gold houblonnée qui caracolent en tête des ventes.
www.dungarvanbrewingcompany.com

EXMOOR GOLD (4,5 % vol.)
Exmoor Ales, Wiveliscombe (Somerset)
Les premières blondes ales de Grande-Bretagne, conçues en 1986 pour avoir l'aspect de la lager blonde, mais avec un corps plus rond et un goût de grain plus prononcé. Cette bière a incité de nombreux amateurs de canettes de bière à passer à l'ale authentique.
www.exmorrales.co.uk

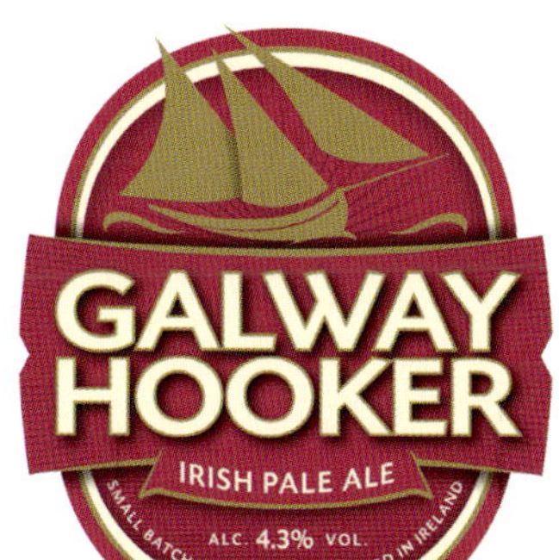

GALWAY HOOKER IRISH PALE ALE (4,4 % vol.)
Brasserie Hooker, Roscommon (Galway)
À ce jour, la meilleure représentante en Irlande du Sud de la blonde légère, aux accents floraux et aux notes acidulées. Elle a lancé une nouvelle mode auprès des jeunes buveurs irlandais.
Un challenger pour les bières de Grande-Bretagne.
www.galwayhooker.ie

HARDCORE IPA (9,2 % vol.)
BrewDog, Fraserburgh (Aberdeenshire)
L'enfant terrible de la brasserie anglaise : un brasseur brillantissime. Cette forte IPA à 150 IBU (International Bitterness Units – l'échelle internationale de mesure de l'amertume) en est l'apanage. Elle vieillit mieux dans une cuve hermétique que dans un fût ouvert.
www.brewdog.com

6,5 % vol., comme ailleurs. Elle tomba à 3-3,5 % vol. La Grande Dépression, au lendemain de la Première guerre mondiale, vit le retour (très progressif) des bières plus fortes. Mais une seconde période de bouleversements et de récession économique allait débuter.

Durant la Seconde Guerre mondiale, les villes britanniques subirent des bombardements intensifs qui détruisirent nombre de ces pubs qui faisaient vivre les petits brasseurs urbains. Par la suite, le rationnement alimentaire, en vigueur jusqu'en 1954, réduisit encore les exigences du consommateur. Les compagnies brassicoles qui survécurent adoptèrent des méthodes commerciales plus modernes et recoururent aux technologies nouvelles. Ainsi la pasteurisation permit-elle de transporter la bière plate en tonnelets scellés, puis de rendre celle-ci effervescente peu avant sa distribution. De là découlent les pratiques qui se perpétuent de nos jours dans le monde entier. La quête de profits toujours plus élevés résulte de la création d'une économie d'échelle : acquisitions, regroupements d'entreprises ou fusions-absorptions, fermetures sont de rigueur.

En 1970, les bières en bouteille étaient en voie de disparition, et les buveurs branchés préféraient les marques nationales à la pression,

Ci-contre : un accord entre mets et bière en vogue au Royaume-Uni, une bitter légère anglaise et des grattons (lardons grillés au sel).

SÉLECTION DE BIÈRES

HOPPIT CLASSIC BITTER (3,5 % vol.)
Brasserie Loddon, Dunsden Green (Oxfordshire)
L'inspecteur principal Morse, de la série télévisée qui a pour cadre Oxford, aurait apprécié cette bitter anglaise conviviale de l'après-guerre, fabriquée à partir d'un moût de malt pale ale aromatisé avec un Kentish Goldings.
www.loddonbrewery.com

JAIPUR IPA (5,9 % vol.)
Brasserie Thornsbridge, Bakewell (Derbyshire)
Attendez-vous à de grandes bières de la part de ce brasseur récent et prospère : des styles d'ale authentique, dont cette IPA, élaborée dans l'esprit des anciennes IPA, qui contient des houblons à dominante « agrumes » : belle personnalité.
www.thornbridgebrewery.co.uk

LANDLORD (4,3 % vol.)
Timothy Taylor & Cie, Keighley (Yorkshire de l'Ouest)
Une ale classique du Yorkshire : les houblons Styrian Goldings dominent un brassin blond au corps riche. Elle a obtenu plus de récompenses que n'importe qu'elle autre bière britannique.
www.timothy-taylor.co.uk

MOORHOUSE PENDLE WITCHES BREW (5,1 % vol.)
Brasserie Moorhouse, Burnley (Lancashire)
Cette blonde typique du nord de l'Angleterre, plus foncée, plus douce et moins ouvertement houblonnée, n'a guère changé depuis les premiers jours de la CAMRA (*voir* p. 108), époque où fut fondée cette brasserie.
www.moorhouse.co.uk

PALE RIDER (5,2 % vol.)
Brasserie Kelham Island, Sheffield (Yorkshire Sud)
La plus grande brasserie de Sheffield a fêté son 20e anniversaire en remportant la récompense suprême de Championne des Bières de Grande-Bretagne [« *Supreme Champion Beer of Britain* »] pour cette blonde d'une robe limpide, composée de houblons d'origine américaine, mais parfaitement anglaise de caractère.
www.kelhambrewery.co.uk

THREE TUNS XXX (4,3 % vol.)
Brasserie Three Tuns, Bishop's Castle (Shropshire)
Une blonde florale d'une simplicité exquise et d'une couleur paille. Elle est issue de cette authentique tour de brasserie rénovée à grands frais, qui perpétue depuis 1642 les traditions du brassage.
www.threetunsbrewery.co.uk

Ci-dessus : dans l'Angleterre moderne, faire de la bière implique le recours à des procédés multiséculaires. C'est ce que font, par exemple, la brasserie Palmers, fondée en 1794…

Ci-dessus : avant l'institution légale des congés payés, les familles de la classe ouvrière de l'est de Londres partaient une semaine en congé dans le Kent pour aider à la moisson du houblon (ici, vers 1900).

Ci-dessus : … et la Thornbridge, fondée en 2005, mais considérée d'ores et déjà comme l'avant-garde d'une nouvelle espèce de brasseurs britanniques.

les blondes regazéifiées bues en pintes, en majorité par des hommes, la forme du verre comptant d'ailleurs davantage que son contenu. C'était la grande époque des slogans et des réclames télévisées.

Les brassins d'une désolante banalité n'étaient pas à la hauteur des ales « authentiques », qui affichaient une infinie diversité : leur robe allait du blond pâle à l'ambré foncé, le profil malté de léger à vaguement fort, et la présence houblonnée, de nuancée à modérément affirmée. Certains ne faisaient pas grande impression au palais ; d'autres évoquaient le foin que l'on vient de faucher ou le pain fait maison. En vérité, il s'agissait juste de blondes légères mieux élaborées que la moyenne.

En 1880, la blonde titrait 6 % vol. et pouvait contenir une quantité prodigieuse de houblon ; en 1980, elle titrait 3,5-4 % vol. et contenait relativement peu de houblon. Mais du moment qu'elle était « authentique », on la jugeait bonne. Il fallut attendre 2005 pour que quelques rares individus aient le courage de dire qu'une bonne bière devait être fabriquée autrement.

TRIBUTE (4,2 % vol.)
Compagnie brassicole St Austell, St Austell (Cornouailles)
Roger Ryman, chef brasseur, a créé son propre malt, le Cornish Gold [« Doré de Cornouailles »], pour servir de base à cette ale couleur bronze clair caractéristique, fabriquée à partir de houblons Willamette et vendue dans l'ensemble du pays, mais brassée à la pointe sud-ouest.
www.staustellbrewery.co.uk

WORKIE TICKET (4,5 % vol.)
Brasserie Mordue, Shields Nord (Tyne & Wear)
À l'autre bout du spectre, on trouve cette bitter moelleuse, presque foncée, venue du nord-est de l'Angleterre qui compte de nombreux amateurs localement.
www.morduebrewery.com

WOODFORDE'S WHERRY (3,8 % vol.)
Brasserie Broadland de Woodforde Woodbastwick (Norfolk)
Instantanément reconnaissable par les connaisseurs du coin, cette bitter florale au goût douceâtre, avec un léger arôme de pamplemousse en finale, compte parmi les incontournables dans de nombreux pubs de l'est de l'Angleterre.
www.woodfordes.co.uk

WILLIAM WORTHINGTON'S WHITE SHIELD (5,6 % vol.)
Brasserie William Worthington (Molson Coors)
Burton-upon-Trent (Staffordshire)
Conditionnée en bouteilles, cette blonde pâle brassée à Burton, riche en esters, a survécu aux travaux du XXe siècle pour devenir une icône britannique au même titre que la marmelade d'oranges ou la célèbre pâte à tartiner *Marmite* à base de levure de bière.
www.worthingtonswhiteshield.com

Porters et stouts

Page précédente : la chaussée menant à l'île sainte de Lindisfarne ; une bière élizabéthaine brassée avec de l'hysope, herbe d'origine médiévale, y a été recréée.

Si l'image du stout est étroitement associée à l'Irlande, cette famille de bières provient en fait du Londres du début du XVIIIe siècle. Les malteurs locaux avaient créé un malt foncé convenant à la confection d'une bière appelée « Entire » [« Complète »]. Jeune, celle-ci était « sèche » et rafraîchissante. Elle a gagné en popularité auprès des dockers et des portefaix londoniens (les *porters* en anglais), tant et si bien qu'en 1721, cette « Entire » prit leur nom, le « Porter ». Cependant, elle doit sa notoriété au fait de vieillir aussi bien en baril ou en cuve.

Le porter fut aussi révolutionnaire en son temps que la lager le serait au siècle suivant. Il pouvait être fabriqué en grande quantité, des foudres en chêne massif étant construits pour la fermentation, et le lent développement de ses saveurs au fil du temps le rendait apte à l'exportation vers les colonies britanniques d'Amérique du Nord, d'Australasie et d'Inde. En Irlande, elle représentait en 1790 un tiers des bières consommées.

Des versions plus fortes furent connues sous la dénomination de « stout porter », abrégée par la suite en « stout » [« robuste »]. Elles furent successivement commercialisées en Scandinavie et dans les pays de la mer Baltique, dont la Russie impériale. Leurs héritages, à ce jour, sont les porters baltiques et les stouts russes. En Irlande, le stout connut un autre destin. Le gouvernement

Ci-dessus : les foudres en bois ont cédé leur place aux cuves en acier inoxydable dans la compagnie brassicole de Meantime à Londres, où dans une large gamme de bières s'inscrit l'emblématique porter londonien.

SÉLECTION DE BIÈRES

ARBOR OYSTER STOUT (4,6 % vol.)
Arbor Ales, Kingswood (Bristol)
Un stout léger, onctueux et chocolaté, issu de l'une des nombreuses bonnes brasseries nouvelles de Bristol. À la fin du processus d'empâtage, des huîtres entières sont ajoutées.
www.arborales.co.uk

DARK ARTS PORTER (4,4 % vol.)
Brasserie Trouble, Allenwood (Kildare)
L'un des rares porters irlandais, ainsi désigné en raison de l'absence de malt d'orge torréfié. On le trouve à la pression, mais au niveau local seulement. Cette nouvelle brasserie est appelée à se développer.
www.troublebrewing.ie

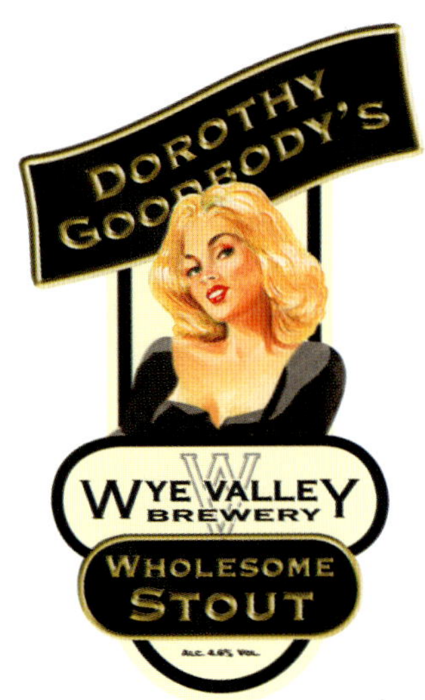

Brasseries artisanales irlandaises

Depuis 1981, les petites entreprises se sont progressivement multipliées et de meilleures bières sont apparues. Auparavant, les bières étaient produites par de grandes compagnies en prise directe avec la production massive. Le nombre de nouvelles compagnies en déroute est élevé mais, vu l'intérêt croissant porté à la bière, de nouveaux-brasseurs font régulièrement leur apparition. Cette carte reflète la situation durant l'été 2011 ; les pubs-brasseries y figurent, mais pas les brasseries industrielles.

DOROTHY'S GOODBODY'S WHOLESOME STOUT (4,6 % vol.)
Brasserie Wye Valley, Stoke Lacy (Herefordshire)
Un stout au caractère brûlé, mais moelleux, issu d'une brasserie familiale sise en terre de houblon. La deuxième génération est maintenant aux commandes.
www.wyevalleybrewery.co.uk

IMPERIAL EXTRA DOUBLE STOUT (9 % vol.)
Harvey and Son, Lewes (Sussex)
Les stouts impériaux font leur retour progressif au Royaume-Uni. Cette bière puissante est issue de l'une des plus belles brasseries de Grande-Bretagne. Sa production perdure, alors que l'original de Courage Barclay a disparu. D'autres bières de ce style devraient voir le jour.
www.harveys.org.uk

MCGRATH'S IRISH BLACK (4,3 % vol.)
Compagnie brassicole Clanconnel, Lurgan (Armagh)
Une version moderne, exceptionnelle, d'un stout d'Irlande du Nord : des notes franches de chocolat accompagnent celles de mousse et d'ardoise mouillée.
www.clanconnelbrewing.com

MEANTIME LONDON PORTER (6,5 % vol.)
Compagnie brassicole Meantime, Greenwich (Londres)
Un porter foncé, franc, de force moyenne, avec des notes dominantes de réglisse et de caramel, et des accents de malt à whisky.
www.meantimebrewing.com

londonien aidait les brasseurs anglais à expédier de grandes quantités de porter par la mer d'Irlande en imposant de lourds droits de douane aux brasseurs locaux – à telle enseigne qu'un jeune Arthur Guinness faillit transférer sa production au nord du Pays de Galles, pour la transporter ensuite à Dublin.

Quand cette taxe fut supprimée en 1795, l'Irlande fut libre de développer ses propres bières. Les brasseurs irlandais du XIXe siècle purent fabriquer trois catégories de porter et de stout, souvent appelées « ordinaire », « extra » et « export ». Ces bières avaient tendance à être plus sèches, en raison de l'adjonction d'un peu de sel à la trempe. Une variante en était le stout à base d'huîtres : une couche de coquilles d'huître concassées filtraient la bière avant fermentation, laquelle infusait ensuite avec du sel de mer.

En Grande-Bretagne, une bière plus ouvertement « politisée » apparut. Vers 1870, comme on pressentait que la Ligue de tempérance (jusque-là favorable à la bière) s'apprêtait à fustiger les brasseurs anglais, on inventa le « stout invalide ». Ces bières noires adoucies titrant 3-4,5 % vol. avaient un tel caractère malté qu'on les disait conseillées aux personnes âgées ou à celles de santé précaire, ainsi qu'aux infirmes et même aux mères allaitantes. Le style a perduré sous la forme de « milk stouts » (au lait ou à la crème) fabriqués avec du lactose, sucre du lait infermentescible, et sous la forme de l'oatmeal stout (à la farine d'avoine), en apparence plus équilibré, qui tire sa douceur de l'avoine dont on enrichit la trempe.

LE LONG CHEMIN DES INDÉPENDANTS IRLANDAIS

L'histoire des bières noires dans l'Irlande du XXe siècle reflète celle des blondes en Grande-Bretagne. En 1970, le porter était un lointain souvenir, et les trois compagnies brassicoles nationales (Guinness, Murphy's et Beamish & Craword) ne commercialisaient que du stout standard sur les marchés nationaux. Si une campagne en faveur du stout et du porter irlandais authentiques aurait pu plaire à certains, elle ne vit jamais le jour. La lager industrielle était censée être l'avenir ; des stouts, monopoles d'une marque ou d'une autre, se substitueraient aux héritages du passé, et les « rousses » légères de provenance douteuse seraient toujours assez bonnes pour ceux qui n'aimaient ni les lagers ni les stouts.

Le mouvement en faveur d'une bière artisanale qui gagnait le reste du monde dans les années 1990 ne réussit pas trouver écho dans une île où, à l'époque, les multinationales détenaient 99 % des infrastructures brassicoles.

La plus engagée dans le brassage artisanal irlandais a été la compagnie brassicole Porterhouse installée à Dublin (*voir* ci-contre), qui possède même un pub dans le quartier londonien de Covent Garden. Les bières O'Hara de la brasserie Carlow (*voir* ci-dessous) connaissent une croissance constante pour leur deuxième décennie d'existence, tandis qu'au nord, le brasseur Hilden de Lisburn, fabricant d'ale authentique, a fêté son quarantième anniversaire.

Parmi les arrivées les plus récentes, celles de Dungarvan à Waterford (*voir* p. 111) et, au nord, de Clanconnel à Lurgan (*voir* p. 117) ont été saluées parce qu'ils ont su recréer des saveurs à l'ancienne, tandis que la brasserie Trouble (la bien-nommée) à Kildare (*voir* p. 116) séduit les amateurs de tradition par des brassins singuliers.

À noter aussi, la Shelta à Tipperary, dont les bières White Gypsy contiennent souvent des houblons de culture locale. La maison obtient en outre des stouts plus puissants en pratiquant un vieillissement dans des fûts de chêne achetés à des vignerons.

Alors que les grands brasseurs d'Irlande affichent encore une certaine réticence à produire des stouts ou des porters de qualité artisanale, une nouvelle association de consommateurs, Beoir, agit pour que les jeunes s'initient à la « vraie » bière. L'avenir pour les nouveaux brasseurs irlandais s'annonce plus radieux.

SÉLECTION DE BIÈRES

NIGHTMARE (5 % vol.)
Nick Stafford's Hambleton Ales, Melmerby (Yorkshire du Nord)
Un stout à l'équilibre parfait, d'une richesse surprenante, présent sans être âcre. Une compagnie brassicole dotée de bon sens.
www.hambletonales.co.uk

O'HARA'S LEANN FOLLÁIN (6 % vol.)
Compagnie brassicole Carlow, Bagelastown (Carlow)
Ce stout fumé et corsé, dégageant des notes de café, montre la voie aux brasseurs artisanaux irlandais qui cherchent à produire des bières aux saveurs prononcées.
www.carlowbrewing.com

PITFIELD'S 1850 LONDON PORTER (5 % vol.)
Brasserie Pitfield, North Weald (Essex)
Sec, noir et tourbeux, avec des arômes de caramel brûlé. Cette bière recrée le style « porter simple » à partir d'une recette bio de 1850.
www.pitfieldbeershop. co.uk

ST PETER'S OLD-STYLE PORTER (5,1 % vol.)
Brasserie St Peter, St Porter South Elmham (Suffolk)
Une bouteille singulière qui a fait la fortune de cette brasserie moderne implantée dans un manoir du XVe siècle. Le porter est ici un assemblage de bières jeunes et de bières âgées. Sa force est marquée.
www.stpetersbrewery.co.uk

Ci-dessus : il aura fallu trente ans pour que de petits brasseurs inventifs créent un marché en Irlande ; les jeunes consommateurs découvrent les styles de bière que leurs arrière-grands-parents appréciaient autrefois.

TITANIC STOUT (4,5 % vol.)
Brasserie Titanic, Stoke-on-Trent (Staffordshire)
Un stout léger, velouté, franc.
Cette brasserie populaire produit toute une gamme de bières harmonieuses.
www.porterhousebrewco.com

WRASSLERS XXXXX (5 % vol.)
Porterhouse Brewing Co, Dublin
Du blé malté et de l'orge non maltée pour recréer un stout authentique, corpulent, digne du début du XXe siècle, issu de County Cork.

Brunes et dark mild

Les ales – appelées mild, foncées ou brunes – sont le reflet d'une tradition ancienne. Autrefois, ces bières se déclinaient en trois catégories selon leur titre alcoométrique.

La bière régulière, ou « ordinaire », titrait de 5 à 6 % vol. environ. La « petite bière », fabriquée avec le moût moins épais qui s'écoulait après le lavage des drêches (*voir* p. 22), titrait 3 % vol. ; elle fournissait aux ouvriers agricoles et aux manœuvres leur boisson quotidienne. D'autres ales fortes, qui titraient 9 % vol., étaient servies lors de fêtes religieuses, de repas de vendangeurs ou, lors de l'audit annuel, dans les brasseries des villes universitaires d'Oxford et de Cambridge.

Ci-dessus : une bitter, une mild, une rousse ou une brune ? Pour les consommateurs britanniques, le nom donné à une bière anglaise a bien plus d'importance que son goût.

Des ales régulières et des ales fortes étaient souvent conservées en fût de chêne. À l'origine, la dénomination « mild ale » désignait une bière que l'on décantait avant qu'elle ne prenne le goût puissant ou vif d'une « vieille ale » ; de telles mild ales pouvaient aussi être blondes.

Les lois de 1914 sur la défense du Royaume (*voir* p. 111-112), puis la Grande Guerre et la rigueur économique des cinquante années qui suivirent nuirent considérablement aux brunes. Si bien qu'en 1970, on trouvait en Grande-Bretagne essentiellement des brassins de 3 ou 3,5 % vol., autrement dit des petites bières.

Malgré les efforts de la CAMRA (*voir* p. 108) entre autres, ces bières plus légères n'ont pas su plaire à la génération du *baby boom*.
Ces dernières années, des ales britanniques plus foncées bénéficient pourtant d'un intérêt croissant ; mais il est préférable d'omettre le terme « mild » dans leur dénomination.

Ci-dessus : le chantre à la longue barbe de la Ligue de tempérance, Sir Wilfrid Lawson (1829-1906), photographié ici en 1890.

SÉLECTION DE BIÈRES

DARK RUBY (6 % vol.)
Brasserie Sarah Hugues, Sedgley (Midlands de l'Ouest)
Les mild ales foncées sont associées aux Midlands de l'Ouest industrielles, mais peu conservent la riche palette fruitée et l'authenticité des bières d'antan. Cette bière foncée y parvient remarquablement.
www.sarahhuguesbrewery.co.uk

DOUBLE MAXIM (6 % vol.)
Brasserie Maxim, Houghton-le-Spring (Co Durham)
Produite à l'origine par les brasseries Vaux qui fermèrent leurs portes en 1999, cette ale forte, généralement vendue en bouteille, pourrait bien être la dernière brune filtrée, légère et sèche du nord-est de l'Angleterre.
www.maximbrewery.co.uk

HOBSON'S MILD (3,2 % vol.)
Brasserie Hobson, Cleobury Mortimer (Worcestershire)
Cette délicieuse mild ale foncée des Midlands au temps de l'après-guerre, conditionnée en fût, réserve son lot d'arômes et de saveurs. Une bière si légère que, dans d'autres pays, elle serait probablement servie aux malades.
www.hobsons-brewery.co.uk

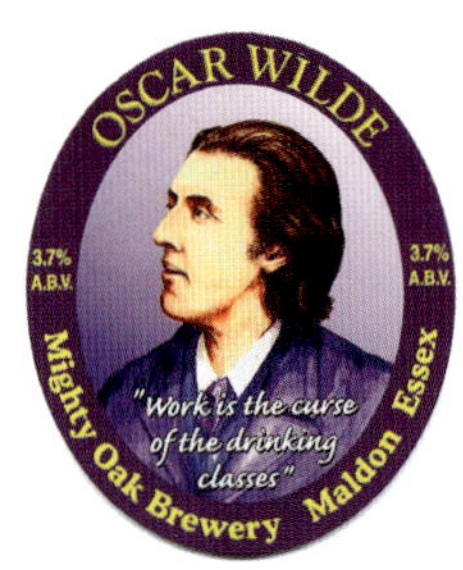

MIDGNIGHT BELL (4,8 % vol.)
Brasserie Leeds, Leeds (Yorkshire de l'Ouest)
Une brasserie fondée en 2007 par une jeune équipe dans le but de fabriquer des bières « très Yorkshire », à l'aide d'équipements high-tech et d'ingrédients de première qualité. Résultat ? Cette mild à l'ancienne est le fleuron de la gamme d'ales régulières.
www.leedsbrewery.co.uk

Ci-dessus, une caricature datant de 1836, extraite de *McCleans Monthly*, intitulée « Assemblée à la Société de tempérance, avec le président Drainmedry et son vice-président, Maître J. Ditch-Water ».

OSCAR WILDE (3,7 % vol.)
Mighty Oak Brewing, Maldon (Essex)
Une mild foncée, légère, moelleuse, au petit goût de noisette. Dans cette région du sud-est de l'Angleterre, on assiste à un renouveau de ces bières à contre-courant des tendances.
www.mightyoakbrewery.co.uk

OTT OLD TONGHAM TASTY (6 % vol.)
Brasserie Hog's Back, Tongham (Surrey)
Une brune forte produite par un brasseur des comtés limitrophes de Londres, réputé pour ses ales anglaises solides. Celle-ci est fabriquée à la manière de l'ale à l'ancienne du XXe siècle.
www.hogsback.co.uk

OTTER MILD (3,8 % vol.)
Brasserie The Otter, Luppitt (Devon)
Dans une région traditionnellement peu connue pour les brunes légères, ce brasseur bien établi crée une bière douce, discrètement fruitée et nuancée d'un soupçon de houblon.
www.otterbrewery.com

RUDGATE RUBY MILD (4,4 % vol.)
Brasserie Rudgate, Tockwith (Yorkshire du Nord)
Cette ale souple, aux nuances de cerise noire, passerait pour une mild légère d'une époque révolue si elle n'était bien marquée par un mélange de houblons.
www.rudgatebrewery.co.uk

THEAKSTON'S OLD PECULIER (5,6 % vol.)
T & R Theakston, Masham (Yorkshire du Nord)
Cette ale fabriquée avec des houblons Fuggle, légèrement fruitée sous une robe brune à reflets rubis, est considérée comme forte en Grande-Bretagne. Elle doit son nom à une ancienne cour de justice, et sa célébrité au fait que ce même nom soit difficile à prononcer…
www.theakston.co.uk

Brunes anglaises alcoolisées

La Grande-Bretagne et l'Irlande ont toujours eu une attitude ambivalente à l'égard des bières alcoolisées, y compris à l'égard de celles qui pouvaient revendiquer une tradition artisanale plus authentique que la plupart des ales dites « traditionnelles ».

Illustration de la méfiance dont le brassage artisanal fait l'objet : on ne voit presque plus aujourd'hui sur les rayonnages ces ales fortes, vendues en bouteille qu'étaient le stout russe impérial, l'ale Thomas Hardy et l'Old Ale George Gale Prize, pas plus que le Barley Wine au houblonnage massif, qui était appelé Ale Burton et qui les avait précédées.

Les ales écossaises aussi ont disparu du Royaume-Uni ou bien elles ont été redéfinies comme bières légères. Les bières d'autrefois devaient leur caractère à l'extraction poussée du sucre des grains et à l'emploi des restes caramélisés du sucre qui apportaient une note aromatique ; le goût typique des houblons anglais en était atténué.

Nul ne sait comment s'est développé la vieille ale anglaise. Cette bière très forte, souvent blonde, vieillissait en fût de chêne ; elle était essentiellement produite à des fins d'assemblage avec des bières régulières, de façon à apporter force et caractère. Un tel assemblage n'est plus pratiqué à présent que dans une unique brasserie conventionnelle, mais peut-être reviendra-t-il au goût du jour ?

Ci-dessus : Greene King SA. de Bury St Edmunds, lieu d'approvisionnement en ale 5X.

Ci-contre : nouveau propriétaire pour cette Prize Old Ale de Gale qui vieillit désormais dans des cuves en Inox, plutôt que dans des foudres de bois.

SÉLECTION DE BIÈRES

ADNAMS TALLY HO ! (7,2 % vol.)
Adnams, Southwold (Suffolk)
Ce brassin fort, de couleur foncée, développe des arômes de malt biscuité, de croûte brûlée et de raisin de Smyrne. C'était autrefois une gourmandise de Noël réservée aux amis et aux cabaretiers loyaux. Il est maintenant vendu en bouteille toute l'année.
www.adnams.co.uk

BIÈRE D'ORGE BODGERS (8,5 % vol.)
Brasserie Chiltern, Terrick (Buckinghamshire)
Cette élégante brasserie est tenue par la deuxième génération. Elle possède une belle collection d'ales, dont cette délicieuse bière blonde veloutée, aux notes de châtaigne. Elle a le goût des houblons Goldings et Fuggles, celui de l'ale Burton vieux style.
www.chilternbrewery.co.uk

GOLDEN PRIDE (8,5 % vol.)
Fuller Smith & Turner, Chiswick (Londres)
Cette ale ambrée londonienne, 100 % pur malt, est issue d'une brasserie indépendante établie de longue date. Elle est douce, mais puissante et tonifiante, et développe en finale d'intenses notes de liqueur d'orange.
www.fullers.co.uk

ROBINSON'S OLD TOM (8,5 % vol.)
Frederic Robinson, Stockport (Cheshire)
De cette brasserie familiale gérée par la cinquième génération provient ce Barley Wine de couleur foncée dont la finale vineuse rappelle le porto. Sa palette aromatique évoque le houblon et les fruits secs, avec une légère note de fumé.
www.frederic-robinson.co.uk

Ci-dessus : la brasserie Adnams de Southwold a su préserver les traditions tout en s'ouvrant à la modernité.

STRONG SUFFOLK VINTAGE ALE (6 % vol.)
Greene King, Bury St Edmunds (Suffolk)
L'ale vieillie en fût de chêne de cette brasserie (5X) a été assemblée à une brune pour créer cette bière sèche, foncée, aux arômes terreux. Voici une adaptation toute britannique d'une brune flamande vieillie en fût de chêne.
www.greeneking.co.uk

TRAQUAIR HOUSE ALE (7 % vol.)
Traquair House, Innerleithen (Peeblesshire)
En 1965, un pionnier de la bière écossaise rouvrit la brasserie de cette maison historique, afin de brasser d'authentiques ales écossaises, douces, foncées et puissantes, principalement destinées à l'exportation.
www.traquair.co.uk

Incontournables et nouveautés

La renaissance de la bière en Grande-Bretagne s'appuie sur deux types de protagonistes : d'abord, les brasseurs anciennement implantés dans les régions, qui fabriquent des « ales authentiques » destinées aux petites gens, et pas seulement à une riche clientèle ; ensuite, les quelque sept cents nouvelles brasseries artisanales qui se sont créées et qui fabriquent des produits de qualité.

Au Royaume-Uni, la bière a longtemps pâti de la demande de consommateurs conservateurs, qui se méfiaient des méthodes de production modernes et des goûts nouveaux, et qui considéraient d'un mauvais œil toute bière titrant plus de 5 % vol. Pourtant, à notre époque où les fameuses « autoroutes de l'information » se développent partout dans le monde, les amateurs de bière peuvent découvrir plus facilement que leurs prédécesseurs, des bières venant d'horizons bien plus divers qu'autrefois.

La nouvelle génération – brasseurs comme consommateurs – bénéficie d'ouvertures bien plus vastes que les militants de la bonne bière britannique des années 1970. Elle expérimente de nouvelles formes de production, goûte de nouvelles saveurs. C'est une deuxième phase de la révolution de la bière qui débute au Royaume-Uni, et les règles sont nouvelles.

Les bières présentées ci-dessous représentent les meilleurs produits du brassage moderne en Grande-Bretagne. Certaines n'en sont qu'au tout début de leur carrière, à peine sorties des cuves. Nous espérons avoir sélectionné celles qui illustrent le mieux l'avenir de la brasserie dans les vingt prochaines années, et avoir mis en évidence les brasseurs qui montrent la voie. Les « nouvelles » bières offrent une diversité singulière. Certaines s'inscrivent dans des styles anciens, qui ont été oubliés depuis de nombreuses décennies : elles font appel à des ingrédients et à des pratiques dignes de ceux employés par les brasseurs britanniques des XVIIIe et XIXe siècles.

Ci-contre : le Blue Anchor à Helston, en Cornouailles, brasserie en activité depuis les années 1400.

SÉLECTION DE BIÈRES

CHIMERA DARK DELIGH (6 % vol.)
Compagnie brassicole Downton, Downton (Wiltshire)
Arômes de café torréfié et notes chocolatées : cette bière foncée, assez forte pour une anglaise, n'est pas marquée par le houblonnage. Aussi n'est-elle pas classée en porter. Une bière intense qui ne laisse pas indifférent.
www.downtonbrewery.com

CHOCOLATE MARBLE (5,5 % vol.)
Brasserie Marble, Chorlton (Manchester)
Marble compte au nombre des brasseries à suivre, qui travaillent avec les bonnes techniques. C'est un ancien pub-brasserie qui a été agrandi. Cette bière, d'un noir léger, a la force d'un porter.
Tél. : +44 161 819 2694

Ci-dessus : couvre-chefs cocasses et ales en plein renouveau pendant le Grand Festival de la bière anglaise.

Une question se pose pourtant : la production brassicole s'étend aujourd'hui au monde entier et n'importe quel brasseur de n'importe quel pays peut élaborer des IPA, des porters ou des stouts impériaux ; dans ce contexte, quelle est donc la valeur ajoutée des brasseurs britanniques ? La nouvelle génération s'attachera-t-elle à revendiquer l'authenticité britannique et à renouveler le genre ? ou se contentera-t-elle d'imiter les producteurs nord-américains et scandinaves, qui réinterprètent si bien et avec tant d'inventivité les bières anglaises d'autrefois.

Ci-contre : dans l'esprit des consommateurs anglais, les ales pression, conservées en fût, sont forcément de bonnes bières. Dans ces conditions, les ales et lagers de meilleure qualité mais issues d'autres traditions brassicoles ont eu bien du mal à se faire une place au Royaume-Uni.

DARK STAR ORIGINAL (5 % VOL.)
Compagnie brassicole Dark Star, Partridge Green (Sussex de l'Ouest)
Personne ne serait surpris de voir naître dans cette microbrasserie novatrice et bien établie un porter aux notes de cacao. À ce jour, sa bière typique est une ambrée légère, dont le style penche vers le porter.
www.darkstarbrewing.co.uk

FRAÍCH HEATHER ALE (5 % vol.)
Compagnie brassicole William Bros, Alloa (Clackmannanshire)
Une ancienne recette gaélique consiste à laisser infuser des fleurs de bruyère dans un brassin d'orge maltée afin d'obtenir une ambrée limpide, d'un genre unique, qu'il faut apprendre à apprécier.
www.williamsbrosbrew.com

IMPERIAL BROWN STOUT (10,1 % vol.)
The Kernel, Southwark (Londres)
Cette nouvelle brasserie minuscule, sise dans la capitale, nourrit de grandes idées. Sa gamme d'IPA en bouteille ainsi que ce « quasi-stout », puissant, issu d'un vieux brassin Barclay Perkins en témoignent.
www.thekernelbrewery.com

ISLAND BERE (4,2 % vol.)
Brasserie Valhalla, Baltasound (Îles Shetland)
Une bière née dans la contrée la plus septentrionale du Royaume-Uni, issue de la bere locale [bere ou « orge carrée » à six rangs, une orge primitive plantée là par les Vikings]. C'est une ale douce et parfumée, d'une teinte ambrée à reflets orangés. Elle est unique en son genre.
www.valhallabrewery.co.uk

Les Britanniques ont un don indéniable pour extraire une large palette de saveurs à partir de peu d'ingrédients. Quelques brasseurs se lancent aujourd'hui dans des interprétations personnelles de styles qui n'avaient pourtant rien d'anglais au départ ; par exemple, des bières blanches, des ales épicées et de singulières ales blondes authentiques (même si aucune n'a encore atteint un niveau de qualité suffisant pour être mentionnée dans ce livre).

Parallèlement, les spécialités locales devraient garder leur place dans l'avenir, que ce soient les bières expérimentales ou bien les bières produites de longue date selon une même recette.

Certes, il est à craindre que les très nombreuses brasseries inondent de leurs productions un marché qui, pour être en pleine expansion au Royaume-Uni, n'en demeure pas moins instable. Mais, il est clair que les ventes de bières artisanales d'importation seront en hausse. Quoi qu'il arrive, les consommateurs seront vraisemblablement de plus en plus nombreux à bouder les bières industrielles du prêt-à-boire, au profit des bières artisanales de fabrication britannique.

Ci-contre : après décantation, la bière est transvasée dans un fût d'ale pure à la brasserie Dark Star de Horsham, dans le Sussex.

SÉLECTION DE BIÈRES

MARCUS AURELIUS (7,5 % vol.)
Brasserie Milton, Milton (Cambridgeshire)
Le stout romain impérial est l'une des quarante bières que produit cette brasserie imaginative, près de Cambridge. D'une robe foncée, il livre des arômes de fruits secs accompagnés d'une pointe de moka.
www.miltonbrewery.co.uk

O8 (8 % vol.)
Compagnie brassicole Otley, Pontypridd (Mid-Glamorcan)
Cette nouvelle brasserie galloise affiche son audace : voyez son logo. Sa bitter blonde puissante et aromatique représente parfaitement sa belle gamme de bières.
www.otleybrewing.co.uk

OLA DUBH (8-8,5 % vol.)
Harviestoun, Alva (Clackmannanshire)
Ici, l'ale opaque 6 % vol., ou « Black Oil », décante dans des fûts de whisky Highland Park. Il en résulte cette délicieuse bière, à l'accent gaélique.
www.harviestoun.com

ORKNEY DARK ISLAND RESERVE (10 % vol.)
Brasserie Orkney, Quoloo (Orkney)
Une ale noire d'une force extraordinaire, qui a fermentée en fût de whisky. Sa présentation sévère, dans une grande bouteille noire, ne doit pas vous intimider. Découvrez cet arôme de sirop cuit au charbon, si appréciable dans le grand Nord !
www.orkneybrewery.co.uk

En Grande-Bretagne, la bière devrait se diversifier plus encore qu'au cours de ces cent dernières années et gagner en intérêt. Si l'Irlande a encore des progrès à faire, certains signes sont encourageants.

Ci-contre : une fois entreposé au cellier du pub, le fût est mis en perce.

CONSEILS AUX VISITEURS

- Dans les pubs anglais et irlandais, on paye comptant au bar ses consommations.
- Renseignez-vous sur les meilleures bières irlandaises en cliquant sur www.beoir.org
- Ne vous attendez pas à boire de la bonne bière dans la plupart des hôtels et des restaurants (pas encore du moins !).
- À voir absolument : le centre brassicole national de Burton-on-Trent.
- À déguster absolument : les produits de l'auberge *Sun*, bien préservée, à Leintwardine (Herefordshire), et de l'auberge *Bridge*, à Topsham (Devon).

SPINGO MIDDLE (5,1 % vol.)
Auberge *Blue Anchor*, Helston (Cornouailles)
Une bonne bière fabriquée dans un minuscule pub-brasserie en granit. La brasserie est située à l'arrière d'un ancien gîte d'étape au toit de chaume, vieux de 500 ans, que des moines tenaient jadis.
www.spingoales.com

ST GILES (5 % vol.)
Brasserie Stewart, Loanhead (Midlothian)
Une microbrasserie située à la limite d'Édimbourg. Elle apporte ainsi une touche écossaise au brassage artisanal anglais. Ses ales sont remarquables, comme l'illustre cette bière foncée, acidulée, intensément caramélisée. Il y a là quelque chose de nordique…
www.stewardbrewing.co.uk

TWIN RAM (4,6 % vol.)
Brasserie du Cottage Penlon, Pencae (Ceredigion)
Cette ambrée 100 % malt vendue en bouteille est merveilleusement aromatisée par des fleurs entières de houblon. Elle est produite par une brasserie locale, dans une petite propriété nichée au cœur du pays de Galles.
www.penlon.biz

WANDLE (3,8 % vol.)
Brasserie Sambrook, Battersea (Londres)
Fondée par un ex-comptable qui rêvait de redonner vie à l'activité brassicole au cœur de Londres. Duncan Sambrook a lancé sa brasserie en 2008 avec cette bitter à la robe cuivrée et aux arômes de feuilles, qui laisse en bouche des flaveurs biscuitées de malt et d'épices rafraîchissantes.
www.sambrooksbrewery.co.uk

LA FRANCE

Dans les années 1960, le pays comptait une multitude de petites brasseries dans toutes les régions. Quinze ans plus tard, elles avaient toutes été absorbées, à l'exception de six entreprises qui ne tardèrent pas à passer, à leur tour, dans des mains étrangères.

LES MARQUES LES PLUS VENDUES DANS LE PAYS

33	(Heineken)
Desperados	(Heineken)
Fischer	(Heineken)
Kanterbräu	(Carlsberg)
Kronenbourg	(Carlsberg)
Pelforth	(Heineken)

Au tournant du millénaire, la brasserie française montrait peu de signes de reprise, si ce n'est en Bretagne ou le long de la frontière belge. Or, moins d'une décennie plus tard, la France assiste à une remontée spectaculaire de ses petites brasseries, des Alpes jusqu'aux Pyrénées et de La Manche jusqu'à la Méditerranée. En 2012, on en compte dans quatre-vingts départements ; elles étaient près de quatre cent cinquante au dernier recensement.

Certes, beaucoup de producteurs brassent moins de bière en une semaine que certains consommateurs n'en entreposent dans leurs placards ; en outre, les pubs-brasseries franchisés, avec une qualité d'offre faible, demeurent nombreux. Néanmoins, le potentiel existe bel et bien, et les talents ne demandent qu'à éclore. Parmi les pays européens, la France bénéficie des taux les plus bas d'imposition sur la bière. Reste à savoir si les nouveaux brasseurs soucieux de qualité seront en droit, le temps venu, de pratiquer des prix plus élevés grâce auxquels ils pourront poursuivre leur travail et leurs ambitions. Les producteurs de vin y sont parvenus et les consommateurs avertis savent lors de leurs achats, reconnaître ces efforts.

Les amateurs d'œnologie s'intéressent autant aux cépages, aux méthodes de culture de la vigne qu'aux modes d'élaboration et de vieillissement, et sont prêts à en accepter le prix. Pourquoi les producteurs de bière ne bénéficieraient-ils pas de la même bienveillance de la part des amateurs de cette boisson tout aussi ancienne ?

Ci-dessous : ambiance de pub au bar *Java*, à Saint-Malo.

France – densité brassicole
Autrefois, les zones de brassage se concentraient le long des frontières belge et allemande, entre les ports de Calais et de Dunkerque, et près de la ville de Strasbourg. L'explosion du brassage commercial à petite échelle à la suite des rationalisations opérées dans les années 1970 et 1980 a conduit à une meilleure répartition des nouveaux producteurs ; on trouve aujourd'hui des brasseries dans presque tous les départements de France.

Bières de garde

L'expression « bière de garde » se réfère a une bière de stockage. Autrefois, on conservait les premières bières de l'année pour les consommer au cours de l'été. Cette pratique a ensuite donné lieu au développement de la lager conservée au froid (*voir* p. 22), et les principes en sont les mêmes : laisser une bière vieillir sur dépôt à la brasserie avant sa distribution, la laisser reposer dans des foudres en chêne, à la façon des meilleurs vins, ou se développer en bouteille.

Ces bières ont un lien de parenté avec les « bières de saison » (*voir* p. 68-69) fabriquées dans les provinces méridionales de la Belgique – anciens départements français. Leur terre s'étend des Flandres françaises, entre Calais et Lille, jusqu'en Picardie, aux Ardennes et en Lorraine, une vaste bande limitrophe de la Belgique et de la Rhénanie.

Traditionnellement, les brasseurs produisaient des bières « blondes », « ambrées » ou « brunes », des types présents dans tous les pays francophones producteurs de bière, ainsi qu'en Amérique.

De nombreuses brasseries peuvent encore faire remonter leur origine au XIXe siècle, et au-delà, telles les brasseries La Choulette, Duyck, l'Abbaye du Cateau, Thellier, St Sylvestre pour ne pas citer le Nord-Pas-de-Calais.

La « 3 Monts » de la brasserie Saint-Sylvestre (*voir* ci-dessous) figure à la carte de nombreux bars et restaurants (les autres bières de sa

Ci-dessus : nulle différence de paysage entre les deux Flandres ; les bières sont aussi très semblables.

SÉLECTION DE BIÈRES

3 MONTS (8,5 % vol.)
Brasserie Saint-Sylvestre, Saint-Sylvestre Cappel (Nord-Pas-de-Calais)
Une blonde onctueuse au goût de miel et aux notes herbacées ; elle a besoin de vieillir en bouteille quelques mois.
www.brasserie-st-sylvestre.com

ANOSTEKÉ (8 % vol.)
Brasserie du Pays flamand, Blaringhem (Nord-Pas-de-Calais)
Cette bière issue de fermentation haute retient l'attention par une présence houblonnée impressionnante : une blonde bien française qui n'est pas un clone d'IPA.
www.bracine.com

JEANLAIN AMBRÉE (7,5 % vol.)
Brasserie Duyck, Jenlain (Nord-Pas-de-Calais)
La bière de garde française du Nord la plus largement commercialisée : un brassin non pasteurisé, au goût franc, riche de multiples facettes. Cette petite brasserie située près de Valenciennes est tenue par la même famille depuis quatre générations.
www.jenlain.fr

LA CHOULETTE BRUNE (7,5 % vol.)
Brasserie La Choulette, Hordain (Nord-Pas-de-Calais)
Un exemple de bière de garde du nord de la France. Une brune forte, aux soupçons de chocolat et de réglisse sur fond de caramel.
www.lachoulette.com

gamme n'y sont pas parvenues). Quant à La Choulette (*voir* ci-contre), on pourrait croire que sa production est importante : la réalité est cependant toute autre.

Parmi les nouveaux noms, Thiriez d'Esquelbecq (*voir* p. 132) a ses fidèles ; d'autres brasseries ne sont connues que dans la région Nord-Pas-de-Calais qu'il convient absolument de découvrir non seulement pour l'accueil chaleureux de ses habitants, mais aussi pour ses ales et ses pubs d'une fabuleuse authenticité.

Ci-dessus : chaîne d'embouteillage de la brasserie Jenlain (famille Duyck) : des bouteilles de 75 cl fermées par un bouchon de liège.

LA CUVÉE DES JONQUILLES (7 % vol.)
Brasserie Bailleux Café-Restaurant *Au Baron*, Gussignies (Nord-Pas-de-Calais)
La famille Bailleux produit une bière de saison appréciée depuis sa création et bien au-delà de la région, notamment dans les meilleures caves à bières de la capitale.
Tél. : +32 (0) 3 27 66 88 61
email : aubaron@wanadoo.fr

LA BAVAISIENNE AMBRÉE (7 % vol.)
Brasserie Theillier, Bavay (Nord-Pas-de-Calais)
Une des bières les plus représentatives des bières de garde françaises : ambrée simple et franche, riche en grains, fabriquée dans une minuscule brasserie familiale du XIXe siècle. Une bière pur malt élaborée avec une seule variété de houblon.
Tél. : +32 (0) 3 27 63 10 18

LA P'TITE SYLVIE (7 % vol.)
Microbrasserie « Le Paradis »
Blainville-sur-l'Eau (Lorraine)
Une blonde vedette, hautement houblonnée, produite par une jeune femme créative, propriétaire d'une toute petite brasserie au sud-est de Nancy.
La gamme de cette brasserie englobe également des bières de blé aromatiques et d'autres enrichies d'essence locale de bergamote.
www.brasserieleparadis.com

Bières de blé noir et autres spécialités locales

La singularité de la Bretagne se perçoit dans le paysage, dans la langue régionale, dans la musique, dans la gastronomie et… au long de ces dernières décennies, dans la création de bières uniques en leur genre.

La bière de blé noir est aussi bretonne que les cornemuses et les crêpes, mais quant à savoir si les brasseurs d'antan utilisaient du sarrasin, nul ne saurait le dire. Les brasseurs d'aujourd'hui ont créé un style au « classicisme moderne » entre la *Weizenbier* et le porter irlandais d'origine.

La résurgence de la Bretagne comme pôle du brassage artisanal est lié à l'usage de la pompe, ou tireuse, manuelle montée sur comptoir pour servir les blondes aux reflets roux de fabrication locale, conditionnées en fût. À l'avant-garde se trouvaient des brasseurs comme Lancelot (*voir* ci-contre, en bas) et Coreff de Carhaix (*voir* ci-dessous). Au dernier recensement, vingt producteurs s'y étaient ajoutés. Le spectre d'une récession a malheureusement incité à réduire les coûts. De ce fait, aucun des ces brasseurs ne s'est encore lancé dans l'exportation vers l'Angleterre ou l'Irlande du Sud.

Le brassage artisanal français affiche une vitalité plus que prometteuse : la palette de styles est large, allant des plus créatifs aux plus simples. Même si, à côté des épices, certains brasseurs ont encore recours à des sirops et à des additifs, d'autres travaillent selon les meilleures techniques : leurs productions laissent ainsi entrevoir une évolution qualitative certaine.

Vingt ans plus tôt, si l'on s'était interrogé sur les chances de survie d'une brasserie sur l'île méditerranéenne de Corse qui entendait maîtriser dans sa trempe l'inclusion de marrons, personne n'aurait pu prédire à la brasserie Pietra une telle croissance.

Dans une prochaine édition de cet ouvrage, de quel brasseur louerons-nous les efforts ? Nous n'en avons pas idée, mais le nombre de brasseries françaises garantit qu'elles seront nombreuses à mériter des lauriers.

CONSEILS AUX VISITEURS

- Les brasseries artisanales sont pour la plupart très petites et écoulent leur production localement seulement.
- Le prix des bières artisanales est plus élevé à Paris.
- À voir absolument : la ville de Cassel, implantée au sommet d'une colline à la pointe septentrionale de la France.
- À déguster absolument : l'ale bretonne tirée manuellement au *Ty Korn* de l'île d'Ushant (Ouessant), au large du Conquet.
- Pour rester au courant des dernières créations : www.brasseries-france.info
- Annuaire 2012 des brasseries artisanales par Robert Dutin

SÉLECTION DE BIÈRES

COREFF AMBRÉE (4,7 % vol.)
Brasserie Coreff, Carhaix (Bretagne)
Une ambrée authentique conditionnée en fût à tirage manuel. À chaque nouvelle apparition, elle amuse les Français et déconcerte les Anglais. Une bière « franglaise »…
www.coreff.com

L'AGRIVOISE LA COMMUN'ALE (5 % vol.)
Microbrasserie L'Agrivoise, St Agrève (Rhône-Alpes)
Cette blonde légère, houblonnée, est la bière la plus connue de cette brasserie ardéchoise aux performances constantes. Pourtant, le reste de sa production est encore de meilleure qualité.
www.lagrivoise.fr

LA BLONDE D'ESQUELBECQ (6,5 % vol.)
Brasserie Thiriez, Esquelbecq (Nord, Pas-de-Calais)
Daniel Thiriez a commercialisé sa première bière en 1996 : une blonde aux arômes légèrement épicés, même si elle ne contient aucune épice. Elle est fabriquée à partir de houblons de la région. Depuis lors, cette charmante brasserie fermière a donné naissance à sept autres ales. Elle propose aussi un joli bistro et plusieurs gîtes.
www.brasseriethiriez.com

MATTEN LA SCHWORTZ (5,8 % vol.)
Brasserie artisanale de Matzenheim, Matzenheim (Alsace)
Bien que la bière rousse fortement houblonnée semble faire la renommée de cette brasserie, ce stout corsé, franc, en dit long sur les compétences d'un brasseur promis à un bel avenir.
www.matten.fr

Ci-dessus : la culture celtique se manifeste dans les bars comme au *Ty Elise* à Plouye où cinq authentiques ales françaises sont servies.

Page suivante : si d'autres régions en France développent la bière artisanale, c'est dans les pubs-brasseries, comme celui-ci à Lille et d'autres situés en Alsace, que la culture du brassage français se perpétue.

METEOR PILS (5 % vol.)
Brasserie Météor, Hochfelden (Alsace)
Un rare exemple d'une pils commerciale dotée de caractère.
www.brasserie-meteor.fr

NUIT DE GOGUETTE (6 % vol.)
Brasserie des Garrigues, Sommières (Languedoc-Roussillon)
Une ale foncée stable, accomplie, produite par une nouvelle brasserie du Sud-Ouest qui cherche à innover.
www.brasseriedesgarrigues.fr

ODO (6,6 % vol.)
Le-Brewery, Joue-du-Bois (Basse-Normandie)
Fondée en 2001 dans l'Orne, cette minuscule brasserie produit des bières de style anglais. Son « milk stout », noir, doux et enveloppant, est son brassin le plus insolite.
www.le-brewery.com

TELENN DU (4,5 % vol.)
Brasserie Lancelot, Le Roc-Saint-André (Bretagne)
L'une des premières bières de blé noir. Une belle rondeur en bouche, des flaveurs torréfiées de stout. À déguster absolument.
www.brasserie-lancelot.com

25 cl
Cocktails de Bière
3,90 €
Le Habanna : Bière blanche, Rhum blanc
Sirop de banane.
Le Boucanier : Bière ambrée, Rhum brun
Sirop de Canne.

Tonnelet 5l
Blonde
Ambrée
Blanche
14,00€
15,00€
15,00€
Bière Bouteille
Blonde
Ambrée
Blanche
3,20€
3,90€
3,90€
Tripack (3 Bouteilles
10,80€
Bipack (2 Bouteilles
8,60€
3
Flammekueches
Emportées
1
Bouteille de Bière
OFFERTE
TIRAGE

LES PAYS-BAS

Les Pays-Bas doivent leur richesse à la conquête des mers et au commerce. Le Nord était marqué par le protestantisme : toute boisson alcoolisée y était décriée et c'était faiblesse que de s'en abreuver. Au sud, les catholiques, majoritaires, faisaient du vin et de la bière des symboles. Les provinces occidentales du nord et du sud de la Hollande, ainsi que leurs cités portuaires respectives – Amsterdam et Rotterdam –, adoptèrent le point de vue du marin.

LES MARQUES LES PLUS VENDUES DANS LE PAYS

Amstel	(Heineken)
Bavaria	(National)
Dommelsch	(Anheuser-Busch InBev)
Grolsch	(SABMiller)
Oranjeboom	(Anheuser-Busch InBev)
Wieckse	(Heineken)

Grâce aux nombreuses annales conservées aux Pays-Bas, le commerce de la bière dans les siècles passés y est mieux connu que dans tout autre pays. Ainsi, au XVe siècle, les bières fabriquées à Louvain et à Brême étaient-elles expédiées en grandes quantités par voie maritime depuis les ports de Hollande. En revanche, il existe moins de documents concernant le brassage et les habitudes de consommation ; les brunes avaient vraisemblablement la préférence, de même que les brassins fabriqués à l'automne, au Nouvel An et probablement au printemps. On connaît mieux l'influence qu'exerça la Hollande sur le brassage pratiqué dans les pays voisins au profit d'une bière brillante et simple. C'est aux Pays-Bas que fut développé le « projet

Ci-dessous : la Brouwerij 't IJ, qui se dresse au bord du fleuve à Amsterdam, est l'une des quatre brasseries de la ville. Elle est reconnaissable à son moulin à vent. La salle de dégustation est l'un des lieux de rassemblement préférés des habitants après le travail.

L'HÉRITAGE HEINEKEN

Un homme, et un seul, a fait la fortune du brassage aux Pays-Bas : Alfred « Freddie » Heineken (1923-2002), l'homme qui déclara : « En fin de compte, la vie n'est que publicité. » La petite brasserie familiale Heineken avait remporté des prix internationaux à la fin du XIXe siècle, mais elle connut des heures difficiles pendant l'entre-deux-guerres et sortit du giron familial, au grand désespoir de Freddie Heineken.

Après un séjour aux États-Unis à la fin des années 1940, Freddie Heineken se passionna pour la publicité et se résolut à l'utiliser afin de promouvoir la future marque Heineken. Même lorsque la société eut atteint des dimensions colossales, dépassant toute attente, il continua à superviser dans les moindres détails ses campagnes publicitaires et la création graphique des logos de la marque. Il fut, en outre, l'architecte du succès financier de l'entreprise. On se souvient encore de sa détention par des preneurs d'otage trois semaines durant, en 1983.

Skol » visant à créer une nouvelle marque de bière paneuropéenne – le succès ne fut pourtant pas au rendez-vous. C'est aussi aux Pays-Bas que naquit le premier (et sans doute le meilleur) businessman du monde de la bière : Freddie Heineken (*voir* encadré page précédente).

En 1970, le brassage de négoce à petite échelle avait pour ainsi dire disparu aux Pays-Bas, et les rares brasseurs indépendants se contentaient d'imiter les bières des grands producteurs. Même la brasserie de l'abbaye trappiste De Koningshoeven, près de Tilburg (*voir* p. 139), misait principalement sur sa lager blonde, l'Abdij Pilser. Le renouveau de la bière hollandaise débuta vers 1975, quand des bistros indépendants se mirent à vendre des bières en bouteille, pour la plupart importées de Belgique. En 1980, l'association de consommateurs PINT fut créée. L'intérêt grandit alors pour la bière « de saison » de style traditionnel : la lager foncée de l'automne, appelée *bok*, demeure à ce jour la seule bière de ce type commercialisée au Festival national de la bière qui se tient en octobre. Pour nombre de Hollandais, la « vraie » bière est une blonde mousseuse qui se sert selon un rituel bien établi et qui est fabriquée par l'une des deux multinationales d'origine hollandaise. Quant aux consommateurs plus exigeants, ils ont encore tendance à boire « belge ».

Ci-contre : l'ombre du colosse Heineken domine les Pays-Bas, mais des brasseries plus modestes progressent.

Les anciens brasseurs régionaux qui ont survécu à l'ère de l'uniformisation – Budel, Gulpener (*voir* p. 138-139), Alfa et Lindeboom – se trouvent à la frontière belge, dans le Brabant du Nord et dans le Limbourg.

Dans les années 1980, de nouvelles microbrasseries ont vu le jour qui refusèrent de reproduire les styles traditionnels des grandes entreprises. Elles ignoraient tout du cahier des charges à mettre en œuvre pour à une production de qualité. Certains propriétaires peu scrupuleux tentaient même de faire des économies de coûts au détriment des conditions sanitaires (contaminations par les levures et autres altérations se produisirent).

Au cours de ces dernières années, une nouvelle vague de brasseurs artisanaux est apparue : ceux-là ont l'esprit d'entreprise, maîtrisent les techniques et sont prêts à s'affranchir des diktats. L'un d'eux, De Molen à Bodegraven (*voir* p. 138) près de Gouda, au sud d'Amsterdam, s'est en outre remarquablement intéressé à l'art de l'habillage des bouteilles. Le brassage artisanal hollandais doit encore beaucoup progresser pour rattraper les autres pays de l'Europe du Nord, mais le vaisseau a maintenant quitté le port…

Bok et meibok

La *Bokbier* hollandaise serait un prolongement de la *Bockbier* allemande (*voir* p. 92-93). Les brasseurs hollandais ont appris sa fabrication auprès de leurs confrères allemands à la fin du XIXe siècle. Il s'agit d'utiliser le malt restant de l'année précédente, peu après les récoltes (*herfst*), pour brasser une bière extra-forte qui sera consommée à l'automne.

Dans la première semaine d'octobre, les brasseurs hollandais lancent une « bière de saison » foncée, qui est commercialisée pendant les deux ou trois semaines suivantes. Autrefois, ces saisonnières étaient toutes des lagers foncées titrant 6,5 % vol., douces et caramélisées, soutenues par un certain houblonnage. La plupart d'entre elles sont maintenant des ales : leur robe se décline de l'ambre foncé au noir soutenu, et le titre alcoométrique est sensiblement plus élevé. Deux ou trois ales contiennent du blé ou sont fumées. La *Mei-* (« mai ») ou *Lente-* (« printemps ») *bok* est plus récente.
La douceur miellée de ces ales et de ces lagers ambrées, généralement légères, s'apparente à la *Maibock* allemande (*voir* p. 92). Elles sont produites au cours de la première semaine d'avril. Leur production est aujourd'hui en baisse. Enfin, à la tradition de la mise en perce du *nieuwjaarsbier* (« la bière du Nouvel An ») a succédé celle des « bières d'hiver » apparaissant fin novembre.

Ci-contre : Jong & Onbedorven (littéralement « jeune et bien préservé »), la *meibok* de De Molen a de fervents amateurs.

Page suivante : la PINT, association de consommateurs de bière hollandaise, organise plusieurs festivals, dont le Meibokfestival (photo), qui se déroule au printemps, et le Bokbierfestival, en automne.

SÉLECTION DE BIÈRES

BUDELS HERFSTBOK (6,5 % vol.)
Budelse Brouwerij BV, Budel
(Brabant du Nord)
Cette *bok* automnale d'une vieille brasserie familiale est de style classique. Bière de fermentation basse (*voir* p. 20), elle bénéficie d'un malt *Münchener* (munichois) qui lui donne sa couleur foncée et ses arômes de caramel.
www.budels.nl

SINT CHRISTOFFEL BIER (6 % vol.)
Sint Christoffel Bier, BV, Roermond
(Limbourg)
Une lager blonde de caractère, non filtrée et non pasteurisée, fermentée en cuve ouverte avant la garde à basse température (*voir* p. 22). Bien charpentée, elle développe une agréable amertume en finale. La meilleure lager hollandaise.
www.christoffelbier.nl

DE HEMEL GODELIEF (5 % vol.)
Stadsbrouwerij De Hemel, Nijmegen
(Gelderland)
Un bon exemple de bière blonde franche et nature. Légèrement douce, un brin épicée, elle a la préférence des consommateurs hollandais. On la trouve essentiellement dans le magnifique hôtel-restaurant-brasserie où elle est fabriquée.
www.brouwerijdehemel.nl

DE MOLEN HEL & VERDOEMENIS (11,9 % vol.)
Brouwerij de Molen, Bodegraven
(nord de la Hollande)
Un stout russe impérial, l'une des meilleures bières recensées dans cet ouvrage, créée par un maître-brasseur.
www.brouwerijdemolen.nl

DE PRAEL JOHNNY (5,7 % vol.)
Stichting Brouwerij de Prael, Amsterdam
(nord de la Hollande)
Ce centre d'aide par le travail, proche du quartier Rouge d'Amsterdam, propose une gamme de bières artisanales de qualité. Voici une ale de la couleur d'une pils, typiquement hollandaise.
www.deprael.nl

EMELISSE RAUCHBIER (6,2 % vol.)
Bierbrouwerij Emelisse, Kamperland
(Zeeland)
Ces nouveaux brasseurs maîtrisent sans conteste la technique. Pour preuve : leur production de qualité. Voici une ale ambre foncé, dont le caractère fumé s'affirme davantage en bouche qu'au nez.
www.emelisse.nl

GULPENER LENTE BOCK (6,5 % vol.)
Gulpener Bierbrouwerij, Gulpen (Limbourg)
Parmi les brasseries hollandaises indépendantes établies de longue date, celle-ci est sans doute la plus encline à expérimenter. Cette bok de printemps non pasteurisée en témoigne : teinte ambre doré, notes herbacées, bouche miellée.
www.gulpener.nl

JOPEN EXTRA STOUT (5,5 % vol.)
Jopen BV, Haarlem (nord de la Hollande)
Ce stout amer est brassé dans une ancienne église. Comparable à un stout irlandais, il développe cependant des notes de chocolat amer en bouche et une nuance finale de café très originales.
www.jopen.nl

KLEIN DUIMPJE HILLEGOMS TARWE BIER (5,5 % vol.)
Huisbrouwerij Klein Duimpje, Hillegom (sud de la Hollande)
Le « Petit Pouce » est l'une des brasseries hollandaises les plus fiables. Elle produit une trentaine de bières par an, dont cette bière de blé légère et épicée.
www.kleinduimpje.nl

LA TRAPPE QUADRUPEL (10 % vol.)
Brouwerij De Koningshoeven
Berkel-Enschot (Brabant du Nord)
La seule brasserie trappiste qui se trouve hors de Belgique. C'est ici que le terme « quadruple » a été inventé en 1991 pour décrire un nouveau brassin d'hiver, à la fois fort et doux. Cette bière a gagné ses lettres de noblesse : elle doit sa complexité à son vieillissement dans de vieux tonneaux de porto et dans des fûts de chêne neufs.
www.latrappe.nl

Autres bières hollandaises

L'unique brasserie trappiste du pays (*voir* p. 139) est exploitée par Bavaria, une famille de brasseurs indépendants ; elle produit par ailleurs des bières en canette vendues dans les grandes surfaces. Dans la brasserie abbatiale, des ales de qualité, puissantes et originales sont fabriquées.

Beaucoup de microbrasseries ont mis vingt ans, parfois trente pour étendre leur gamme ; Sint Christoffel Bier, de Roermond (*voir* p. 138), en est un bon exemple. De nos jours, les microbrasseries dans leur première année d'activité se contentent souvent de fabriquer une douzaine de bières à peine. Aussi n'est-il pas si aisé de déguster des bières artisanales de qualité en Hollande. Bien souvent, des étiquettes au style campagnard qui revendiquent une authenticité ne mentionnent pas l'emploi d'ingrédients bon marché ou le recours à des techniques aléatoires.

Nous avons sélectionné les brasseurs ci-dessous pour la constance de leur production. Nous vous recommandons de suivre l'évolution de la brasserie De Molen, tenue par Menno Olivier (*voir* p. 138), et celle du restaurant qui lui est associé, car l'inventivité y est grande.

Ci-dessus : abbaye de Koningshoeven, près de Tilburg.

CONSEILS AUX VISITEURS

- Les bières artisanales hollandaises sont surtout proposées dans les échoppes spécialisées et dans quelques cafés.
- Suivez l'actualité de la bière hollandaise sur le site www.cambrinus.nl
- Dans les bars, on jette par terre sans hésiter les gousses de cacahuètes.
- À voir absolument : un petit café (*kroeg*) traditionnellement enfumé.
- À déguster absolument : les bières de toutes les brasseries hollandaises de 't Arendsnest, à Amsterdam (90 Herengracht).

Page suivante : La Trappe offre les seules bières trappistes brassées hors de Belgique.

SÉLECTION DE BIÈRES

MOMMERIETE BLOND (6 % vol.)
Mommeriete, Gramsbergen (Overijsssel)
C'est un couple qui brasse des bières de classe mondiale dans le nord de la Hollande. Sa blonde ale campagnarde et gourmande possède une base maltée robuste. Elle offre des notes de levure et des arômes de houblon.
www.mommeriete.nl

VAN VOLLENHOVEN'S EXTRA STOUT (7 % vol.)
De Schans, Uithoorn (nord de la Hollande)
Cette minuscule brasserie, située près de l'aéroport d'Amsterdam-Schiphol, produit une vaste gamme de bières, dont la plus remarquable est cette nouvelle création de *kopstout*, ou « stout capiteux », que fabriquait jadis Heineken.
www.schansbier.nl

La Trappe

LA SCANDINAVIE ET LA BALTIQUE

En Scandinavie, la bière est en plein renouveau. Les pays situés entre la mer Baltique et l'extrême nord de l'Europe se sont pris de passion pour la bière artisanale.

Les brasseurs scandinaves n'ont pas autant souffert de la guerre de 1914-1918 que leurs homologues du reste de l'Europe, même si l'on pâtit comme ailleurs d'une pénurie de matières premières. La crise de la bière en Scandinavie est liée aux convictions religieuses, d'une part, et à la politique de santé publique d'autre part, qui a été menée pendant près d'un siècle et qui est encore en vigueur aujourd'hui. Les méfaits de l'alcool sont un sujet de société dont s'emparent les politiciens à chaque élection. La Norvège et l'Islande sont même allées jusqu'à pénaliser le commerce de l'alcool. Plus modérés, les Danois ont mis en place des contrôles stricts sur sa production, sur son importation et sur sa vente. Les gouvernements ont ainsi tenté de résoudre le problème de l'alcoolisme et ils ont aussi renforcé leurs trésoreries grâce à des taxes exorbitantes, au caractère répressif. Selon son titre alcoométrique, la bière était taxée plus encore que le vin. On considérait, en effet, que les buveurs de bière devaient être protégés de leur addiction. De plus, alors que les viticulteurs européens constituaient un puissant groupe d'influence politique, les fabricants de bière scandinaves se livraient à de vaines querelles intestines.

Étrangement, ce furent ces lourds impôts qui favorisèrent la production de bières plus puissantes. De nouveaux brasseurs artisanaux eurent ce jugement éclairé : les consommateurs de bière étant astreints à des taxes excessives, ils seront peut-être enclins à payer encore un peu plus pour goûter l'excellence. Les premiers signes du renouveau de la bière scandinave sont apparus à la fin du XXe siècle. Le Danemark remporte le succès le plus éclatant, même si la Suède, la Norvège, la Finlande et l'Islande (*voir* encadré p. 144) ont accompli de remarquables progrès dans un contexte défavorable.

On aurait tort, bien sûr, de croire que la compagnie brassicole Carlsberg, installée à Copenhague, fut l'intigatrice de la révolution de la bière artisanale dans la région. Néanmoins, elle n'y a opposé qu'une molle résistance. Dans certains cas, elle a même fourni aux aspirants brasseurs un soutien technique et n'a pas hésité à les former. Ses raisons ne relevaient pas totalement de

CONSEILS AUX VISITEURS

- Tous les pubs de Suède servent des repas chauds.
- Au Danemark, les taxes sur l'alcool sont certes plus faibles qu'en Scandinavie, mais elles demeurent plus élevées que partout ailleurs en Europe.
- Naviguez entre brasseries et bars en Suède grâce au site www.svenskaolframjandet.se
- Si vous semblez quelque peu « somnolant » dans un pub norvégien, le personnel aura interdiction de vous servir de la bière…

Ci-dessus : dans les lointaines îles Féroé, entre l'Islande et les Shetlands, une brasserie familiale est établie de longue date. Un producteur artisanal s'y est également installé plus récemment.

Brasseries traditionnelles et artisanales en Scandinavie et dans les pays baltes

Cette carte localise l'ensemble des petites brasseries indépendantes en activité en 2011, ainsi que quelques-uns des meilleurs pubs-brasseries. Nous n'avons pas mentionné les brasseries qui proposent uniquement des brassins faiblement alcoolisés, comme le *svagdricka* ou le *kvass*, les producteurs occasionnels de *sahti* ou encore les brasseries industrielles qui produisent peu de bières de qualité artisanale.

la philanthropie ou de l'esprit de camaraderie. Carlsberg savait que d'autres brasseurs dans le monde, forts de leurs ressources économiques considérables, cherchaient à se partager leurs marchés nationaux pour y exporter largement leurs nouvelles productions. Les décideurs de Carlsberg optèrent donc pour le moindre mal : tolérer l'émergence de petits producteurs locaux innovants, capables de contrecarrer les plans de leurs concurrents internationaux. Quelques bières intéressantes sont même sorties des brasseries de Carlsberg ; le groupe a commercialisé les produits d'une microbrasserie (Jacobsen – *voir* p. 146) dans son fief de Copenhague et il produit divers porters de qualité dans les pays de la Baltique.

Porters et stouts sont préférés dans cette partie du monde depuis deux cent cinquante ans. Plus ancien encore est le *sahti*, un brassin aromatisé au genièvre que l'on peut déguster en Finlande et dans certaines régions de l'Estonie (*voir* p. 152). Les États de la Baltique (l'Estonie, la Lettonie et la Lituanie) ont connu soixante-dix ans de communisme. Ces pays possédaient une longue tradition du brassage, mais celle-ci s'était perdue, ou réfugiée dans la clandestinité durant l'ère soviétique.

Aujourd'hui, trois cents brasseries se répartissent en Scandinavie et dans la Baltique. Elles sont nouvelles, dans leur vaste majorité, mais nombre d'entre elles produisent déjà des bières de bonne facture, certaines comptant parmi les meilleures au monde. Les petits brasseurs de la région sont donc prêts à tirer avantage de l'intérêt croissant pour la bonne bière sur les marchés occidentaux. À l'heure venue, ils sauront aussi répondre à la demande de leur grande voisine : la Russie.

LA FÊTE ANNUELLE DE LA BIÈRE EN ISLANDE

Quand, à Reykjavík, Ronald Reagan rencontra Mikhaïl Gorbatchev en 1986 pour parler du désarmement nucléaire, ils ne purent pas boire de la bière, et pour cause : ils auraient été dans l'illégalité. Est-ce pour cette raison qu'aucun accord ne fut trouvé ? Une loi approuvée par référendum, qui prit effet en 1915, prohiba tout alcool en Islande. Le vin réapparut en 1921, après le boycott par l'Espagne du poisson islandais ; en 1935, le rétablissement des spiritueux fut décidé, à la faveur d'un nouveau référendum. La bière titrant plus de 2,25 % vol. resta néanmoins illégale jusqu'au 1er mars 1989.

Consommer de la bière en Islande coûte cher. Toutefois, de nouvelles brasseries se sont développées depuis plus de vingt ans. On célèbre chaque année encore la « libération de la bière », le jour de sa légalisation ; à cette occasion, les pubs restent ouverts jusqu'à quatre heures du matin.

NOUVELLES BIÈRES ISLANDAISES

ISLENSKUR ÚRVALS STOUT (5,8 % vol.)
Viking Ölgerd, Akureyri
Cette bière noire est fabriquée dans une brasserie située à cinq heures de route de sa voisine la plus proche, dans la deuxième ville d'Islande, un port de la côte nord épargné par les glaces.
www.vifilfell.is

KALDI DÖKKUR (5 % vol.)
Bruggsmidjan ehf, Dalvík Árskógssandur
Cette microbrasserie créée en 2005 a fait appel à un maître-brasseur tchèque pour élaborer ses deux lagers. Celle-ci, de teinte foncée, est la plus puissante des deux.
www.bruggsmidjan.is

LAVA (9,4 % vol.)
Ölvisholt Brugghús, Selfoss
La plus belle production islandaise : cet étonnant stout impérial fumé a rencontré un large succès dans le monde. Il vous fera grande impression, tant il a la puissance d'une éruption volcanique.
www.brugghus.is

Le Danemark

En 1995, nous avions bien préparé notre voyage à Copenhague, ce qui nous avait permis de goûter deux ales issues d'une toute nouvelle microbrasserie en centre-ville, ainsi que deux ou trois porters d'intérêt proposés par d'autres producteurs. Rien de plus. Nous aventurer hors de la capitale nous aurait donner l'occasion de faire encore d'heureuses découvertes.

Depuis moins de vingt ans, on recense au Danemark plus de cent brasseries. Celles-ci s'inspirent des meilleurs produits américains de la nouvelle vague, des styles allemands classiques comme des styles anglais plus anciens, sans oublier les bières belges. Elles créent ainsi d'innombrables bières, des plus simples aux plus novatrices, susceptibles de séduire les amateurs les plus blasés du monde.

Il n'existe pas un type précis de brasserie danoise artisanale. Certaines étaient à l'origine des pubs-brasseries, d'autres ont été fondées par d'enthousiastes brasseurs locaux ; quelques-unes sont nées de plans de marketing ambitieux lancés par des brasseurs diplômés. D'autres encore sont des petits bijoux d'inventivité.

L'entreprise brassicole « nouvelle vague » la plus reconnue au niveau national, la Mikkeller (*voir* p. 147), ne possède même pas de brasserie de taille commerciale. Son propriétaire, Mikkel Borg Bjergsø, a fait tant d'émules dans son pays comme à l'étranger, qu'il œuvre tout simplement dans leurs locaux.

Comme partout, les plus florissantes de ces nouvelles entreprises conjuguent l'excellence technique, l'originalité et un sens certain des affaires. Beaucoup vendent non seulement dans leur région mais aussi à l'étranger, et partent à la conquête de l'Amérique du Nord.

De nombreux cafés spécialisés dans la bonne bière se sont ouverts à Copenhague, mais ils servent surtout des bières belges ou américaines. Pourtant, la part des petites brasseries sur le marché danois a augmenté de 4 % en une dizaine d'années. Les producteurs de la nouvelle vague doivent leur réputation à leur audace sur un marché par ailleurs très conservateur.

De nouveaux brasseurs se spécialisent dans des bières avant-gardistes, d'autres cherchent à raviver les traditions, mais tous produisent au moins une blonde houblonnée, plus quelques porters ou stouts. Le brassage artisanal au Danemark paraît à la fois omniprésent et disparate. Pour peu que l'on sache où chercher, on trouvera des bières foncées allant d'une

Les brasseries artisanales du Danemark

Le Danemark est l'un des pays européens où s'est développée la bière artisanale. Ses brasseries modestes ont ouvert la voie de la nouveauté dans le nord de l'Europe. Les brasseries industrielles ne figurent pas sur cette carte.

douceur caramélisée à une austère amertume et affichant un titre alcoométrique de 2 à 13 % vol. Les styles sont tout aussi variés, depuis celui d'une irlandaise légère jusqu'à la lager blonde baltique ou la russe impériale. Certaines bières sont enrichies de café moulu, de poudre de cacao, d'extrait de noix de coco ou de vanille, voire de piment.

Jusqu'où iront ces nouveaux brasseurs ? Ils ne le savent pas eux-mêmes. Une chose est sûre : le brassage artisanal au Danemark a un bel avenir.

LES MARQUES LES PLUS VENDUES DANS LE PAYS

Albani	(National)
Ceres	(National)
Faxe	(National)
Tuborg	(Carlsberg)
Wiibroe	(Carlsberg)

Ci-dessus : autrefois connue pour les lagers blondes, Copenhague est devenue l'une des meilleures destinations pour l'amateur de bière, grâce à ses brasseries, à ses pubs, à ses bars spécialisés et à une offre de styles très large.

SÉLECTION DE BIÈRES

BLACK MAGIC WOMAN (9,9 % vol.)
Hornbeer, Kirke Hyllinge (Sjælland)
Une brasserie inventive. Cet immense stout fabriqué à partir de malts chauffés à la tourbe ou au bois s'inscrit dans une extraordinaire gamme de bières.
www.hornbeer.dk

BØGEDAL (5,5 À 7,3 % vol.)
Bøgedal Bryghus, Vejle (Syddanmark)
Unique en son genre, ce producteur de *godtøl* (ales scandinaves anciennes, vieillies en fût de chêne) est un fervent défenseur du bois et de la pression. Ses bières originales ne se distinguent que par un numéro de lot.
www.boegedal.com

DET LILLE BRYGGERI INDIAN PALE ALE (7,5 % vol.)
Det Lille Bryggeri, Ringsted (Sjælland)
Une ale légère, caractéristique des IPA. Un style américain commun aux brasseries danoises d'aujourd'hui.
www.detlillebryggeri.dk

FYNSK FORÅR (4,8 % vol.)
Ørbæk Bryggeri, Ørbæk (Nyborg)
Cette bière de blé bio au moût enrichi d'épeautre et d'avoine est toute printanière. Elle bénéficie de l'ajout de fleurs de sureau, qui lui confèrent des nuances acidulées. En finale, des notes de houblons se manifestent, renforçant le caractère campagnard.
www.oerbaek-bryggeri.nu

INFANTØL (2,8 % vol.)
Beer Here, Køge (Sjælland)
Une version moderne de *Malzbier* (bière caramélisée) qui en dit long sur les talents de ses créateurs. Les autres bières de la maison sont à l'avenant.
www.beerhere.dk

ISTEDGADE HIPSTER ALE (5,5 % vol.)
Evil Twin Brewing, Copenhague
Jeppe, frère jumeau de Mikkel Bjergsø (*voir* p. 145), produit sa propre gamme de bières, parmi lesquelles cette séduisante blonde américaine.
www.facebook.com/EvilTwinBrewing

JACOBSEN EXTRA (5,5 % vol.)
Huisbryggeriet Jacobsen, Copenhague
La brasserie expérimentale de Carlsberg a été inaugurée en 2005 ; dans sa large gamme de bières, on retiendra cette pils de bonne facture, à base de malt 100 % bio et de variétés de houblons nobles allemands.
www.jacobsenbryg.dk

LIMFJORDS PORTER (7,9 % vol.)
Thisted Bryghus, Thisted (Nordjylland)
Cette brasserie établie de longue date propose une nouvelle version du légendaire double stout foncé d'Aalborg, à base de seigle et de réglisse anglaise.
www.thisted-bryghus.dk

MIDTFYNS ALE (6,5 % vol.)
Mitdfyns Bryghus, Broby (Syddanmark)
Fondée en 2004, cette brasserie artisanale de taille moyenne, fabrique des stouts et des bières de blé harmonieuses, ainsi que deux « bitters spéciales » : celle-ci et la Gunners, plus puissante.
www.midtfyns-bryghus.dk

MIKKELLER BEER GEEK BREAKFAST
(7,5 % vol. et plus)
Mikkeller, Copenhague
Au nombre des deux cents bières créées par Mikkeller depuis 2007 figure cette bière à la vivacité rustique : couleur noire opaque, palette aromatique légèrement fumée. Voici un stout chocolat enrichi d'avoine et de grains de café grand cru.
www.mikkeller.dk

NØRREBRO PACIFIC SUMMER ALE
(5,6 % vol.)
Nørrebro Bryghus, Copenhague
Le premier pub-brasserie de la capitale fabriquait déjà cette blonde issue de houblons de Nouvelle-Zélande avant qu'elle ne soit à la mode ; celle-ci offre un agréable goût acidulé.
www.noerrebrobryghus.dk

OKKARA PORTARI (5,8 % vol.)
Okkara, Velbastaður (Îles Féroé)
Les îles Féroé de l'Atlantique Nord constituent une province autonome du Danemark, berceau de deux brasseries indépendantes qui produisent une dizaine de bières agréables, dont cet excellent porter à la réglisse.
www.okkara.fo

RAASTED TRIPPEL NELSON
(10,8 % vol.)
Raasted Bryghus, Randers (Midtjylland)
De grands chefs lui reconnaissent un intérêt gastronomique. Cette tripel, d'une force presque excessive, est aromatisée au Nelson Sauvin de Nouvelle-Zélande. Une classe indéniable !
www.raasted-bryghus.dk

SORT HVEDE (6,5 % vol.)
Indslev Bryggeri, Åby (Syddanmark)
Cette ancienne brasserie qui connaît une renaissance, n'utilise pas d'orge dans l'élaboration de ses bières. Ainsi, c'est du seigle malté qui a été ajouté à de la bière de blé et à de la farine d'avoine pour créer ce stout noir, aux notes fumées. Une bock à l'épeautre est aussi proposée.
www.indslevbryggeri.dk

SUNDBY STOUT (6,2 % vol.)
Amager Bryghus, Kastrup (Hovedstaden)
Ces formidables producteurs de bières très diverses parviennent à l'excellence avec ce stout de force moyenne, riche de réglisse, de chocolat et de café. Un délicat houblonnage floral se développe tout au long de la dégustation.
www.amagerbryghus.dk

SVANEKE MØRK GULD (5,7 % vol.)
Svaneke Bryghus, Svaneke, Bornholm (Hovedstaden)
L'une des premières microbrasseries (établie en 2000) et l'une des meilleures, implantée sur l'île orientale de Bornholm, fabrique maintenant des pils à base d'une seule variété de houblon. Elle offre aussi de nombreuses bières singulières comme cette lager ambrée de bonne facture.
www.svanekebryghus.dk

La Norvège

L'ancien code de Gulating stipulait que tout fermier norvégien ne brassant pas d'ale (*øl*) serait pénalisé. Les amoureux de la bière en Norvège pourraient bien exiger qu'il soit remis en vigueur…

LES MARQUES LES PLUS VENDUES DANS LE PAYS

Ringnes	(Carlsberg)
Hansa	(Heineken)
Borg	(Heineken)
Munkholm	(Carlsberg)
Lysholmer	(Carlsberg)

Au XIXe siècle déjà, l'alcoolisme et les violences conjugales étaient condamnés au sein de l'Église luthérienne de Norvège. En 1921, le commerce de l'alcool fut purement et simplement interdit. Cependant, les Français réagirent vivement, car ils voyaient là la perte d'un marché important pour leurs vins : ils boycottèrent alors le poisson norvégien. Un compromis fut trouvé, et c'est ainsi que fut créé un réseau, placé sous le contrôle de l'État, réunissant producteurs d'alcool, importateurs et détaillants, que l'on nomma *Vinmonopolet* (ou « Monopole du vin »). Quatre-vingt-dix ans plus tard, le monopole est restreint aux ventes de vins à emporter, de spiritueux et de bières fortes (titrant plus de 4,5 % vol.), tandis qu'une chaîne de détaillants vend les produits surtaxés.

Le marché est dominé par Ringnes (filiale de Carlsberg) et Hansa Borg (Heineken) ; seules deux brasseries indépendantes, bien établies par ailleurs, Aass et Mack (*voir* ci-dessous et ci-contre), ont survécu au XXe siècle. La production est caractérisée par les bières blondes lagers et les bières légères peu taxées (*lettøl*), et complétée par quelques lagers plus foncées. La *bayer* ambre foncé est à base de malt Munich, la bock foncée automnale s'inscrit davantage dans le style hollandais qu'allemand, et la *juleøl* est de tradition à Noël.

En 2002 apparut la *Nøgne Ø* (« Île nue ») avec pour slogan, *Det Kompromissløse Bryggeri* : la « Brasserie sans concession » (*voir* ci-contre).

Ci-dessus : la brasserie Grimstad de Nøgne Ø occupe une ancienne usine hydroélectrique.

Cette brasserie porte le nom que donna le dramaturge Henrik Ibsen à un affleurement battu par les vents au large de la côte sud de la Norvège. Ses bières audacieuses ont immédiatement fait forte impression, et leur prix tout aussi impressionnants prouvent dans les bars d'Oslo qu'il y a bel et bien un marché pour les produits d'excellence. Elles attirèrent bientôt l'intérêt d'importateurs étrangers, tant et si bien que leur commerce se développa. D'autres brasseurs artisanaux norvégiens suivirent cette voie et se forgèrent une réputation digne de leurs illustres ancêtres vikings.

Page suivante : cuves de fermentation à Nøgne Ø. La brasserie de la Norvège du Sud est à l'avant-garde du brassage artisanal, mouvement qui prend de l'ampleur dans le pays.

SÉLECTION DE BIÈRES

AASS BOCK (6,5 % vol.)
Aass, Drammen (Buskerud)
Considérée comme l'un des meilleurs bocks norvégiens, cette bière intense aux grains entiers, de teinte foncée, offre des nuances caramélisées. Elle a plus de traits communs avec les bières des Pays-Bas qu'avec celles de l'Allemagne.
www.aass.no

ÆGIR INDIA PALE ALE (6,5 % vol.)
Ægir Bryggeri, Flåm (Sogn og Fjordane)
La tête de ligne Flåm, située sur le bief supérieur d'Aurlandsfjord, a donné cette IPA dont le houblonnage affirmé sans être trop amer est équilibré juste ce qu'il faut pour ne pas franchir les limites de l'extrême.
www.flamsbrygga.no

ATNA STABBURØL (4,7 % vol.)
Atna Øl, Atna (Hedmark)
Une lager assez légère, fabriquée à 100 % avec du malt et des houblons, par une nouvelle petite brasserie. Cet établissement n'a pas encore produit d'ales classiques.
www.atnaol.no

HAAND BRYGGERIET NORWEGIAN WOOD (6,5 % vol.)
Haand Bryggeriet, Drammen (Buskerud)
Cette ale foncée mémorable redonne ses lettres de noblesse au brassage fermier norvégien traditionnel. Le malt est traité à la fumée de bois, et du genièvre frais est ajouté pour l'obtention d'un produit proche du *sahti* (*voir* p. 152).
www.haandbryggeriet.net

KINN SJELEFRED (4,7 % vol.)
Kinn Bryggeri, Florø (Sogn og Fjordane)
Les grandes bières de cette microbrasserie font l'objet d'éloges, mais cette ale toute simple aux notes de torréfaction prouve déjà son talent.
www.kinnbryggeri.no

LUCKY JACK (4,7 % vol.)
Lervig Aktiebryggeri, Stavanger (Rogaland)
Une version norvégienne de la blonde américaine qui n'a rien à envier aux meilleures du genre.
www.lervig.no

MACK JULEØL (6,5 % vol.)
Macks Ølbryggeri, Tromsø (Troms)
Réputée être la brasserie la plus septentrionale du monde, Macks a de grandes ambitions et cette bière le prouve : elle est la plus intense des deux bières de Noël légèrement épicées.
www.mack.no

NØGNE Ø IMPERIAL STOUT (9 % vol.)
Nøgne Ø, Grimstad (Aust-Agder)
La meilleure et la plus originale des brasseries artisanales de Norvège fabrique des bières qui, comme celle-ci, ravissent les papilles.
www.nogne-o.com

La Suède

Avec la Norvège et Singapour, la Suède est bien l'un des pays où la bière est la plus chère au monde.

LES MARQUES LES PLUS VENDUES DANS LE PAYS

Falcon	(Carlsberg)
Mariestads	(Spendrups – National)
Pripps	(Carlsberg)
Sofiero	(Kopparbergs – National)
Spendrups	(National)

Le système de contrôle des alcools est strict et impartial. Pourtant, alors que la publicité directe pour les bières titrant plus de 3,5 % vol. n'est pas autorisée, l'Union européenne insiste pour que la communication sur les vins et les spiritueux soit permise – les lobbyistes sont de nouveau à l'œuvre. Il est interdit de consommer de l'alcool avant l'âge de vingt ans, et les consommateurs de moins de vingt-cinq ans doivent obligatoirement présenter leur carte d'identité.

Le monopole d'État Systembolaget assure la vente au détail de toutes les bières dont le titre alcoométrique est supérieur à 3,5 % vol. ; sa gamme réunit près de 1 200 marques, parmi lesquelles celles de microbrasseries locales et celles des meilleurs producteurs au monde. Certes, ce monopole joue un rôle dans la politique sociale du pays en contrôlant l'approvisionnement en alcools, mais il revendique aussi la capacité de fournir à tout le pays une palette très large de produits grâce à ses quatre cent vingt magasins et à ses quelque cinq cents bornes de commande au service des petites communes.

Ci-dessus : les débits de boisson Systembolaget de Suède proposent parfois un choix impressionnant de bières artisanales de toute provenance. Mais cela a un coût…

SÉLECTION DE BIÈRES

BARLEY WINE BARONEN (12,7 % vol.)
Hantverksbryggeriet, Västerås (Våstmanland)
Cette nouvelle brasserie inventive, fondée en 2003, fabrique des ales fort appréciées comme ce Barley Wine d'une force réelle, aux arômes de fruits secs, qui semble conçu pour une garde éternelle.
www.hantverksbryggeriet.se

DUGGES BOLLOX ! (7,8 % vol.)
Dugges Ale- & Porterbryggeri, Mölndal (Västra Götaland)
Ne nous arrêtons pas à ce nom irrévérencieux (les propriétaires sont encore bien jeunes) ; les bières, elles, sont le fruit d'esprits vifs. Cette IPA en témoigne : assez forte, portée par des notes florales, douce et fruitée, aromatisée au houblon Centennial.
www.dugges.se

HELL (5 % vol.)
Jämtlands Bryggeri, Östersund (Jämtlands)
Au nombre des microbrasseries de Suède établies de longue date, celle-ci produit une dizaine de bières, dont cette lager marquée par le malt du Yorkshire et les houblons de Slovénie. À noter aussi, une bière plus foncée, vendue sous le nom de Heaven.
www.jamtlandsbryggeri.se

KAGGEN ! STORMAKTS PORTER (9,5 % vol.)
Närke Kulturbryggeri, Örebro (Örebro)
Cette brasserie fondée en 2003, la plus audacieuse de Suède, crée plusieurs versions de ce stout impérial savoureux et impressionnant.
www.kulturbryggeri.se

Exporter de la bière en Suède peut comporter des risques, ainsi que l'apprit à ses dépens une brasserie monastique il y a quelques années. Non contentes de contrôler régulièrement l'adéquation entre étiquetage et titre alcoométrique réel des bières locales, les autorités suédoises s'attachent aussi à prévenir leurs homologues des pays concernés de toute anomalie constatée dans les produits d'importation.

Vers la fin du XIXe siècle, le nombre de brasseries suédoises connut un pic, mais en 1990, elles n'étaient plus que treize dans tout le pays. Depuis lors, cinquante nouvelles brasseries et pubs-brasseries ont ouvert. Le marché est dominé par les marques Pripps et Falcon de Carlsberg, suivies des Spendrups (sans grande imagination) et des produits de la filiale brassicole du fabricant de cidre Kopparbergs. Le consommateur moyen croit encore que la lager légère est la plus typique des bières suédoises. Or, tout change grâce aux nouvelles brasseries : certaines sont capables de créer des bières mémorables, d'autres offrent une gamme de plus en plus large de bières de bonne facture, dans des styles moins complexes, certes, mais très appréciables.

Ci-contre : avec moins de dix millions d'habitants, près de six cents îles habitées et une taxation très élevée de l'alcool, les brasseurs artisanaux suédois aiment penser petit en faveur d'un haut niveau de qualité.

NILS OSCAR RÖKPORTER (5,9 % vol.)
Nils Oscar Company AB, Nyköping (Södermanland)
L'une des microbrasseries les plus inventives de Suède. Elle a établi des critères de qualité, à l'aune desquelles d'autres brasseries se mesurent désormais. Ce porter fumé se distingue dans une large gamme qui va de la lager blonde au stout impérial.
www.nilsoscar.se

OCEAN BRYGGERIET JULÖL (5,8 % vol.)
Ocean Bryggertiet, Göteborg (Västra Götaland)
Cette brasserie de Gothenbourg produit une gamme de bières de bonne facture, légères ou moyennement alcooliques, dans de nombreux styles traditionnels et artisanaux. Celle-ci est une bière de Noël typique.
www.oceanbryggeriet.se

OPPIGÅRDS AMARILLO (5,9 % vol.)
Oppigårds Bryggeri, Hedemora (Dalarna)
Implantée dans une vieille ferme familiale, cette petite brasserie couronnée de succès, produit notamment des blondes issues d'une seule variété de houblon. Cette bière d'une magnifique sobriété de style est adoucie par une touche de blé.
www.oppigards.com

SIGTUNA EXTRA SIGTUNA BITTER (5,6 % vol.)
Sigtuna Brygghus, Arlandastad (Stockholm)
Cette bitter de style britannique, composée du houblon Challenger, pourrait être considérée comme forte en Suède. Or, ici, elle correspond au style le plus léger de la maison.
www.sigtunabrygghus.se

SLOTTSKÄLLANS RED ALE (5 % vol.)
Slottskållans Bryggeri, Uppsala (Uppsala)
Cette microbrasserie bien établie fabrique d'élégantes bières, telle que cette rousse « irlandaise » (mais au fond très suédoise !), composée de malt Munich.
www.slottskallan.se

SMÖRPUNDET PORTER (5 % vol.)
Nynäshamms Ångbryggeri, Nynäshamms (Stockholm)
Le porter franc et assez léger de cette microbrasserie florissante peut se mesurer aux meilleures bières du monde, de même force.
www.nyab.se

La Finlande

Alors qu'un quart des Finlandais se concentre dans la capitale Helsinki, ou en périphérie, le reste de la population vit dans le tiers méridional du pays. Il est alors aisé de comprendre que les quelque trente brasseries artisanales s'y soient installées. Tampere est ainsi devenu un nouveau centre brassicole.

LES MARQUES LES PLUS VENDUES DANS LE PAYS

Hartwall	(Heineken)
Lapin Kulta	(Heineken)
Olvi	(National)
Sinebrychoff	(Carlsberg)

Il est étonnant que de nouvelles brasseries se créent dans ce pays, alors que les politiciens finlandais s'acharnent à taxer la bière et à soutenir les grands groupes. Le marché de la bière est détenu à 90 % par Sinebrychoff (propriété de Carlsberg), Hartwall (Heineken) et Olvi (également importateur). Bien que les microbrasseries et les pubs-brasseries ne contribuent à la production qu'à hauteur de 1,5 %, on leur doit les produits les plus originaux.

Le monopole d'État, Alko, stocke des centaines de bières d'importation, mais se montre réticent à vendre les brassins des petits producteurs du pays. Dans les autres magasins et les grandes surfaces, la vente de bières titrant plus de 4,7 % vol. est tout simplement interdite. Par ailleurs, les pubs ont vu leurs ventes de bière divisées par deux en une décennie, les Finlandais préférant désormais consommer cette boisson chez eux afin de limiter leurs dépenses.

De fait, les mesures de la politique sociale visant à lutter contre l'alcoolisme par une forte taxation des produits sont facile à contourner : il suffit aux Finlandais de prendre le ferry estonien pour revenir avec un bon stock de bières. Chaque année, ces importations équivalent au double des ventes totales d'Alko. Il est difficile d'imaginer pires conditions pour un brasseur artisanal et, en outre, pour la préservation de l'une des plus anciennes traditions brassicoles au monde : ces bières foncées et fortes qu'on appelle *sahti* (*voir* encadré ci-contre).

UNE BIÈRE INSCRITE AU PATRIMOINE MONDIAL CULTUREL PAR L'UNESCO ?

Le *sahti* remonterait aux origines de la civilisation nordique. Autrefois, il était brassé dans un tronc d'arbre évidé : des pierres incandescentes étaient ajoutées à la trempe d'orge maltée, laquelle était peut-être adoucie par du seigle ou du blé. Le moût était ensuite filtré au moyen de branches de genévrier avant d'être soumis à une fermentation haute sous l'action de levures de boulanger qui conféraient un petit goût de banane (*voir* p. 20). D'une teneur élevée en épices mais faible en houblons, le *sahti* est par sa nature éphémère impropre à l'exportation, même si on le trouve encore dans quelques débits de boissons d'Helsinki.

Page suivante, en haut à gauche : le tram du pub Spårakoff propose des circuits touristiques dans la ville, du mois de mai au mois d'août.

Page suivante, en bas à gauche : bière folklorique, le *sahti* finlandais s'exporte mal. Les curieux auront plaisir à le déguster sur place.

Page suivante, à droite : la vingtaine de brasseries artisanales que compte la Finlande se regroupe au sud, où les lacs et les forêts cèdent la place aux habitations.

SÉLECTION DE BIÈRES

KEISARI ELOWEHNÄ (5,3 % vol.)
Nokian Panimo Oy, Nokia
Une *Hefeweizen* de style bavarois, avec beaucoup de grain et une note dominante de banane. Les bières de cette microbrasserie bénéficient d'une distribution à l'échelle nationale.
www.nokianpanimo.fi

LAITILAN KUKKO TUMMA (4,5 % vol.)
Laitilan Wirvoitusjuomatehdas Oy, Laitila
Cette ambrée légère et simple, classée comme « foncée », est typique du brassage finlandais : elle est marquée par le houblon et présente peu d'amertume.
www.laitilan.com

LAMMIN SAHTI (7,5 % vol.)
Lammin Sahti Oy, Lammi
Cette bière moyennement foncée, qui rappelle le gâteau par ses saveurs, est l'un des rares exemples de brassins artisanaux de ferme.
www.sahti.fi

MALMGÅRD X-PORTER (7,3 % vol.)
Malmgårdin Panimo Oy, Malmgård
Ce manoir-brasserie, à l'est d'Helsinki, fabrique des ales légères à base de grains anciens, ainsi qu'une version finlandaise d'une ale belge, appelée « Ceci n'est pas une belge ». Mais ce porter a eu notre préférence.
www.malmgard.fi

PRYKMESTAR SAVU KATAJA (9 % vol.)
Vakka-Suomen Panimo Oy, Uusikaupunki
Cette brasserie hautement professionnelle se situe sur la côte occidentale. Elle produit des lagers originales, dont cette bière intense, couleur rubis, évocatrice de genièvre fumé.
www.vasp.fi

SEVERIN EXTRA IPA (5,9 % vol.)
Koskipanimo Plevna, Tampere
La meilleure des microbrasseries de Tampere offre aussi une blonde délicieusement houblonnée. On la trouve dans les débits spécialisés d'Helsinki, aux côtés du stout de Sam et du porter fort Siperia.
www.plevna.fi

Les pays baltes

Le terme anglais *ale* vient du scandinave *øl,* précédé lui-même de l'estonien *ölu* et de *alus*, des langues lettone et lituanienne.

LES MARQUES LES PLUS VENDUES DANS LE PAYS

Aldaris	(Carlsberg – Lettonie)
A. Le Coq	(Heineken – Estonie)
Cesu	(Olvi de Finlande – Lettonie)
Saku	(Carlsberg – Estonie)
Syvturys	(Carlsberg – Lituanie)
Utenos	(Carlsberg – Lituanie)

En Estonie, l'activité brassicole stagne et des groupes internationaux contrôlent les deux plus grandes brasseries, Saku (Carlsberg) et A. Le Coq (Heineken). Celles-ci dominent le marché, tandis que Viru, qui se positionne à la troisième place et que détient Harboe du Danemark, ne représente qu'un petit 5 %. Sillamae (*voir* ci-dessous, page suivante) produit de bons Müncheners, et nous aurions pu inclure Oü Taako's Pihtla Õlu (7 % vol.) si nous en avions trouvé. Le développement des pubs-brasseries, au-delà des brasseries de style autrichien qui ouvrirent en 2002 à Tallinn, paraît bien compromis en raison de la complexité des démarches administratives. Nos lecteurs voudront peut-être vérifier la rumeur selon laquelle des producteurs de *sahti* se seraient implantés sur l'île de Saaramaa. Libres à eux !

Le voisin du sud, la Lettonie, comptait jadis des centaines de brasseries exportant presque toutes de la bière vers la Russie impériale. Cependant, entre 1915 et 1950, les deux guerres mondiales, la Révolution russe, la Prohibition et la nationalisation soviétique ont contribué à la fermeture de presque toutes les brasseries, à l'exception de deux rescapées. Vous lirez en anglais leur fascinante histoire sur le site http://labsalus.lv/beer-guide

Ci-contre : Carlsberg a lourdement investi pour garantir l'avenir du brassage balte, comme ici, dans la brasserie Aldaris de Riga, en Lettonie.

De nos jours, il existe trois grandes brasseries modernes, Aldaris (*voir* ci-dessous), Césu et Lāplēša-Lîvu, fondées grâce à des capitaux étrangers, qui produisent principalement des bières industrielles. Une dizaine de petits brasseurs s'y ajoutent qui représentent 13 % du marché et tirent avantage des allègements fiscaux prévus pour ceux dont la production demeure sous la barre des 50 000 hectolitres par an.

Les meilleures bières pression sont les *nefiltrētais* (« non filtrées »). Pour un style plus campagnard, préférez les productions des brasseries Kraslava et Madonas.

Pour ceux qui ont le temps d'explorer le pays, nous recommandons une visite de la Lituanie. Le pays compte de nouvelles microbrasseries, surtout à Vilnius, sa capitale. Mais c'est dans le Nord, plus rural, qu'une culture ancienne de brassage fermier et villageois sort doucement de l'ombre. Pour en savoir plus : www.alutis.lt/aludariai/

SÉLECTION DE BIÈRES

ALDARIS PORTERIS (6,8 % vol.)
AS Aldaris, Riga (Lettonie)
Ce porter balte assez impressionnant, venu de Lettonie (Carlsberg), est une brune panachée de muscat et de vanille. Elle compte parmi les meilleures bières du pays.
www.aldaris.lv

KAUNO BIRŽIECIU (8 % vol.)
Kauno Alus, Kaunas (Lituanie)
Ce porter noir, doux et intense, n'est peut être pas le meilleur de Lituanie, mais il se distingue au sein de la vaste production de ce brasseur établi de longue date dans la deuxième agglomération du pays.
www.kaunoalus.lt

KEPTINIS (5,7 % vol.)
Kupiškio Alus, Kupiškis (Lituanie)
Dénichez cette ale ancien style, un peu trouble, issue d'une fermentation naturelle qui lui confère un petit goût aigre plaisant. Vous comprendrez pourquoi nous estimons que la Lituanie du Nord mérite le voyage.
www.visalietuva.lt/imones/info/kupiskioalus-uab

PONORAS KAIMIŠKAS NEFILTRUOTAS ŠVIESUSIS BIRŽIETIŠKAS (5,5 % vol.)
Alaus Darykla Ponoras, Biržai (Lituanie)
Ce brasseur du nord du pays fabrique quelques délicieux brassins, comme cette lager blonde sauvage et trouble, à base de bière gardée au froid dans des cuves de fermentation ouvertes (*voir* p. 22).
www.ponoras.com

Ci-dessus : Vilnius, capitale de la Lituanie, l'un des derniers lieux du brassage traditionnel restant à explorer.

Page suivante : les toitures enneigées de la vieille ville de Tallinn, en Estonie.

SILLAMÄE MÜNCHEN VASKNE
(6,3 % vol.)
Sillamäe Õlletehas, Sillamäe (Estonie)
Une Münchener pression accomplie, riche en malt avec un soupçon d'érable, fabriquée dans une minibrasserie non loin de la frontière russe.
www.beerguide.ee/sillamae.html

TERVETES ORIGINALAIS (5,4 % vol.)
Agrofirma Tervete, Krocauce (Lettonie)
La meilleure lager blonde de Lettonie est fabriquée dans une grande ferme, selon une recette ancienne réinterprétée. Elle représente bien son pays à l'étranger.
www.tervete.lv

UŽAVAS TUMŠAIS NEFILTRATAIS
(4,9 % vol.)
SIA Zaksi, Uzavas, Ventspils (Lettonie)
Une lager ambrée non filtrée, non pasteurisée, avec des notes de caramel. Elle est issue d'une nouvelle brasserie établie près de la cité portuaire de Ventspils.
www.uzavas-alus.lv

L'ITALIE

Les Italiens ont toujours apprécié la bière. Depuis 2000, année où le brassage artisanal a vraiment pris son essor, et jusqu'en 2009, la consommation de bière par habitant est restée stable. Mais ce qui a bel et bien changé, c'est la façon dont les Italiens l'apprécient.

Unionbirrai dans l'Italie du Nord
L'univers de la bière artisanale italienne a connu une transformation au cours de ces dernières années. Cette carte indique uniquement les brasseries qui sont membres de l'Unionbirrai, l'association des brasseurs artisanaux, qui représente près d'un quart des brasseries actuelles. Parmi celles-ci, figurent les plus influentes et les plus reconnues.

Au xxe siècle en Italie, la bière était surtout considérée comme une boisson rafraîchissante ou tonifiante ; la blonde se savourait frappée en petites quantités, sortie du réfrigérateur à la maison ou servie au comptoir d'un bar. On buvait rarement de la bière pendant les repas. L'arrivée des brasseries artisanales a changé la donne. Selon une étude de 2010, réalisée par le groupe de recherche Makno pour le compte de l'organisation Assobira (bière et malt), le nombre d'Italiens appréciant la bière lors de sorties en ville avait plus que doublé en à peine un an ; hors domicile, cette boisson avait supplanté le vin. Même pour des occasions festives (vacances et fins de semaine, notamment), la bière était devenue au moins aussi populaire que le vin.

Ce changement n'est pas tant lié au nombre de brasseries artisanales – plus de trois cents en 2011 – qu'à la personnalité et à la qualité de leurs bières. Peu de pays dans le monde enregistrent une croissance aussi spectaculaire, en nombre comme en qualité, de leurs brasseries en si peu de temps. Les brasseries artisanales italiennes ont trouvé une cible de choix : la clientèle des restaurants et les fins gourmets. Elles leur ont proposé une alternative au vin dans les moments de convivialité traditionnellement associés à la boisson de Bacchus. Elles y sont parvenues en travaillant tout autant sur l'esthétique que sur le style : des brassins artisanaux d'une remarquable complexité font ainsi un bel effet sur la table dans leur élégante bouteille, ils sont servis dans des verres spécifiques et accompagnent des mets gastronomiques. À ce titre du moins, les brasseurs italiens ont mis en place l'un des marchés les plus innovants et les plus étonnants du monde.

Ci-dessous : même en Toscane, où le vin est depuis longtemps privilégié, la bière artisanale trouve sa place.

L'EXPÉRIMENTATION ITALIENNE

Parce que leur volonté était de produire des bières susceptibles de rivaliser avec les grands vins du pays, les brasseurs artisanaux italiens ont eu recours aux méthodes de brassage les plus inventives au monde, ainsi qu'à des ingrédients minutieusement choisis. À présent, on trouve aisément des bières artisanales italiennes contenant épices, fruits, herbes et autres ingrédients, tels que l'ail en poudre et la cardamome, la gentiane ou les baies roses. Et si les bières ne sont pas aromatisées, leur préparation peut être malgré tout très originale. Le vieillissement en fût est naturellement courant, mais les Italiens le pratiquent avec une ferveur rarement constatée ailleurs ; ils utilisent toutes sortes de fûts (à vin, à whisky ou à cognac) pour y faire vieillir leurs bières pendant des années.

En outre, l'une des dernières tendances dans la production de bière de haute qualité est l'oxydation selon un procédé employé en Espagne pour obtenir le xérès : l'ale très forte est exposée à l'air, sous étroite surveillance, jusqu'à ce qu'elle ait le caractère « xérès » désiré, puis elle est embouteillée sans saturation. Au terme de quelques jours, voire de quelques semaines, la bière peut être dégustée.

Cardamome

Marron

Citron

Pêche

Ail en poudre

Basilic

Baies roses

Sauge

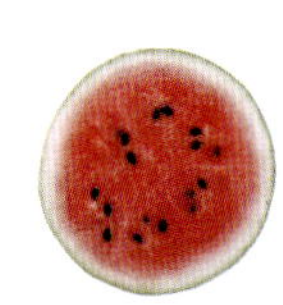
Pastèque

LES MARQUES LES PLUS VENDUES DANS LE PAYS

Castello	(National)
Dreher	(Heineken)
McFarland	(Heineken)
Moretti	(Heineken)
Peroni	(SABMiller)
Poretti	(Carlsberg)
Splügen	(Carlsberg)

Ci-contre : en Italie, le goût pour la bière s'affine, au point que les restaurants n'hésitent plus à proposer cette boisson.

Les brasseries italiennes

Avant les années 1990, si l'on voulait boire une bière autre que la fameuse blonde brassée en Italie, ou que les lagers pâles et légères habituelles sur les marchés de grande consommation, il n'existait que le *doppio malto.* Sous ce terme étaient regroupées des lagers maltées fortes, comparables aux *Doppelbocks* (*voir* p. 92).

Dans ce contexte, il n'est pas étonnant que les Italiens aient longtemps boudé la bière : la consommation était inférieure à 17 litres par personne en 1980. Les premiers changements furent constatés au début des années 1990, avec l'intervention de brasseurs artisanaux audacieux. Principalement installées au nord du pays, région gastronomique par excellence, des brasseries, telle la Birrificio Baladin dirigée par Teo Musso (*voir* p. 163) et aujourd'hui très réputée, cherchèrent l'inspiration non pas en Allemagne, mais en Belgique puis, de plus en plus, aux États-Unis.

Pourquoi la Belgique ? Parce que les bières belges se sont toujours très bien vendues en Italie. Elles comptent aussi parmi les bières européennes qui se prêtent le mieux aux plaisirs de la table, et ces qualités culinaires n'échappèrent pas aux brasseurs artisanaux d'Italie.

Ci-dessus : dégustation de bière au pays du Chianti. Le Festival annuel de la bière au pub TNT, près de Buonconvento : le Villaggio della Birra, ou « Village de la Bière ».

Page suivante : Agostino Arioli, maître brasseur chez Birrificio Italiano, nettoie les drêches de malt après la trempe et la filtration sur une cuve-filtre. Les fermiers de la région récupèrent ces drêches pour le bétail.

SÉLECTION DE BIÈRES

BRÙTON STONER (7,5 % vol.)
Birrificio Brùton, Lucca (Toscane)
Brassée à partir de trois grains, cette ale délivre des notes de fruits tropicaux équilibrées par les arômes d'épices produits par les houblons et par les grains de seigle. Une bière corsée, mais qui semble étonnamment souple au palais.
www.bruton.it

CONFINE (6 % vol.)
Birrificio BI-DU, Olgiate Comasco (Lombardie)
Un porter de saison d'une onctuosité et d'une générosité remarquables ; des nuances de mélasse accompagnent les arômes de café et de chocolat jusqu'en finale. Une bière réconfortante venue du nord de l'Italie.
www.bi-du.it

DOMM (5 % vol.)
Birrificio Lambrate, Milan (Lombardie)
L'une des plus anciennes brasseries artisanales d'Italie (vers 1996), dont les bières portent encore une certaine influence allemande, ainsi que l'illustre si bien cette *Weissbier* épicée, légèrement poivrée, qui livre en finale une petite amertume rafraîchissante.
www.birrificiolambrate.com

IMPER ALE CHIARA (6 % vol.)
Collesi, Apecchio (Les Marches)
Cette blonde ale légère, au caractère rafraîchissant grâce à sa légère amertume finale, provient d'une brasserie soucieuse de produire des bières gastronomiques.
www.collesi.com

PANIL BARRIQUÉE (8 % vol.)
Birrificio Torrechiara, Torrechiara (Émilie-Romagne)
Le caractère de cette bière varie d'une année sur l'autre selon les brassins utilisés. Toutefois, quand toutes les conditions sont réunies, elle peut être un véritable ravissement : des notes de cerise et autres baies se nuancent de flaveurs de terre et de bois. (La version réservée à l'exportation est plus vive en bouche.)
www.panilbeer.com

PINK IPA (6 % vol.)
Almond '22, Spoltore (Abbruzes)
Ce n'est pas une bière « rose », mais une ale brassée avec des baies roses : au nez houblonné d'épices et d'agrumes succède une bouche agréablement marquée par l'amertume et légèrement pimentée. Une IPA délicieuse et charmeuse.
www.birraalmond.com

REALE (6,4 % vol.)
Birra del Borgo, Borgorose (Latium)
Inspirée par la meilleure bitter anglaise, mais élaborée dans l'esprit d'une bière nord-américaine, cette blonde refermentée en bouteille trouve un bel équilibre entre un malt généreux et un houblon épicé-acidulé. Elle possède la charpente idéale pour accompagner des mets et elle constitue le produit phare de cette brasserie.
www.birradelborgo.it

SHANGRILA (8,5 % vol.)
Birrificio Troll, Vernante (Piémont)
Cette bière pourrait faire frémir les plus conservateurs tant on y a ajouté d'épices de toutes sortes. Et pourtant… quel équilibre ! quelle complexité ! quelle finale sèche et tonifiante !
www.birratroll.it

Ci-dessus : la bière a toujours fait partie du mode de vie à l'italienne, comme l'illustre cette affiche de 1906.

Les Belges ont su, et ce n'est pas négligeable, mettre en valeur la dégustation de la bière, par des règles de service et par un souci de l'esthétique dans la conception des bouteilles comme dans le choix des verres. Cela n'était pas pour déplaire aux Italiens, toujours à la pointe de la mode. Le brassage artisanal s'est affirmé en Italie au cours des années 1990 et a poursuivi son développement au XXIe siècle, en s'intéressant tout autant au contenu qu'au contenant : les brasseurs n'ont donc pas hésité à commercialiser leurs produits dans des bouteilles élégantes, parfois même extravagantes, pourvues de bague carrée et hautes comme les bouteilles de vin ; les verres à dégustation furent aussi adoptés, sans complexe.

Par ailleurs, la forte influence des Belges et des Américains sur le brassage s'est révélée, somme toute, positive. Bien sûr, les bières artisanales italiennes demeurent, dans leur majorité, des ales et des lagers traditionnelles, mais, comme aux États-Unis, les bières aujourd'hui réputées sont bel et bien les plus insolites.

En 2006, dans les concours de dégustation de bières, on voyait encore passer le meilleur comme le pire. L'industrie brassicole artisanale

UNE OBSESSION DE LA CHÂTAIGNE

Parmi les nombreux ingrédients que les brasseurs italiens ajoutent dans leurs bières, la châtaigne est le plus courant. Si, à notre connaissance, la toute première bière moderne aux châtaignes provenait de Corse, c'est en Italie que ce « style » s'est véritablement développé. Le plus souvent, on utilise de la farine de châtaigne pour conférer à la bière des arômes spécifiques, mais certaines bières italiennes sont brassées avec des éclats entiers de châtaignes, du miel de châtaigne, des marrons grillés et même du jambon parfumé à la châtaigne. Ces bières bénéficient d'un tel engouement que lors des concours annuels de bières, l'Unionbirrai, l'association des brasseurs artisanaux d'Italie, propose une catégorie spéciale « bières à la châtaigne ».

CONSEILS AUX VISITEURS

- Les spécialités de bière sont proposées aussi bien dans les restaurants que dans les cafés et dans les bars.
- Attendez-vous à ce que le prix d'une bière soit aussi élevé (voire plus) que celui d'un vin fin.
- Ne manquez pas le Festival toscan des bières artisanales italiennes et belges, qui se tient en septembre (www.villaggiodellabirra.com).
- Rendez-vous sur le site www.unionbirrai.it
- Pour savoir quelles bières artisanales sont à la carte, demandez une *birra artigianale*.

SÉLECTION DE BIÈRES

STRADA SAN FELICE (8 % vol.)
Birrificio Grado Plato, Chieri (Piémont)
Une bière aux châtaignes : des saveurs de marrons grillés, bien sûr, mais aussi un caractère fruité et tonifiant. Abordable et avant-gardiste par rapport aux autres bières italiennes aux châtaignes.
www.gradoplato.it

TOSTA (12,5 % vol.)
Pausa Cafe, Turin (Piémont)
Brassée avec du chocolat du Costa Rica (l'étiquette en fait état), cette bière offre des notes de porto et de chocolat noir corsé. Elle est issue d'une coopérative qui soutient le commerce équitable.
www.pausacafe.org

TIPOPILS (5,5 % vol.)
Birrificio Italiano, Lurago Marinone (Lombardie)
Une lager dorée proposée dans une petite bouteille peu ordinaire. Ce brassin rafraîchissant évoque la pomme ; son corps sec aux légers accents de fermentation se développe jusqu'à une longue finale amère.
www.birrificio.it

VECCHIA BASTARDA (9,6 % vol.)
Birra Amiata Artisanale, Arcidosso (Toscane)
Cette bière issue de malt et de 40 % de châtaignes broyées a été vieillie dans des fût de vin de Toscane. Elle développe des notes intenses de vanille sur fond de fruits et fait preuve d'une grande complexité.
www.birra-amiata.it

n'en était qu'à ses balbutiements, et certaines de ses bières affichaient des saveurs peu complexes et témoignaient de défaillances techniques et d'assemblages maladroits. Toutefois, la situation allait changer très rapidement et les brasseurs artisanaux d'Italie semblèrent trouver leurs marques à peu près dans le même temps ; soudain, au sud comme au nord, les bières gagnèrent en qualité d'une manière impressionnante, grâce à des « recettes » pour le moins étranges, qui comportaient force épices et autres ingrédients. En tête de ce mouvement se trouvaient Musso, toujours partant pour les expérimentations, et d'autres brasseurs innovants et entreprenants (citons Panil, officiellement « Birrificio Torrechiara », Birrificio Grado Plato et Birrificio Lambrate – *voir* p. 160 à 162). Sans craindre d'aller à contre-courant des pratiques mondiales, ils ont transformé le marché italien de la bière pour en faire l'un des plus intéressants.

Ci-dessus : vérification du moût dans la brasserie Almond'22, ainsi baptisée en souvenir du bâtiment qui l'abrite et qui, en 1922, était une usine de traitement des amandes.

Page suivante : une belle après-midi en Toscane, un peu de fromage et une bouteille de *birra artigianale*… Que demander de plus ?

VERDI IMPERIAL STOUT (8,2 % vol.)
Birrificio Del Ducato, Roncole Verdi di Busseto (Émilie-Romagne)
Hommage à la ville natale de Verdi, ce stout torréfié et épicé mêle piment, malt torréfié et notes de café espresso ; son élégance est digne d'une composition musicale de Verdi.
www.birrificiodelducato.it

VIENNA (5,3 % vol.)
Antica Birreria Theresianer, Trieste (Frioul-Vénétie Julienne)
De style viennois, cette lager maltée aux notes légèrement torréfiées pourra contribuer aux plaisirs de la table et accompagnera parfaitement une pizza. Des accents de noisette issus des houblons ajoutent à sa complexité.
www.theresianer.com

XYAUYÙ ETICHETTA ARGENTO (SILVER LABEL) (13,5 % vol.)
Birreria Baladin, Piozzo (Piémont)
Issu d'une oxydation ménagée, voici un brassin fascinant, susceptible de rivaliser avec le meilleur xérès pedro ximénez. Le Label Bronze et le label Or méritent aussi une attention.
www.birreria.com

LES AUTRES PAYS D'EUROPE

Il y a un siècle, les pays d'Europe favorables à la bière se situaient au-dessus d'une ligne qui allait de la Picardie à Strasbourg et au sud des Alpes, puis qui coupait en deux l'Autriche-Hongrie avant de remonter par la Pologne, au nord-est, pour aboutir à la Baltique près de Saint-Pétersbourg. Cette aire incluait également les îles Britanniques et la Scandinavie.

La nouvelle et la vieille Europe
Les régions d'Europe où, pendant des siècles, la bière a été la boisson de prédilection ne sont pas toujours celles où les bières artisanales renaissent aujourd'hui dans de remarquables conditions. Cette carte permet de distinguer les aires où la bière connaît un nouvel essor de celles qui constituent les foyers historiques du brassage.

De nos jours, ce n'est plus aussi simple. Le commerce international du vin s'est notablement développé au cours du XXe siècle, et la bière a suivi son exemple. Aujourd'hui, tout pays importateur peut également fabriquer sa propre bière : les brasseurs interprètent les styles à leur manière, selon leur culture. Quelle industrie artisanale de la bière devrait progresser le plus au cours des cinq prochaines années ? Celle de l'Espagne, serait-on tenté de répondre. Le pays du rioja et du penedès, du xérès et du malaga s'est découvert une passion pour le brassage ; il s'agit moins de faire revivre le passé et de plaire au flot de Britanniques qui affluent sur sa côte méditerranéenne, que d'explorer cet univers en pleine évolution que constitue la bière.

Dans l'Europe brassicole traditionnelle, le pays qui pourrait s'estimer le plus lésé par l'absence d'un chapitre le concernant serait la Suisse, car il compterait entre cent trente et cent quatre-vingt-dix brasseries en activité. Les brasseurs suisses se calent sur les usages brassicoles de leurs aires linguistiques (français-allemand-italien). Hélas, beaucoup produisent soit des bières d'une haute technicité mais assez ternes par ailleurs, soit une gamme très étendue, dont aucun produit cependant ne peut encore prétendre à l'excellence.

Ci-contre : le renouveau de la bière en Grèce en est encore à ses prémices.

Ci-dessus : en Espagne, les verres de bière remplacent de plus en plus la *copita* de xérès, autour des tapas.

LA VIEILLE ET LA NOUVELLE EUROPE
Traditions brassicoles antérieures à 1920
Zone A : pays ou région principalement de brassage et de consommation de bière
Zone B : grandes traditions brassicoles, aux côtés de la production de vin ou d'autres boissons
Zone C : consommation de bière régulière, mais peu de traditions brassicoles locales
Zone D : consommation de bière historiquement faible
Traditions brassicoles postérieures à 2000
Zone 1 : fort intérêt pour les bières traditionnelles ou artisanales
Zone 2 : intérêt pour les bières traditionnelles ou artisanales en bonne voie de développement
Zone 3 : l'intérêt pour les bières traditionnelles ou artisanales montre des signes de développement
Zone 4 : l'intérêt pour les bières traditionnelles ou artisanales montre peu de signes de développement
mer de Norvège
SUÈDE
FINLANDE
NORVÈGE
ESTONIE
mer du Nord
DANEMARK
LETTONIE
mer Baltique
IRLANDE
LITUANIE
ROYAUME-UNI
FED. RUSS.
BIÉLORUSSIE
PAYS-BAS
OCÉAN ATLANTIQUE
POLOGNE
BELGIQUE
ALLEMAGNE
UKRAINE
RÉPUBLIQUE TCHÈQUE
SLOVAQUIE
golfe de Gascogne
FRANCE
SUISSE
LIECH.
AUTRICHE
HONGRIE
SLOV.
ROUMANIE
CROATIE
PORTUGAL
MONACO
BOS.-HERZ.
SAN MARIN
SERBIE
ANDORRE
ITALIE
ESPAGNE
Corse
MONTENEGRO
KOSOVO
BULGARIE
MACÉDOINE
Îles Baléares
Sardaigne
ALBANIE
GRÈCE
mer Méditerranée
Sicile
MALTE
Crète
0 km 400
N

La Pologne aurait pu mériter une étude plus approfondie dans ces pages, en raison de ses bières dans l'esprit du porter baltique et de ses autres produits brassicoles inspirés de divers styles allemands. Cependant, la Pologne n'a toujours pas de brasseries artisanales novatrices, comme on en voit fleurir partout ailleurs. Trois raisons à cet état de fait : les grandes brasseries ont été absorbées par des firmes internationales, les quelque cinquante sociétés indépendantes ne proposent pas de bières vraiment originales et les pubs-brasseries sont presque inexistants. Enfin, le seul style de bière polonais, un genre de bière blanche fumée appelée *Grodziskie* (ou *Grätzier Bier*), semble avoir complètement disparu.

Dans les pays « néo-brassicoles », les fers de lance sont souvent leurs pubs-brasseries. Ceux-ci sont parfois des restaurants, comme en Amérique du Nord, ou bien des extensions modestes d'une petite propriété. La Slovénie constitue un bon exemple. Une fois affranchie de l'ancienne Yougoslavie (1991), elle a demandé son accession plénière à l'Union européenne ; pour y parvenir, elle a dû développer de nouvelles entreprises de petite taille, parmi lequelles des brasseries. En conséquence, ce pays historiquement peu brassicole comptait, dès 2002, déjà plus d'une dizaine de pubs-brasseries. À ce jour, ce chiffre a doublé, sans compter les microbrasseries.

Le reste des Balkans s'est embrasé au cours de ces deux dernières décennies, et les guerres ont fait rage. Néanmoins, la Croatie montre un intérêt croissant pour la bière, à l'instar d'un autre pays : la Grèce.

Ci-contre : Banská Bystrika, centre des bières Urpina, sans doute les meilleures de la République slovaque.

Page suivante : leurs brasseries historiques ayant été englouties par des multinationales de premier rang, les Polonais se sont tournés vers une activité brassicole artisanale.

SÉLECTION DE BIÈRES

ADAM RAVBAR KVASNO SVETLO PIVO (4,5 % vol.)
Pivovarna Adam Ravbar, Domžale (Slovénie)
Installée dans un pub-brasserie, au nord-est de Ljubljana, cette brasserie slovène moderne produit d'intéressantes bières non filtrées, telle cette blonde trouble.
www.pivnica-adamravbar.si

AGULLONS PURA PALE (5 % vol.)
Cervesa artesana Masia Agullons, Mediona, Alt Penedès (Espagne)
L'un des nouveaux brasseurs intéressants d'Espagne. Ici, on coupe l'ale avec du lambic afin de produire cette blonde à base de malt anglais d'importation et, surtout, de variétés de houblons anglais.
www.masia-agullons.com

BLACK BOSS PORTER (8,5 % vol.)
Browar Witnica, Witnica (Pologne)
Cette brasserie vieille de cent soixante ans, établie non loin de la frontière allemande, complète sa gamme de brassins locaux avec des porters d'exportation ; celui-ci, vêtu de brun à reflets vermeils, est le plus courant.
www.browar-witnica.pl

BLACK ROSE (9 % vol.)
Békésszentandrási Sörfőzde, Békésszentandrás (Hongrie)
Noire, forte, inclassable, cette lager provient d'une brasserie hongroise fondée en 1993, qui produit quelques-unes des meilleures bières du pays (dont beaucoup comportent des fruits).
http://serfozde.uw.hu

BRAUHAUS MALBU-BOCK (6,8 % vol.)
Liechtensteiner Brauhaus AG, Schaan (Liechtenstein)
La principauté du Liechtenstein compte 36 000 citoyens, 24 pics alpins et, depuis 2007, une brasserie fabriquant à l'année quatre bières, ainsi que ce bock ambré, automnal et fruité, le plus fort qui soit.
www.brauhaus.li

CORFU BEER REAL ALE SPECIAL (5 % vol.)
Microbrasserie Corfiot, Arillas, Corfou (Grèce)
Nous ne résistons pas au plaisir de mentionner cette pale ale étonnante anglaise, l'une des deux à être embouteillées avec leurs levures dans une brasserie spécialisée sur l'île de Corfou.
www.corfubeer.com

ESTRELLA DAMM INEDIT (4,8 % vol.)
Grupo Damm, Barcelone (Espagne)
Cette brasserie espagnole établie de longue date a toujours produit des bières d'excellence ; elle aborde à présent des styles plus divers, comme en témoigne cette bière blanche dite de style belge.
www.damm.es

GRAND IMPERIAL PORTER (8 % vol.)
Browar Amber, Bielkówko (Pologne)
Située non loin du port de Gdańsk, cette brasserie haut de gamme impressionne avec ce porter noir embouteillé et pasteurisé, aux airs impériaux certains.
www.browar-amber.pl

GUINEU MONTSERRAT (6 % vol.)
Ca L'Arenys, Valls de Torroella (Espagne)
Cette création catalane témoigne de l'engagement de l'Espagne dans le développement de la brasserie artisanale. C'est un stout au goût franc et chocolaté, très doux, révélant néanmoins un bouquet riche.
www.calarenys.cat

HUMAN FISH PALE ALE (4,4 % vol.)
Pivovarna Človeška Ribica, Slovenj Gradec (Slovénie)
Une pale ale affirmée, marquée par les houblons locaux. Elle est ainsi baptisée (*human fish* signifie « poisson humain ») en référence au protée anguillard, dit aussi salamandre blanche, qui vit dans les fleuves de la Slovénie du Nord. Cette équipe énergique de jeunes brasseurs produit des styles de bière internationaux.
www.scribd.com/doc/8559557/Humanfish-Brewery-Newsletter-1

Dans le reste de l'Europe de l'Est, la viticulture domine. Même la République slovaque comptait peu de brasseries autrefois. Les plus grandes brasseries des pays méridionaux de l'ancien Bloc soviétique ont fréquemment été rachetées par des entreprises internationales ; les pires d'entre elles ont été fermées et les meilleures, rénovées. La qualité de la bière s'en est trouvée généralement améliorée, mais rien de mémorable n'en est sorti.

Dans l'ex-URSS, les spécialistes étrangers étaient dans l'incapacité d'évaluer le nombre de brasseries en activité et de connaître leurs styles de bière. Quant aux bières d'exportation, elles étaient souvent aussi atypiques qu'imbuvables. Dans la nouvelle Russie, l'information est certes plus accessible désormais, mais encore insuffisante. C'est sans doute à Saint-Pétersbourg que pourrait se développer une nouvelle activité brassicole ; déjà des festivals de bière s'y tiennent, où sont présentés les produits de petits brasseurs locaux débutants aux côtés de quelques bières artisanales d'importation.

Ci-dessus : dans de nombreuses régions d'Europe du Sud, dont la péninsule Ibérique, la bière était autrefois considérée comme une boisson rafraîchissante, sans plus.

Ci-dessus : les brasseurs européens ont pris conscience que de nouveaux marchés s'ouvrent pour des bières de meilleure qualité.

SÉLECTION DE BIÈRES

INDIA PALE ALE (6,3 % vol.)
Brasserie Trois Dames, Sainte-Croix (Suisse)
Rigueur et passion font de cette microbrasserie du nord de Lausanne la meilleure de Suisse. Cette pale ale composée de houblons américains est élaborée dans la tradition anglaise de Burton (« La Victorienne » aux États-Unis).
www.brasserietroisdames.ch

L'ABBAYE DE SAINT BON-CHIEN (DE 10 à 11 % vol.)
Brasserie des Franches-Montagnes Saignelégier (Suisse)
Baptisée ainsi en mémoire de feu le chat du brasseur, cette ambre puissante, vieillie en fût de spiritueux, se situe entre bière et vin – ce qui ne manque pas d'effrayer les fins connaisseurs de l'une comme de l'autre.
www.brasseriebfm.ch

LEŽIAK TATRAN 12° EXPORT LAGER (5 % vol.)
Pivovar Pilsberg, Poprad (République slovaque)
Cette pils haut de gamme est toujours produite en ex-Tchécoslovaquie, dans cette brasserie dont l'histoire mouvementée a débuté il y a deux cents ans. Son *Münchener* 1715 mérite une dégustation.
www.pilsberg.sk

OBOLON PSHENICHNE (5 % vol.)
Obolon, Kiev (Ukraine)
La plus grande brasserie ukrainienne se concentre sur les marques plutôt que sur les saveurs pour étendre sa réputation. Cette *Hefeweizen* de style allemand, charpentée, est de bonne facture.
www.obolon.ua

SAN MARTINO GOLD (7,6 % vol.)
Birrificio Ticinese, Stabio (Suisse)
Cette nouvelle brasserie, parmi les plus intéressantes dans les cantons suisses de langue italienne, reflète bien l'ingéniosité du pays voisin. En témoigne cette douce *Bock* blonde *doppio malto* mêlée de miel.
www.birrasanmartino.ch

SCHWARZER KRISTALL (6,3 % vol.)
Brauerel Locher AG, Appenzel (Suisse)
Une famille de brasseurs établie de longue date en Suisse. Elle produit des bières de style allemand, dont cette lager noire légèrement fumée, aux notes de café et de chocolat.
www.appenzellerbier.ch

L'Ukraine est un pays à suivre dans le domaine du brassage. Le pays compte quatre grandes compagnies brassicoles, dont deux d'entre elles sont propriété de l'État ; l'office de tourisme national promeut les visites de cinq microbrasseries dans la deuxième ville du pays, la cité brassicole de Lviv. Signe que le brassage artisanal réalise de réels progrès en Europe : les plus petits pays ont compris que leurs brasseries devaient être modernes et accueillantes. La *Brasserie de Monaco*, élégant restaurant-brasserie servant des bières artisanales de belle facture, a ainsi rouvert ses portes. Au Liechtenstein, la première brasserie commerciale créée il y a près d'un siècle (*voir* p. 168) a repris son activité.

Le Luxembourg devrait aussi retrouver goût à la bière : le brassage artisanal s'est consolidé sous l'égide d'une société privée. Quant à l'île de Malte, le grand producteur local Cisk-Farsons pourrait bientôt avoir affaire à forte concurrence.

Ci-dessus : le succès des deux festivals de bière concurrents à Saint-Pétersbourg augure bien du développement du brassage artisanal ; de plus, le public est enthousiaste.

STOLICHNO TEMNO (6,5 % vol.)
Pivovarna Zagorka, Stara Zagora (Bulgarie)
La meilleure bière du pourtour de la mer Noire : une pure *Bock* à la robe foncée (à moins qu'il ne faille plutôt parler de *bok*, puisqu'elle provient d'une filiale de Heineken).
www.zagorka.bg

TAMNO VELEBITSKO PIVO (6 % vol.)
Pivovara Ličanka, Donje Pazarište (Croatie)
Cette brasserie implantée au centre de la Croatie fut fondée en 1997 ; elle produit deux ou trois lagers à base de malt exclusivement, selon les règles du *Reinheitsgebot* ou « décret sur la Pureté de la bière » (*voir* p. 80). Celle-ci est la plus forte et la plus foncée.
www.pivovara-licanka.hr

VERGINA WEISS (5 % vol.)
Brasserie de Thrace macédonienne Komotini (Grèce)
Une nouvelle brasserie du nord de la Grèce fondée par un brasseur de formation américaine. Elle s'est joliment développée et produit quatre bières, dont cette blanche de style bavarois, aux nuances de banane et de clou de girofle.
www.verginabeer.com

URPINER LEŽIAK VÝČAPNÝ TMAVÝ 11°
(4,5 % vol.)
Banskobystrický Pivovar, Banská Bystrika (République slovaque)
Dans l'ancienne ville brassicole de Banská Bystrika, cette entreprise régionale récemment modernisée fabrique six bières Urpiner : cette douce et suave lager noire est le fleuron de sa production.
www.urpiner.eu

WËLLEN OURDALLER (6,5 % vol.)
Ourdaller Brauerei, Heinerscheid (Luxembourg)
Cette modeste brasserie de la famille Simon détient deux petites structures de production artisanale, dont celle qui fabrique cette bière trouble et foncée, composée de sarrasin, assez forte et goûteuse.
www.beo.lu

Bières en collaboration

La production de bière artisanale et la microbrasserie relèvent plus de l'activité associative que de l'industrie compétitive. Il y a peu de temps encore, les brasseurs se faisaient volontiers photographier avec le maillot aux couleurs de leurs concurrents ; tous se cotoyaient lors des journées de dégustation, et aucun n'aurait refusé de boire un verre d'ale ou de lager produite par son voisin ; d'ailleurs si une brasserie rencontrait des difficultés (problème de fermentation ou livraison de tonnelets défectueux), elle pouvait toujours compter sur l'entraide.

Bref, il existait une franche camaraderie entre confrères. Il n'est pas étonnant, dès lors, que les brasseries aient fini par unir leurs forces pour créer des bières spéciales, voire exceptionnelles. Les premiers brassins produits en collaboration virent le jour aux États-Unis. Les leaders de l'activité brassicole sillonnaient inlassablement les routes pour promouvoir leurs produits. Un brasseur prévenait un confrère qu'il allait se rendre dans son district à l'occasion d'un festival, et les idées fusaient, les emplois du temps se calaient, les périodes de brassage s'ajustaient. La bière en résultant était parfois produite uniquement par la brasserie visitée, mais elle pouvait aussi être reproduite par la suite par le brasseur qui s'était déplacé.

Après des débuts modestes, le concept de collaboration prit vite son essor, non seulement aux États-Unis mais aussi dans le monde entier. Grâce aux moyens de la communication quasi instantanée que sont les Smartphones, les courriels, Facebook, entre autres, les brasseurs ont pu organiser des tournées et promouvoir ainsi les projets collaboratifs. De plus, l'émergence du concept de « brasseur gitan », ou de brasseur itinérant sans brasserie a encore renforcé le phénomène.

Reste que la bière de collaboration n'aurait probablement jamais pu se développer si la philosophie de la bière artisanale n'avait essaimé à un niveau mondial répandant cette idée que les « petits artisans » pouvaient s'opposer aux géants du monde entier.

Tandis que les colossales sociétés brassicoles internationales, s'agrandissaient encore et toujours au moyen des fusions-acquisitions, les brasseurs artisanaux avaient le sentiment d'être moins des entreprises individuelles qu'un mouvement collectif s'opposant à la production mondialisée et standardisée de lagers légères.

Désormais, des brasseurs de renom apportent leur pierre à l'édifice de la collaboration : les Stone (États-Unis), Mikkeller (Danemark), BrewDog (Écosse), Epic (Nouvelle-Zélande) et autres brasseurs monastiques de La Trappe (Pays-Bas). Tous ont œuvré pour imposer des idées nouvelles et produire des brassins toujours plus inventifs.

À l'heure où nous rédigeons ce livre, les collaborations sont déjà si nombreuses qu'il est difficile de toutes les nommer, mais parmi les plus mémorables, citons : Infinium (Weihenstephan d'Allemagne) et la bière Boston des États-Unis ; Collaboration Not Litigation [« Collaboration et non pas Contentieux »] (ou lorsque deux brasseries américaines, Russian River et Avery, s'aperçoivent qu'elles produisaient des bières de même nom) ; Portamarillo (Epic de Nouvelle-Zélande et Dogfish Head des États-Unis pour la série de la chaîne Discovery, *Brew Masters*) ; et enfin, la VCBW Cascadian Dark Ale (une collaboration née en 2011, durant la Semaine de la bière à Vancouver, au Canada, réunissant vingt-huit brasseurs de différentes brasseries en Colombie-Britannique).

Ci-contre : les bières de collaboration, telles les trois photographiées ici, sont habituellement embouteillées ; le caractère limité de leur édition est un atout.

Ci-dessus : le brasseur danois « gitan » Mikkel Borg Bjergsø compte sur les brasseries des collègues pour fabriquer ses propres bières.

Ci-dessus : départ matinal pour l'équipe de la compagnie brassicole Renaissance en Nouvelle-Zélande.

Ci-dessus : rivaux fraternels dans la fabrication de la bière, les Yeastie Boys vérifient les niveaux.

Ci-dessus : l'intérêt de la collaboration ne se limite pas à la production de grandes bières ; il s'agit aussi de prendre du bon temps lors du brassage.

LES AMÉRIQUES

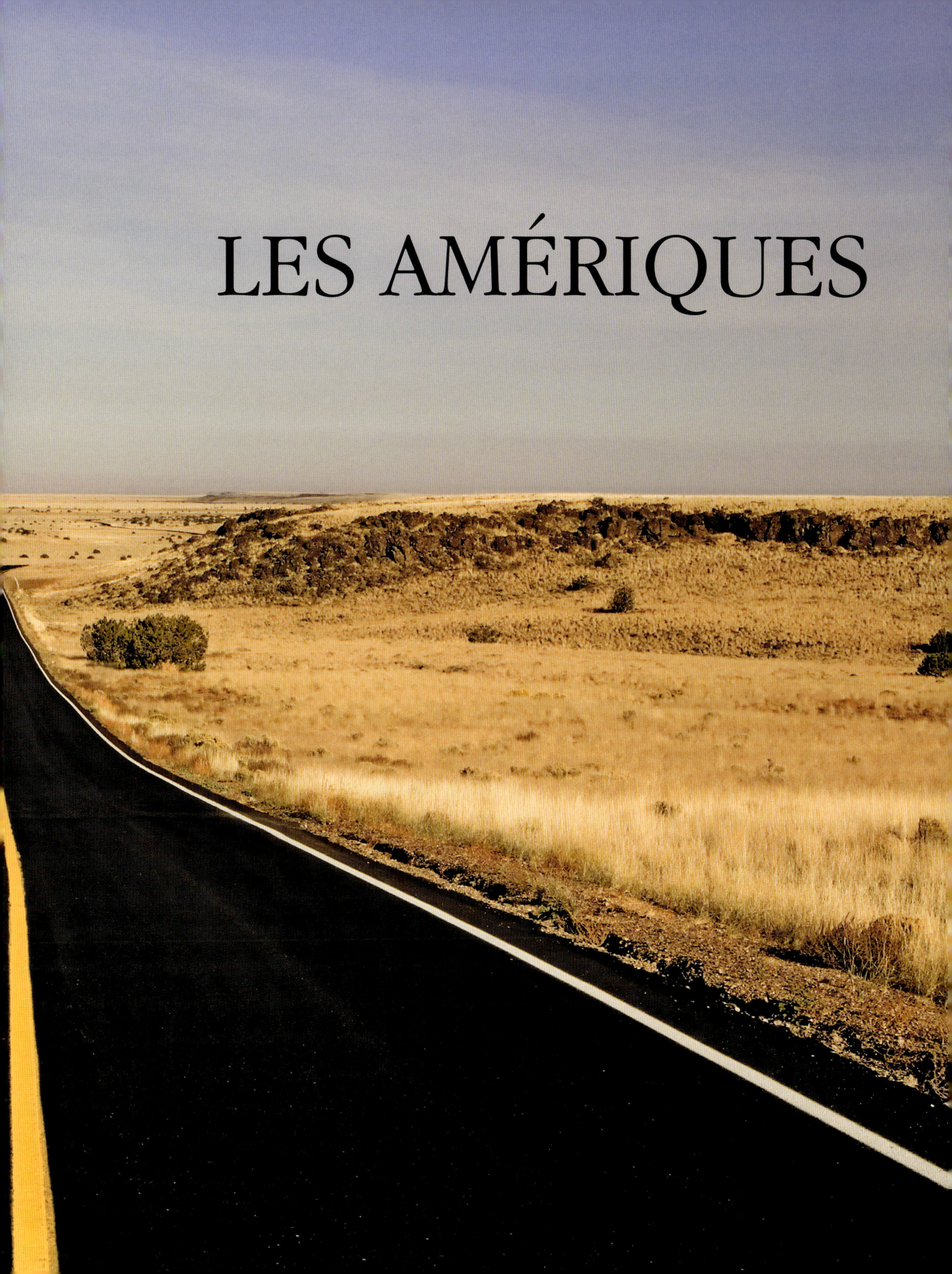

Qui aurait imaginé dans les années 1970 que l'Amérique du Nord allait être le berceau de la bière artisanale de qualité ? Qui aurait prédit que ces Américains réputés pour leur humour de comptoir, pour leurs blagues faciles de gros buveurs, allaient devenir des amateurs de bières éclairés ? À l'époque, les États-Unis et le Canada étaient inondés de lagers médiocres et insipides, et sans aucune originalité.

Page précédente : la route aura été longue pour les brasseurs artisanaux américains, mais leur essor est à présent phénoménal.

Certes, il existait des poches de résistance, telles que la brasserie Anchor de Californie (*voir* p. 180), la Yuengling de Pennsylvanie (*voir* p. 196), ou l'Oland de la Nouvelle-Écosse avant son absorption par Labatt. Mais, dans l'ensemble, le marché de la bière nord-américain fut de type industriel, donc morne, durant les quelque quarante-cinq ans qui ont suivi l'abolition de la Prohibition. À l'approche des années 1980, les États-Unis comptaient à peine plus de cinquante sociétés brassicoles, et le Canada seulement sept.

Trente ans plus tard, si les marques de lagers comme Budweiser et Coors Light dominent encore le marché tant au Canada qu'aux États-Unis, la consommation de bière dans l'Amérique du Nord est d'une toute autre nature. Les chiffres sont éloquents : en 2011, les États-Unis abritaient plus de brasseries qu'ils n'en avaient eues en plus d'un siècle, voire plus que dans toute leur histoire : plus de mille huit cents. Avec une population bien moins nombreuse, le Canada en recèle encore plus par habitant. Le développement des brasseries s'est accompagné d'une expansion massive des parts de marché ; en 2010, aux États-Unis, la bière artisanale détenait près de 5 % de parts de marché en volume (au Canada, les statistiques portant sur les ventes de bières artisanales ne sont pas enregistrées au niveau national, mais on suppose qu'elles suivent une courbe similaire à celle des États-Unis). En valeur, le marché de la bière artisanale a enregistré une hausse de plus de 10 % en 2010. Aussi impressionnantes que puissent être ces données, elles ne sont rien au regard de l'influence que les brasseries nord-américaines exercent depuis le début du nouveau millénaire sur la communauté mondiale des brasseurs artisanaux.

Ci-dessus : la Prohibition fut abrogée l'année qui suivit la manifestation de 1932 à New York.

Page suivante : bières goûtées directement au tonnelet – une scène, qui pourrait dater de 1995 environ dans un pub-brasserie américain, mais qui a été photographiée dans un restaurant du quartier branché de Palermo Viejo à Buenos Aires.

Après des années passées à suivre les brasseurs allemands, anglais et belges, les Nord-Américains ont pris la tête de la révolution brassicole mondiale ; ce sont eux, désormais, qui ouvrent des voies nouvelles aux producteurs de bière de Belgique et de Grande-Bretagne (tenants s'il en est d'une longue tradition en la matière), et d'Italie, du Japon ou du Danemark.

AMERICAN CRAFT BEER WEEK
CraftBeer.com

Ci-dessus : la Semaine de la bière artisanale s'est développée dans les villes et les régions des États-Unis ; une célébration nationale est même soutenue par le Congrès.

L'Amérique du Sud ne saurait tarder à rejoindre le mouvement, car elle dispose d'un ensemble solide de brasseries, notamment au Brésil, en Argentine et au Chili. Certes, il leur sera difficile de tenir tête aux grandes brasseries, plus puissantes encore que celles auxquelles les brasseurs d'Amérique du Nord ont dû se confronter dans les années 1980. Il leur faudra du courage et de l'obstination. Le Mexique et les Caraïbes restent, eux, sous le joug des grosses sociétés brassicoles internationales. Non qu'aucune initiative en matière de brassage artisanal n'ait vu le jour (il y a, par exemple, plus d'une vingtaine d'entreprises de ce type au Mexique), mais ces brasseries sont si petites qu'elles en sont presque invisibles.

Ci-dessus : D G Yeungling & Son, à Pottsville en Pennsylvanie, est la plus ancienne brasserie en activité des États-Unis.

LES ÉTATS-UNIS

Quand, en mai 1976 à Sonoma, Jack McAuliffe créa la compagnie brassicole de la Nouvelle Albion en Californie, il n'aurait jamais imaginé l'ampleur qu'allait prendre le mouvement qu'il venait de lancer. Car, même si cette première brasserie artisanale de l'ère moderne ne subsista que cinq ou six ans, elle essaima dans tous les États-Unis, de Sarasota en Floride jusqu'à Anchorage en Alaska.

LES MARQUES LES PLUS VENDUES DANS LE PAYS

Blue Moon	(MillerCoors*)
Bud Lite	(Anheuser-Busch InBev)
Busch	(Anheuser-Busch InBev)
George Killian's	(MillerCoors*)
Leinenkugel's	(MillerCoors*)
Michelob	(Anheuser-Busch InBev)
Pabst	(National)
Samuel Adams	(National)
Shock Top	(Anheuser-Busch InBev)
Yuengling	(National)

* Aux États-Unis, SABMiller et MolsonCoors travaillent conjointement sous le nom de MillerCoors.

Ci-contre : Jack McAuliffe fut le précurseur du brassage artisanal aux États-Unis, avec sa compagnie brassicole New Albion implantée au nord de la Californie.

En 2011, des centaines de brasseries et de pubs-brasseries sont disséminés dans les cinquante États. La demande est croissante et les brasseries s'efforcent de la satisfaire. Certains établissements ont toutefois renoncé à s'implanter dans de nouvelles villes ou de nouveaux États de peur de ne plus pouvoir répondre aux besoins de leurs clients habituels ; d'autres se retirent de marchés moins porteurs pour se consacrer aux plus importants. Les volumes de vente de bière artisanale représenteront bientôt des centaines de milliers de tonneaux.

Le succès de la bière artisanale aux États-Unis est tel que les amateurs ont maintenant leurs « rock stars » ; citons Sam Calagione de la brasserie artisanale Dogfish Head dans le Delaware (*voir* p. 198), Tomme Arthur de la Lost Abbey à San Marcos (*voir* p. 183) et Adam Avery of Boulder, de l'Avery dans le Colorado (*voir* p. 188). Tels des prêcheurs, ces brasseurs sillonnent les États-Unis afin de promouvoir leurs produits.

Les Américains aiment faire grosse impression. Les brasseurs ont donc envisagé de produire des bières encore plus houblonnées et plus fortes en alcool qu'une blonde (pale ale) India traditionnelle ou même qu'une IPA. Ainsi est née l' IPA « double ». De même, un Barley Wine malté et chaleureux ou un stout impérial ont pu aisément gagner en intensité en vieillissant six mois dans un ancien tonneau de bourbon, ou voir leur volume de malt augmenter de façon spectaculaire. Ces styles expérimentaux ont grandement contribué à diversifier les profils organoleptiques des bières offertes à la dégustation. Ils ont même inspiré des brasseurs de pays lointains allant de la Belgique au nord de l'Angleterre et de l'Italie au Japon. Trente petites années auront suffi aux brasseurs artisanaux américains pour apposer leur marque et modifier, peut-être pour toujours, le goût de leurs compatriotes pour la bière.

CONSEILS AUX VISITEURS

- Aux États-Unis, à chaque bar et à chaque pub-brasserie son ambiance : bar sportif dans lequel trône un immense écran plat ou bien lieu prestigieux, aux tables recouvertes d'une nappe blanche impeccable.
- À moins d'être au comptoir, assis ou debout on adresse ses commandes aux serveurs.
- Les établissements mettent souvent leurs bières pression en avant. Néanmoins, ils possèdent aussi des bières en bouteille : il suffit de les demander. Des raretés sont à dénicher.
- Les établissements sérieux disposent d'un personnel qualifié et capable de répondre aux demandes des vrais amateurs, et de leur faire découvrir de grandes bières.

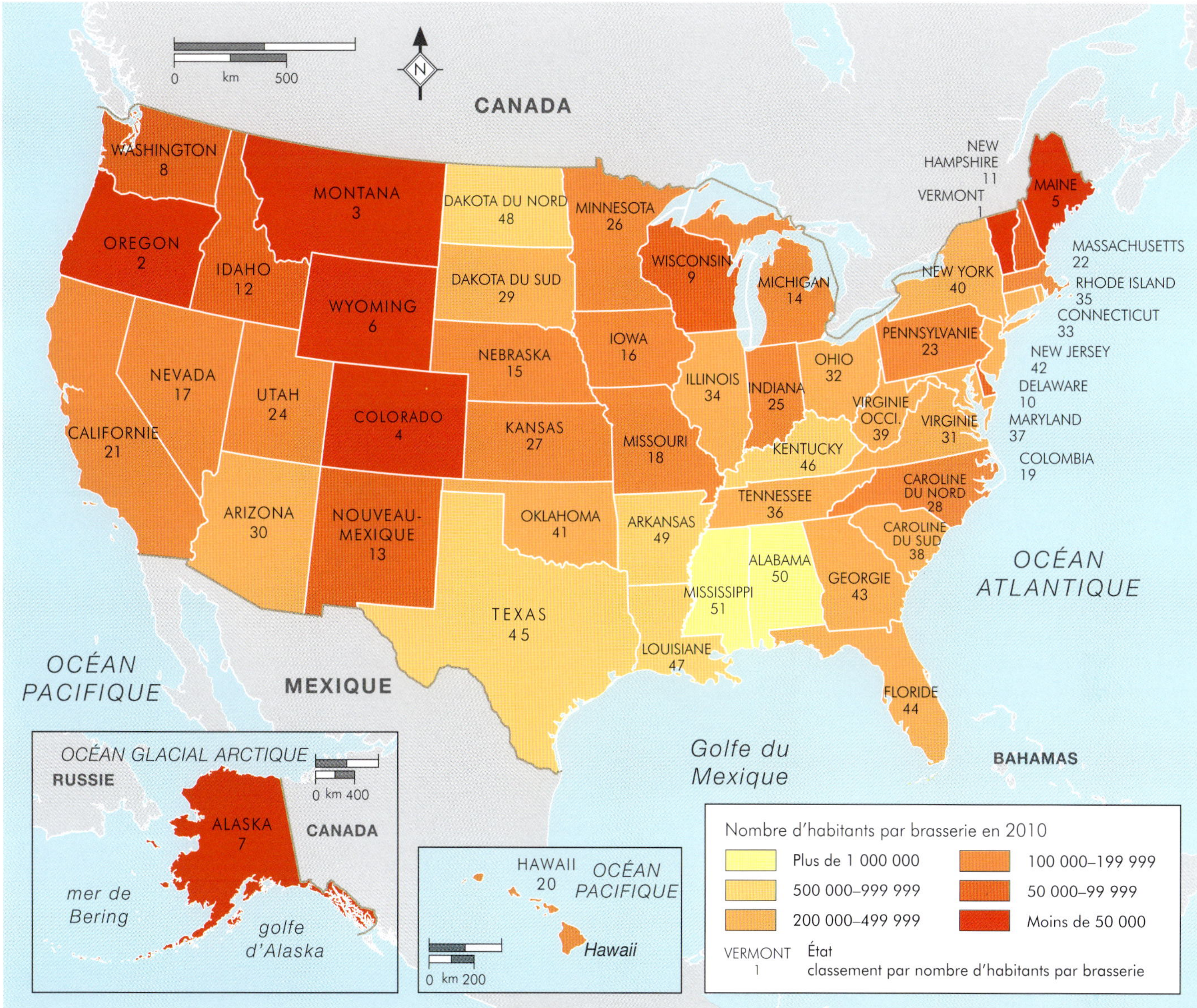

ÉTATS	BRASSERIES	NB. HAB/BRAS.
Vermont	21	29797
Oregon	121	31662
Montana	27	36645
Colorado	118	42620
Maine	31	42850
Wyoming	12	46969
Alaska	15	47349
Washington	123	54671
Wisconsin	72	78986
Delaware	11	81630
New Hampshire	19	82279
Idaho	21	82504
Nouveau-Mexique	85	98,
Michigan	15	116278
Nebraska	24	121756
Iowa	19	126931
Nevada	40	142134
Missouri	40	149723
Colombia	4	150 431
Hawaï	9	151145
Californie	245	152057
Massachusetts	42	155896
Pennsylvanie	77	164966
Utah	16	172743
Indiana	35	185251
Minnesota	28	189426
Kansas	15	190208
Caroline du Nord	47	199010
Dakota du Sud	4	203545
Arizona	30	213067
Virginie	37	216244
Ohio	47	245458
Connecticut	14	255293
Illinois	49	261850
Rhode Island	4	263142
Tennessee	23	275918
Maryland	19	303871
Caroline du Sud	15	308358
Virginie occidentale	6	308832
New York	59	328442
Oklahoma	9	416817
New Jersey	20	439595
Géorgie	21	461300
Floride	39	482085
Texas	48	523866
Kentucky	8	542421
Louisiane	8	566672
Dakota du Nord	1	672591
Arkansas	4	728980
Alabama	4	1194934
Mississippi	2	1483649

La Californie

Dès qu'elle a rejoint l'Union (1850), la Californie est devenue dans l'inconscient collectif américain la terre du lait et du miel, celle de tous les possibles. Il semble donc naturel de situer au nord de cet État le berceau du brassage artisanal américain de notre ère.

Dans le San Francisco des années 1960, un jeune homme du nom de Fritz Maytag, membre de la célèbre dynastie fabricante d'électro-ménager et étudiant universitaire, avait un faible pour une bière appelée Anchor Steam, qu'il savourait entre amis à la « Spaghetti Factory ». Un jour, il apprit du barman que l'établissement allait fermer (*voir* ci-dessous). Consterné, il rendit aussitôt visite au brasseur régional. Maytag saisit immédiatement l'opportunité qui se présentait à lui et conclut un accord pour une acquisition partielle de la brasserie. Il travailla dur et avec passion pour ressusciter l'usine vieillissante et, au début des années 1970, il en devint l'unique propriétaire.

Ci-contre : San Francisco séduit les visiteurs autant par ses curiosités mythiques que par ses bières.

En 1975, Maytag avait redressé la barre d'Anchor et introduit de nouvelles marques à la gamme, dont un porter, ainsi que la Liberty Ale et l'Old Foghorn Barley Wine (une ale de style Barley Wine).

Maytag s'attachait à créer des bières aux saveurs intenses, alors que les autres brasseries américaines produisaient des lagers plus insipides les unes que les autres. Son exemple fut bientôt suivi, notamment par Jack McAuliffe de Sonoma, Ken Grossman et Paul Camusi de Chico, ainsi que par Ted DeBakker de Novato ; avant 1980, tous allaient ouvrir une brasserie, respectivement, la Nouvelle Albion, la Sierra Nevada (*voir* p. 182) et la DeBakker.

Dans les années 1980, la brasserie artisanale (qu'on appelait alors microbrasserie) s'étendit à la Californie, puis à l'ensemble des États-Unis. Elle était mieux implantée dans certaines

SÉLECTION DE BIÈRES

ALE ANNIVERSAIRE (+/- 12 % vol.)
Compagnie brassicole Firestone Walker Paso Robles
Tous les ans depuis le dixième anniversaire de la brasserie, le brasseur Matt Brynildson crée une ale spéciale, en assemblant jusqu'à sept bières vieillies en fût de chêne. Elle est baptisée selon ledit anniversaire (la « cuvée » 2012 est la 16ᵉ). Tonifiante et intensément aromatisée, elle ne déçoit jamais.
www.firestonebeer.com

BIÈRE ANCHOR STEAM (4,9 % vol.)
Compagnie brassicole Anchor, San Francisco
Fermenté sous l'action de levures de lager, à des températures qui correspondent davantage au standard adopté pour la production d'une ale, voici un brassin hybride post-Prohibition. Son nez est caramélisé, tandis que son corps sec offre des notes généreusement maltées et une finale vive, d'une légère amertume.
www.anchorbrewing.com

ALE ARROGANT BASTARD (7,2 % vol.)
Compagnie brassicole Stone, Escondido
Fait incroyable, la brasserie Stone s'est taillé un insolent succès grâce à cette ale forte intensément houblonnée et parée d'une robe foncée. À une petite amertume répond un malt caramélisé et fruité.
www.stonebrew.com

AUTUMN MAPLE (10 % voL.)
The Bruery, Placentia
Cette ale de saison, brassée avec des patates douces, de la mélasse, du sirop d'érable et des épices, offre un goût… de patates douces mêlé de notes de piment de Jamaïque, de tubéreuses caramélisées, d'érable et de houblons (épices et noisette). Une expérience unique.
www.thebruery.com

Baie de San Francisco
Centre spirituel du brassage artisanal américain, la baie de San Francisco est une des meilleures destinations pour la bière : les brasseries y sont nombreuses, de même que les bars à bière et restaurants.

régions que dans d'autres, mais « l'État doré » restait toujours à l'avant-garde. En 1982, le pub-brasserie, défini comme une brasserie en raison de sa capacité à vendre directement au public dans le cadre d'un restaurant, fut formellement reconnu par l'État. Deux nouveaux établissements s'ouvrirent bientôt, et la brasserie Yakima de Bert Grant, État de Washington, devint même le tout premier pub-brasserie moderne d'Amérique.

Au cours des années 1990, la popularité du brassage artisanal n'a fait que croître dans toute la Californie, mais il fallut attendre l'année 2000 pour que l'État trouve réellement un rythme de croisière. San Diego est récemment devenue l'une des capitales du brassage artisanal dans l'Ouest. La production de l'AleSmith (*voir* p. 182), l'activité de la brasserie Stone et, plus récemment, l'arrivée de la Bruery (*voir* p. 180) en témoignent.

STOUT D'AVOINE BARNEY FLAT (5,5 % vol.)
Compagnie brassicole de la Vallée Anderson, Boonville
L'avoine qui le compose confère à ce stout une texture satinée et une légère douceur de flocons d'avoine. Le tout s'harmonise aux saveurs de malt torréfié, jamais amères, ainsi qu'au goût de noisette hérité du houblonnage. Un caractère demi-sec.
www.avbc.com

PILSEN LAGUNITAS (6,2 % vol.)
Compagnie brassicole Lagunitas, Petaluma
Quand la Californie du Nord rencontre la République tchèque… L'amertume de cette lager herbacée et florale est équilibrée par une base maltée presque douce. La finale vigoureusement houblonnée est rafraîchissante.
www.lagunitas.com

STOUT CHOCOLAT BIO (5 % vol.)
Compagnie brassicole Bison, Ukiah
Marquée par des arômes de cacao brut et de café, cette ale noire attaque tout en douceur et en légèreté avec des notes de réglisse, avant de développer sa matière crémeuse, dominée par le moka, puis une finale de chocolat amer. Un heureux mariage du chocolat et du stout.
www.bisonbrew.com

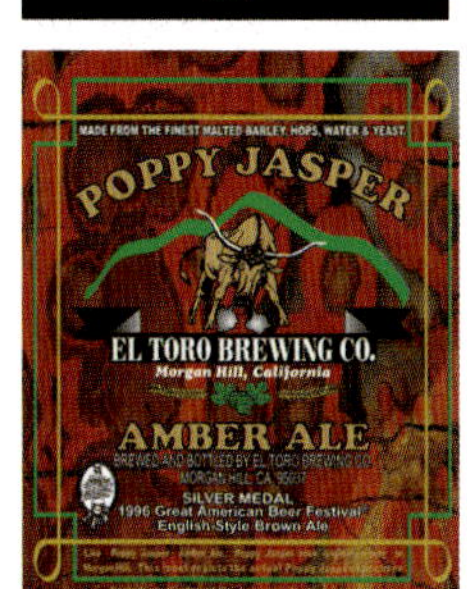

ALE AMBRÉE POPPY JASPER (5,3 % vol.)
Compagnie brassicole El Toro, Morgan Hill
Preuve que l'ambrée n'est pas forcément sans intérêt, voici une ale gouleyante au fruité maîtrisé et à la douce amertume, qui possède assez de malt torréfié pour affirmer son caractère. Une grande bière californienne de comptoir.
www.eltorobrewing.com

Les brasseurs californiens ont prouvé qu'ils étaient, sinon les instigateurs de l'innovation dans le monde brassicole, du moins des acteurs inventifs. Pour preuve, l'emploi de levures sauvages et de bactéries dans l'élaboration d'ales dites « aigrelettes », comme le pratique Vinnie Cilurzo de la Russian River (*voir* ci-dessous page suivante), ainsi que le vieillissement de la bière en baril, dont Tomme Arthur de The Lost Abbey (*voir* ci-dessous page suivante) se fait le chantre.

Aire de San Diego
Si elle fut d'abord lente à développer une culture brassicole artisanale, la région de San Diego s'est épanouie au XXIe siècle pour devenir l'un des meilleurs centres d'innovation et d'expérimentation brassicoles en Amérique.

SÉLECTION DE BIÈRES

MY BLOODY VALENTINE (6,66 % vol.)
Compagnie brassicole AleSmith, San Diego
D'une robe presque écarlate, cette saisonnière (produite à la Saint-Valentin) présente des arômes de pin et de luzerne. La bouche légèrement caramélisée évoque la pomme, puis se développe en une finale tannique et houblonnée.
www.alesmith.com

PRANQSTER (7,6 % vol.)
Compagnie brassicole North Coast, Fort Bragg
Une brasserie artisanale expérimentée propose cette blonde ale fruitée et florale. Un arôme de noyau de pêche souligne l'amertume délicate en bouche, tandis que la finale épicée est dépourvue de toute sécheresse.
www.northcoastbrewing.com

RACER 5 IPA (7 % vol.)
Compagnie brassicole Bear Republic, Healdsburg
L'usage des quatre « houblons en C » (le genre à produire une amertume acidulée) confère à cette ale des arômes de zestes de citron et de pamplemousse à profusion, avec des nuances herbacées et résineuses. Un malt biscuité vient équilibrer le tout.
www.bearrepublic.com

SIERRA NEVADA PALE ALE (5,6 % vol.)
Compagnie brassicole Sierra Nevada, Chico
Cette pale ale de style américain classique illustre la personnalité épicée et aromatique du houblon Cascade. Celui-ci lui confère un plaisant caractère acidulé, avec une tonalité d'orange davantage que de pamplemousse. Une bière à l'amertume modérée devenue, à juste titre, une icône du brassage artisanal.
www.sierranevada.com

Ci-contre : assis au bar de la compagnie brassicole de l'Anderson Valley, vous pourriez bien entendre parler « boontling », un dialecte qui ne se pratique qu'à Boonville.

LA NAISSANCE DE « LA GAZETTE DU BRASSEUR »

Un jeune Canadien du nom de Bret Nickels, qui vivait dans la région de la baie San Francisco, fut le premier à percevoir que l'univers de la bière artisanale ne se limitait pas à la fabrication et à la vente d'ales et de lagers. À la Saint-Valentin de 1988, Bret Nickels et Julie, son épouse d'alors, lancèrent donc le premier numéro du *California Celebrator* (devenu aujourd'hui *Celebrator* tout court) : ainsi le « journal du brasseur » vit-il le jour. Depuis ce premier numéro, la presse brassicole s'est développée dans l'ensemble des États-Unis ; l'un de ces journaux couvre les principaux marchés du pays. Tous s'inscrivent dans la ligne éditoriale du *Celebrator* et présentent les nouveautés de la région, des articles écrits par des spécialistes, ainsi que des adresses de brasseries, de pubs-brasseries et de bars. Outre le *Celebrator*, citons *Ale Street News* et la série des *Brewing News*.

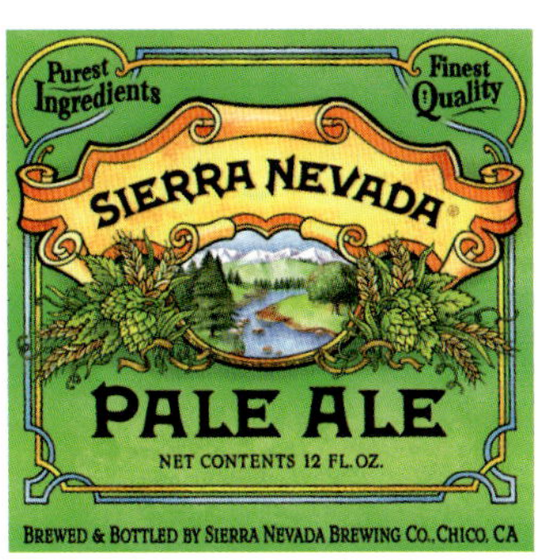

TEMPTATION (7,25 % vol.)
Compagnie brassicole Russian River, Santa Rosa
Vieillie pendant une année dans des fûts de chêne français ayant contenu du vin de chardonnay (avec culture de *Brettanomyces*), cette ale possède une rare intensité. Aux arômes de fruits tropicaux succèdent bientôt une explosion de vanille boisée, de raisin et de flaveurs tourbées légèrement acidulées.
www.russianriverbrewing.com

THE ANGEL'S SHARE (12,5 % vol.)
The Lost Abbey, San Marcos
Vieillie un an en baril, cette ale vigoureuse a hérité des arômes du bois (qui rappelent essentiellement ceux du bourbon, mais parfois aussi ceux du cognac). En bouche, son caractère malté complexe est souligné par des notes de vanille, des nuances de mélasse et de fruits secs.
www.lostabbey.com

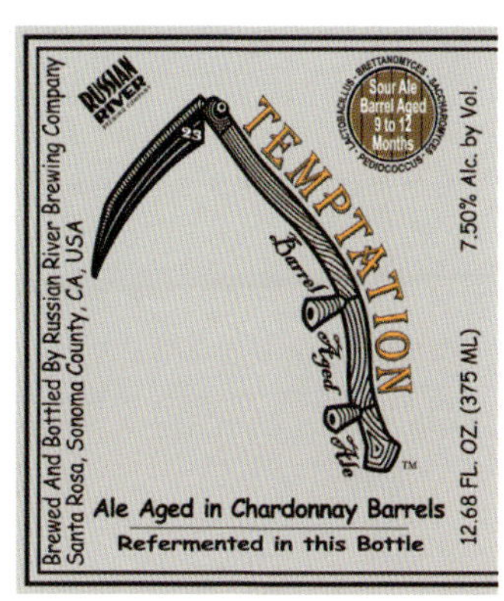

TRIPPEL BELGIAN STYLE ALE (9,7 % vol.)
Compagnie brassicole Green Flash, San Diego
Connue pour ses ales intensément houblonnées, Green Flash s'enorgueillit aussi de ses bières de style belge, dont cette ale dorée florale, à l'amertume fruitée ; des arômes houblonnés s'associent à des flaveurs maltées complexes.
www.greenflashbrew.com

Le Pacifique nord-ouest, l'Alaska et Hawaii

Certes, la Californie peut, à juste titre, revendiquer d'avoir été à l'origine du brassage artisanal américain et de l'avoir mis en œuvre à l'échelle commerciale grâce à Anchor (*voir* p. 180) et à New Albion. Pourtant, c'est au nord-ouest du Pacifique qu'il a prospéré comme nulle part ailleurs. Dans les États de Washington et de l'Oregon, et même en Alaska et sur les îles Hawaii, il n'est pas une ville ou un bourg qui n'ait à proximité une brasserie ou un pub-brasserie. Et si, d'aventure, il n'y en avait pas, il resterait toujours un bar pour servir de la bière artisanale.

Ce ne devrait pas être une surprise, au fond. Les habitants des États de l'Oregon et de Washington sont connus pour leur anticonformisme, optant pour la bicyclette et les transports publics, quand d'autres préfèrent le volant, et adoptant le « locavore » bien avant que ce mouvement devienne à la mode. En outre, les cultures de houblons les plus fertiles d'Amérique se trouvent dans la vallée Yakima de l'État de Washington : une source toute trouvée pour la fabrication des ales houblonnées et épicées tant appréciées.

Avant même la fondation du premier pub-brasserie moderne d'Amérique par Bert Grant à Yakima dans l'état de Washington (*voir* également p. 202) et l'inauguration, en 1982, de la brasserie Red Hook de Seattle, les habitants avaient déjà leurs petites préférences en matière de bière.

À la fin des années 1970, alors que les marques courantes de bière devenaient de plus en plus insipides, la brasserie Blitz-Weinhard de Portland attira l'attention en produisant ce que le spécialiste de la bière Michael Jackson (*voir* p. 34) considérait comme « peut-être la

Ci-dessus : aussi reculé soit-il (mais peut-être est-ce un atout ?), l'Alaska accueille de nombreuses brasseries artisanales de qualité.

SÉLECTION DE BIÈRES

ADAM (10 % vol.)
Compagnie brassicole Hair of the Dog, Portland (Oregon)
Première bière d'une brasserie iconoclaste, cette ale chaleureuse, au riche bouquet marqué par des arômes de raisin macéré au cognac et d'autres fruits concentrés, s'inscrit dans un style disparu depuis longtemps, qui avait jadis cours à Dortmund, en Allemagne.
www.hairofthedog.com

BARLEY WINE ARCTIC DEVIL (13,2 % vol.)
Compagnie brassicole Midnight Sun, Anchorage (Alaska)
Vieilli en fût de chêne puis assemblée avant l'embouteillage, ce Barley Wine chargé en malt offre un nez de vanille et de fruits confits, de caramel et autres douceurs maltées. Une sensation de sécheresse plus que d'amertume est perceptible en raison d'un houblonnage doux.
www.midnightsunbrewing.com

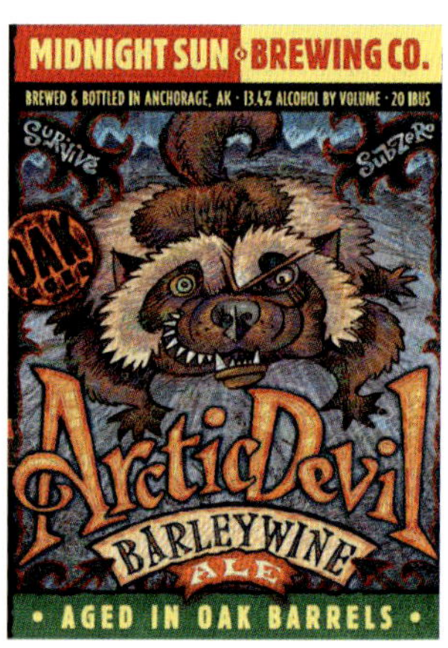

AVATAR JASMINE IPA (6,3 % vol.)
Compagnie brassicole Elysian, Seattle (Washingon)
Les fleurs de jasmin qui entrent dans la créaction de cette ale lui donnent une généreuse personnalité florale. En contrepoint se manifeste le caractère épicé et acidulé du houblon Amarillo.
www.elysianbrewing.com

BLACK BUTTE PORTER (5,2 % vol.)
Brasserie Deschutes, Bend (Oregon)
Cette bière est bien partie pour devenir une légende. Elle illustre l'évolution idéale du porter américain, crémeux et doux, avec un caractère de malt chocolaté à la limite de l'amertume houblonnée.
www.deschutesbrewery.com

La région de Seattle

L'État de Washington accueillit le premier pub-brasserie moderne des États-Unis (Grant's, à Yakima). Ce type d'établissement y est encore florissant. Seattle, première ville de l'État, est l'épicentre de cette culture des pubs-brasseries.

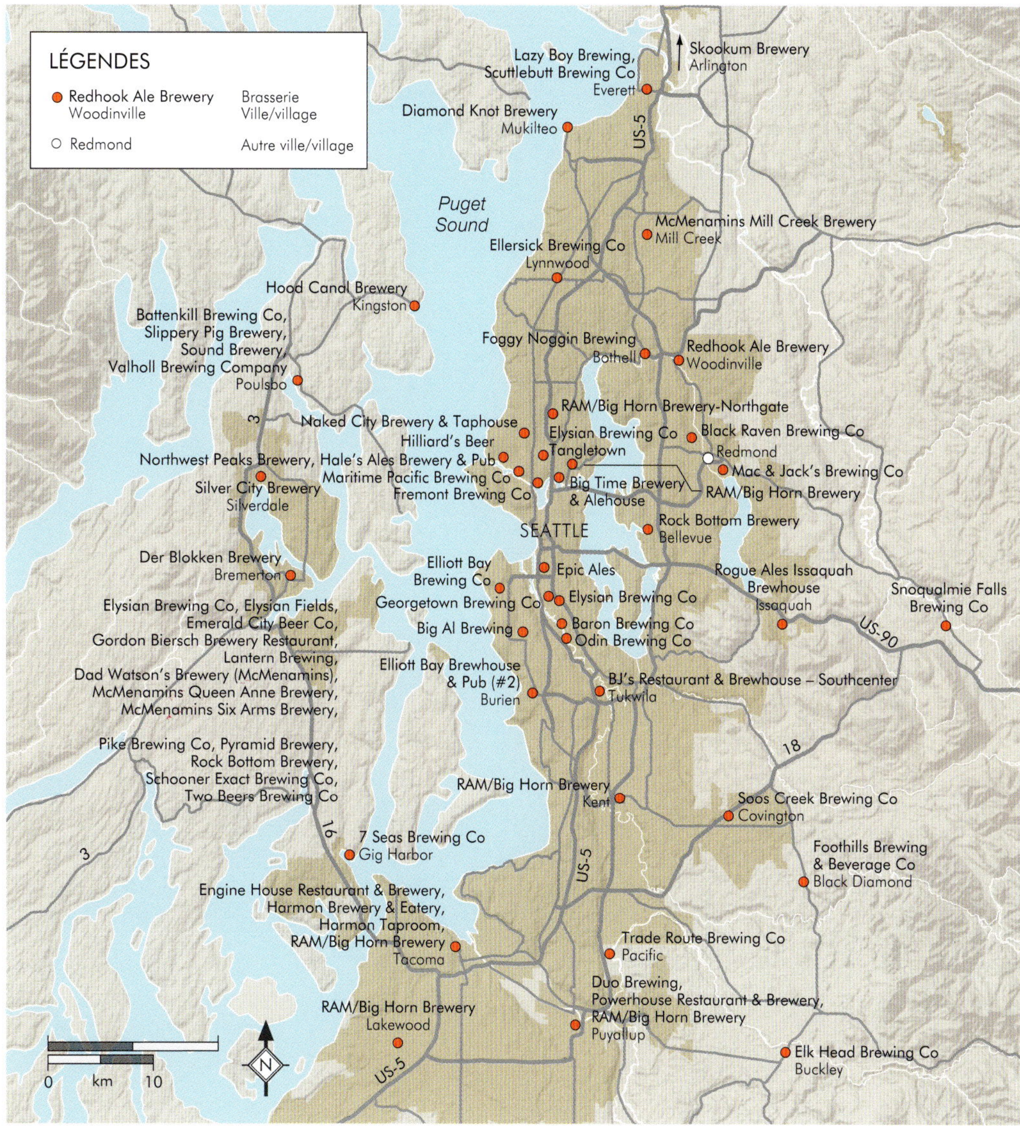

Page de gauche : depuis plus d'un siècle, la vallée Yakima dans l'État de Washington est réputée pour ses cultures de houblon.

BRIDGEPORT INDIA PALE ALE (5,5 % vol.)
Compagnie brassicole Bridgeport, Portland (Oregon)
Cette brasserie a toujours honoré les traditions brassicoles anglaises comme en témoigne cette ale gouleyante, bière vedette de Bridgeport. Elle offre un caractère malté doux et un profil houblonné moins agressif que celui de la plupart des IPA du Nord-Ouest.
www.bridgeportbrew.com

CASCADE KRIEK ALE (7,3 % vol.)
Cascade Brewing Barrel House, Portland (Oregon)
Cascade fait vieillir nombre de ses bières en fût de chêne. Des cerises ont macéré dans cette ale pendant huit mois, comme son nom le suggère [*kriek*, en néerlandais ou « griottes »]. Il en résulte un caractère à la fois doux et acidulé, ainsi que des arômes intensément fruités.
www.cascadebrewing.com

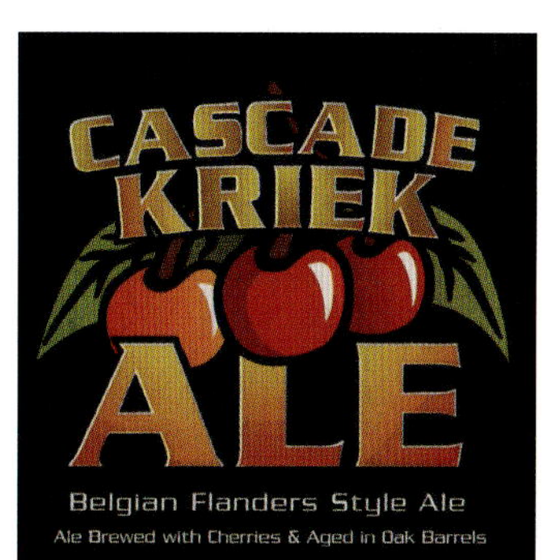

lager la plus originale des États-Unis » : la Private Reserve de Henry Weinhard. Sa personnalité houblonnée en faisait toute la singularité. Comme la plupart des brasseries régionales de renom en Amérique, Blitz-Weinhard connut des difficultés dans les dernières décennies du siècle ; la vieille brasserie finit par fermer ses portes en 1999. À sa place, on vit apparaître une multitude de brasseries artisanales, à Portland, dans l'Oregon et dans tout le Pacifique Nord-Ouest, jusqu'à Hawaii et Anchorage, en Alaska.

Acteurs importants du développement du brassage artisanal dans tout l'Oregon et dans l'État de Washington, les frères McMenamin, Mike et Brian, débutèrent leur activité dans un simple pub de Portland avant de construire un vaste réseau de pubs, de pubs-brasseries, d'hôtels et même de cinémas franchisés. À la tête de plus de cinquante succursales, dont ils sont pleinement propriétaires et gérants, les McMenamin incarnent l'esprit communautaire de la région : ils limitent les ventes de leurs ales à leurs propres établissements, résistant ainsi à la tentation d'une plus large distribution dans le pays qui nécessite un autre conditionnement.

Depuis les villes de Portland et de Seattle, le brassage artisanal a bientôt gagné l'ensemble

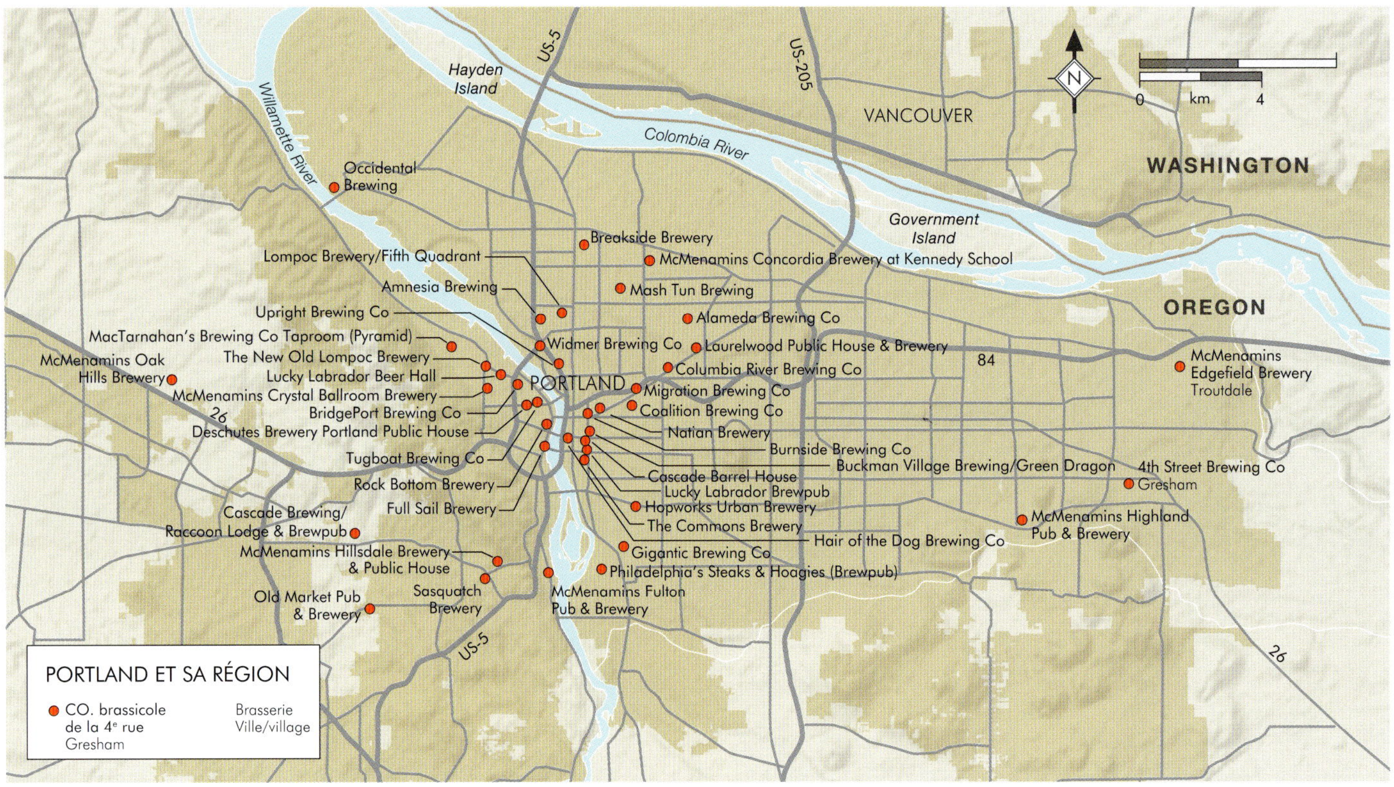

SÉLECTION DE BIÈRES

FIVE (5,5 % vol.)
Compagnie brassicole Upright, Portland (Oregon)
Pour éviter les classifications par style, Upright dénomme ses bières principales à l'aide d'un numéro, d'où le nom insolite de cette ale à reflets cuivrés.
Le fruité domine avec des accents de poire accompagnés de notes de houblon herbacé et épicé. La finale, sèche, n'en est pas moins gourmande.
www.uprightbrewing.com

HAZELNUT BROWN NECTAR (6,2 % vol.)
Brasserie Rogue, Newport (Oregon)
Des extraits de noisette sont ajoutés à cette brune maltée, qui apportent leurs arômes au bouquet déjà riche, adoucissent la petite pointe d'amertume du houblon, si commune aux autres ales Rogue, et favorisent la personnalité généreuse.
www.rogue.com

KOKO BROWN (5,5 % vol.)
Compagnie brassicole Kona, Kona (Hawaii)
Un mélange de noix de coco torréfiée et de « saveurs naturelles » confèrent des arômes francs de noix de coco à cette ale. Des notes de chocolat et de prune, ainsi que des soupçons de café fraîchement percolé s'invitent dans la finale demi-sèche.
www.konabrewingco.com

SESSION LAGER (5,1 % vol.)
Compagnie brassicole Full Sail, Hood River (Oregon)
Plus forte qu'une lager classique, celle-ci se distingue parmi les grandes ales houblonnées, si nombreuses dans le Nord-Ouest. Vive, mais équilibrée, avec juste un soupçon de malt caramélisé, elle est rafraîchissante.
www.fullsailbrewing.com

SMOKED PORTER (6,5 % vol.)
Compagnie brassicole Alaskan, Juneau (Alaska)
Bière qui fit connaître la brasserie Alaskan dans les quarante-huit États du Sud, cette ale noire possède une palette riche de bois fumé et de fruits noirs, nuancée de caramel brûlé.
www.alaskanbeer.com

SOMNAMBULATOR DOPPELBOCK (10 % vol.)
Compagnie brassicole Walking Man, Stevenson (Washington)
Le vieillissement en fût de bourbon est rare dans la production de *Doppelbocks*, et le résultat ici est probant. Des saveurs maltées pures mais douces s'accordent à la vanille héritée du chêne. Une bière riche et fluide, aussi délicieuse qu'un vrai dessert.
Email : info@walkingman.com

du territoire des deux États, et même conquis le Nord, des régions aussi improbables que Juneau, capitale de l'Alaska, accessible uniquement par les airs ou par la mer.

La compagnie brassicole Alaskan est sans doute le site de brassage le plus extrême ; son Smoked Porter a été maintes fois récompensé (*voir* ci-dessous). À Anchorage, les brasseurs ont su tirer parti de la nature bohème de ses habitants, et la culture de la bière y est bien vivace.

Le mouvement a fini par se répandre à Maui, où l'éphémère compagnie brassicole Pacific annonça le retour du brassage sur les îles, sept ans après que Schlitz ne transfère la production de la très appréciée Primo Beer de Hawaii à Los Angeles.

Portland et sa région

Surnommée parfois « Bièrevana » ou « Munich-sur-Willamette », Portland est l'agglomération des États-Unis la plus densément peuplée en brasseries. Elle accueille l'un des plus grands événements brassicoles du pays, le Festival des brasseurs de l'Oregon, qui se tient chaque année le dernier week-end de juillet.

Ci-contre : la cuve-matière de la compagnie brassicole Le Grand Teton s'est quelque peu cabossée au fil des ans, mais elle fonctionne toujours très bien.

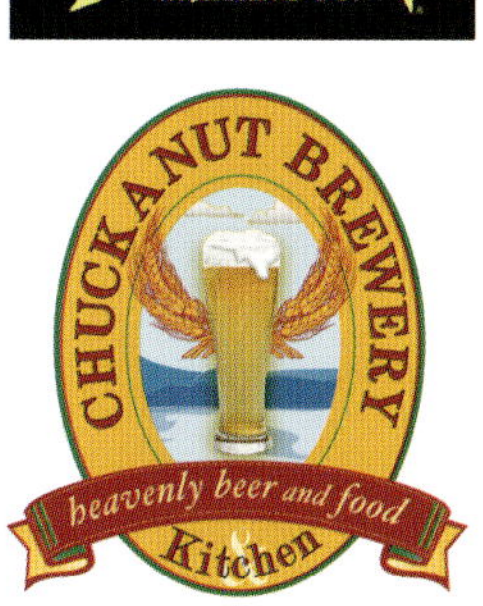

TAMERLANE BROWN PORTER (5,8 % vol.)
Compagnie brassicole Black Raven, Redmond (Washington)
Entre brune et porter, cette ale chocolatée mélange des houblons épicés à d'amples quantités de malt torréfié. Une bière gourmande, des plus gouleyantes, dédiée aux premières œuvres d'Edgar Allan Poe.
www.blackravenbrewing.com

VIENNA LAGER (7,1 % vol.)
Chuckanut Brewery & Kitchen, Bellingham (Washington)
Will Kemper, de la brasserie Thomas Kemper depuis longtemps disparue, produit principalement des lagers à la frontière canadienne, dont celle-ci élaborée avec du malt Vienne. Caramélisée et dotée d'une force inhabituelle, elle conjugue un malt légèrement biscuité à des houblons d'une tonalité herbacée.
www.chuckanutbreweryandkitchen.com

XXXXX EXTRA STOUT (7 % vol.)
Compagnie brassicole Pike, Seattle (Washington)
Pike a traversé bien des années difficiles, mais la brasserie est de nouveau sous l'égide de ses fondateurs Charles et Rose Ann Finkel. Elle produit aujourd'hui des bières de bonne facture, comme celle-ci, tonique, aromatique, aux accents de café bien torréfié.
www.pikebrewing.com

Les Rocheuses

Les États des Rocheuses, et plus particulièrement le Colorado, se forgèrent une réputation longtemps avant l'avènement de la bière artisanale. Car bien avant que Coors devienne une marque nationale, cette bière était connue non seulement à cause du culte qu'on lui vouait dans l'Est, où elle n'était pas disponible, mais aussi pour sa campagne publicitaire vantant les mérites de l'eau de source montagnarde, avec laquelle la bière était brassée.

Ci-dessous : le brasseur Molson Coors avait lancé une campagne publicitaire efficace autour de l'eau de source des Rocheuses. Des dizaines de brasseurs artisanaux du Colorado en font usage aujourd'hui.

En 1979, deux anciens professeurs d'université du Colorado fondèrent la compagnie brassicole Boulder (devenue Boulder Beer, *voir* ci-dessous) dans un appentis de berger, près de Denver. À la même époque et dans la même ville, Charlie Papazian créait une association de brasseurs : il ne pouvait se douter qu'il jetait là les bases d'une future organisation de brasseurs artisanaux.

L'association des brasseurs nationaux américains finit par se scinder en plusieurs branches, dont celle, désormais vitale, qui représente les intérêts des brasseurs artisanaux.

SÉLECTION DE BIÈRES

5 BARREL PALE ALE (5,2 % vol.)
Compagnie brassicole Odell, Fort Collins (Colorado)
Illustrant bien la différence entre saveur houblonnée et amertume houblonnée, ce brassin développe des arômes épicés. La bouche caramélisée dévoile une petite sécheresse aux accents terreux.
www.odellbrewing.com

DALE'S PALE ALE (6,5 % vol.)
Brasserie Oskar Blues, Longmont (Colorado)
Meilleure représentante de la bière artisanale en canette (ou « apocalypse », pour reprendre le terme de la brasserie), cette blonde ale au goût résineux offre une texture assez souple et une finale demi-sèche rafraîchissante.
www.oskarblues.com

BARLEY WINE HOG HEAVEN (9,2 % VOL.)
Compagnie brassicole Avery, Boulder (Colorado)
Des notes houblonnées classiques, à l'américaine, et un malt fruité intense, nuancé de caramel viennent équilibrer le caractère très acidulé de cette bière.
www.averybrewing.com

INDIA PALE ALE (6,2 % vol.)
Brasserie Marble, Albuquerque (Nouveau-Mexique)
L'emploi de houblons américains se traduit dans certaines bières par des accents d'agrumes et de pin à la dégustation. Cette pale ale mêle des flaveurs de fruits surs à de délicieuses notes houblonnées acidulées. Subtilement amère, elle prouve bien que la sobriété est une qualité.
www.marblebrewery.com

STOUT IMPERIAL YETI VIEILLI EN FÛT DE CHÊNE (9,5 % vol.)
Compagnie brassicole Great Divide, Denver (Colorado)
Ce trésor vieilli en tonneau de bourbon décline des notes de chêne et de vanille, de café et de torréfaction. Le summum de l'harmonie.
www.greatdivide.com

MOJO INDIA PALE ALE (6,8 % vol.)
Compagnie Boulder Beer, Boulder (Colorado)
Cette bière parfaitement équilibrée passe des notes de fruits tropicaux aux accents caramélisés, puis à une finale résineuse rafraîchissante.
www.boulderbeer.com

Ci-dessus : l'Association des brasseurs est le porte-parole du brassage artisanal aux États-Unis.

Elle possède une maison d'édition et organise le plus grand événement brassicole en Amérique : le Grand Festival annuel de la bière américaine de Denver (GABF, en anglais). Le brassage artisanal se répandit naturellement de Boulder jusqu'aux Rocheuses et du Montana jusqu'en Arizona et au Nouveau-Mexique. Mais Denver, dans le Colorado, reste le centre du brassage de montagne, et les raisons avancées sont multiples : le GABF en aurait fait l'épicentre de la bière artisanale américaine ; les habitants auraient très tôt adhéré au mouvement, ou encore de talentueux brasseurs, urbains comme périurbains, se seraient mobilisés. Toutes ces raisons sont valables.

Ci-dessus : le Grand Festival américain de la bière attire des milliers de personnes à Denver chaque année ; il affiche complet des mois à l'avance.

POLYGAMY PORTER (4 % vol.)
Wasatch Brew Pub & Brewery, Park City (Utah)
En Utah, le titre alcoométrique maximal est de 4 % vol. Les bières peuvent être néanmoins intéressantes, comme cette ale à la tonalité de moka.
www.wasatchbeer.com

PROVO GIRL PILSEN (4 % vol.)
Squatters Pubs & Beers, Salt Lake City (Utah)
Autre brassin de l'Utah au titre alcoométrique anormalement bas, cette lager libère des arômes d'une douceur peu habituelle. Elle est vive et sèche toutefois, pleine d'allant en finale.
www.squatters.com

RAIL YARD ALE (5,2 % vol.)
Compagnie brassicole Wynkoop, Denver (Colorado)
Comme il sied à l'un des plus grands pubs-brasseries d'Amérique, l'ale phare de Wynkoop est réservée au pub. Elle offre un malt caramelisé et légèrement fruité, ainsi qu'un caractère demi-sec gouleyant.
www.wynkoop. com

RANGER INDIA PALE ALE (6,5 % vol.)
Compagnie brassicole New Belgium, Fort Collins (Colorado)
Nez d'agrumes, mêlé de douces notes florales. En bouche l'amertume est très accentuée, mais elle équilibre bien le malt à la sucrosité miellée.
www.newbelgium.com

SNOW GHOST (5,9 % vol.)
Compagnie brassicole Great Northern, Whitefish (Montana)
Une lager d'une intensité agréable, ni *Bock* ni *Märzen*, mais maltée. Une grande. Cette gourmandise hivernale offre des notes de chocolat, de malt torréfié et d'espresso sucré.
www.greatnorthernbrewing.com

TROUT HOP BLACK IPA (8,5 % vol.)
Compagnie brassicole Grand Teton, Victor (Idaho)
L'une des séries « Cellar Reserve » de la brasserie. Ce brassin d'un noir profond affiche des accents de mélasse et des notes de caramel tourbé, lesquelles se mêlent à une certaine amertume et à un caractère acidulé. En outre, des notes de réglisse et un goût de noisette se révèlent.
www.grandtetonbrewing.com

Le Middle West et la région des Grands Lacs

Le Middle West était jadis le centre névralgique du brassage américain. Milwaukee en était la capitale et le berceau de brasseries aussi célébrées que Schlitz et Blatz, Pabst et Heileman, ou encore Miller, toujours présente.

CÔTE DU LAC MICHIGAN

Sur la « Troisième Côte » d'Amérique, région du lac Michigan, le brassage a été industrialisé au XIXe siècle. De nos jours, les brasseries artisanales occupent presque toute la côte lacustre, du nord du Michigan jusqu'à la pointe du Wisconsin.

Plus loin au sud, le lieu de prédilection des brasseurs était Saint Louis, dans le Missouri. C'est là que s'étaient installés Falstaff, Anheuser-Busch et ses féroces concurrents, les frères Griesedieck. Cincinnati était le fief de Hudepohl-Schoenling, tandis que Saint Paul, dans le Minnesota, était celui de Hamm's, et Detroit, dans le Michigan, celui de Stroh au « brassin de feu ». Cependant, les années 1970 et 1980 ne furent pas faciles pour les brasseries du Middle West, qui tombèrent en disgrâce les unes après les autres et furent phagocytées par la concurrence. Cette loi du plus fort eut raison de Schlitz : en moins d'une décennie, elle perdit son titre de numéro un d'Amérique.

La première étape de la renaissance du brassage artisanal apporta au Middle West un petit regain de gloire ; des brasseries, telles que Lakefront et Sprecher (*voir* p. 191) à Milwaukee, Bell's à l'ouest du Michigan (*voir* p. 191), Summit à Saint Paul, et Goose Island à Chicago (*voir*

Ci-dessus : Detroit, la « Motor Town » comme on la surnomme, semble sur le point d'effectuer un retour en force, après des années difficiles. La bière artisanale y est pour beaucoup.

SÉLECTION DE BIÈRES

ALPHA KING (6,5 % vol.)
Compagnie brassicole Three Floyds, Munster (Indiana)
Une trempe composite de houblons américains et de malt donne un indéniable caractère à cette pale ale de choc. Les arômes de pamplemousse sont très présents. L'une des bières artisanales du Midle West, ultrahoublonnée et originale.
www.3floyds.com

BAM BIÈRE (4,5 % vol.)
Jolly Pumpkin Artisan Ales, Dexter (Michigan)
Vieillie en fût de chêne, comme tous les produits de Jolly Pumpkin, cette ale conviviale a un profil léger et sec, avec un caractère fruité en filigrane et un boisé très agréable.
www.jollypumpkin.com

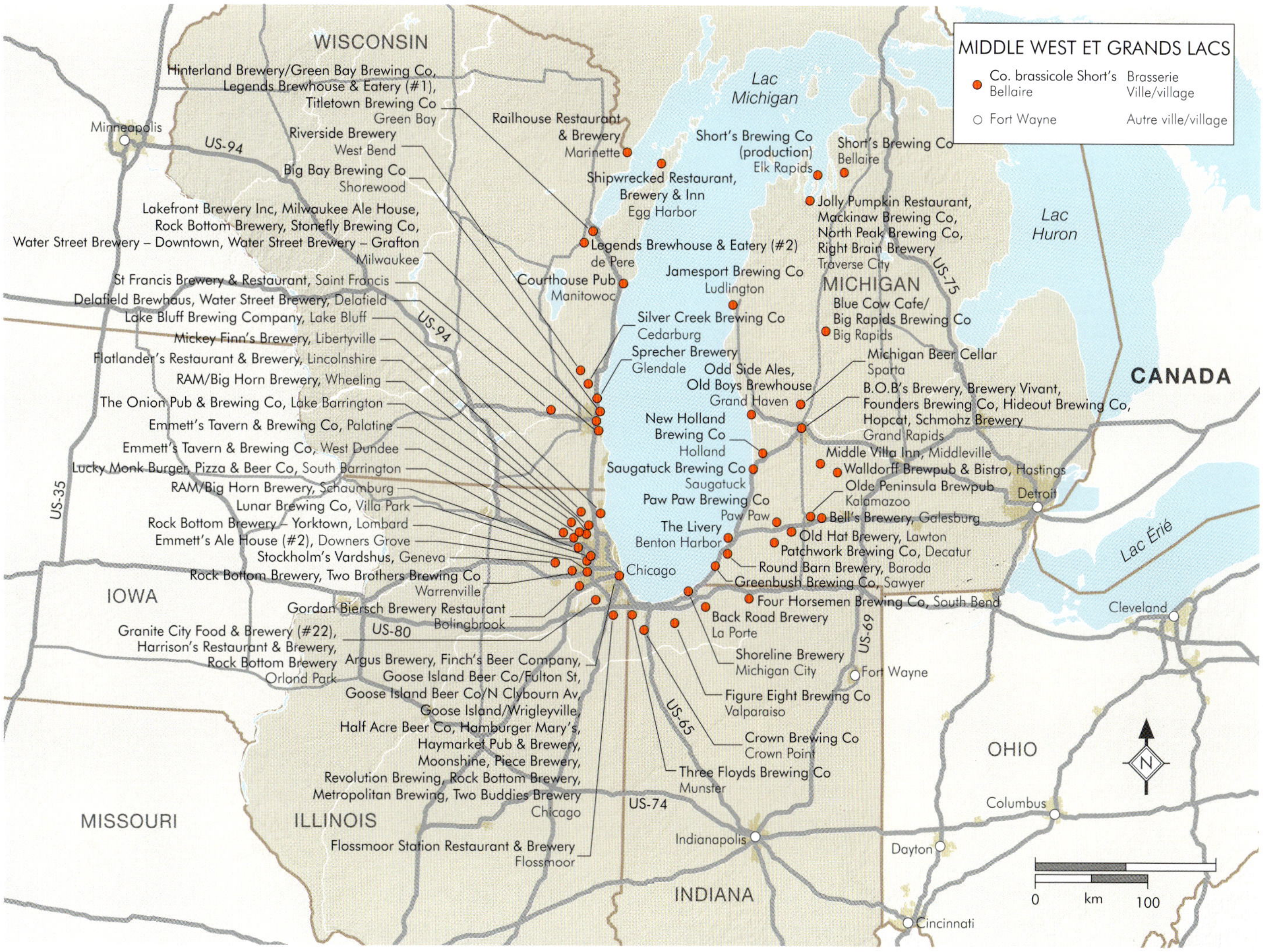

BLACK BAVARIAN (5,86 % vol.)
Compagnie brassicole Sprecher, Glendale (Wisconsin)
À mi-chemin entre la *Dunkel* et la *Doppelbock*, cette bière se compose de malt torréfié. Douce et chocolatée, elle affirme un caractère presque fumé en finale.
www.sprecherbrewery.com

BREAKFAST STOUT (ALIAS KBS OU CBS) (8,3 - 11,2 % vol.)
Compagnie brassicole Founders, Grands Rapids (Michigan)
Une bière qui change de nom et de personnalité selon le vieillissement en fût et l'aromatisation : tonneau de bourbon pour la K(entucky)BS, sirop d'érable pour la C(anadian)BS. Ce stout à la farine d'avoine séduit d'emblée par l'incroyable générosité de son bouquet aux accents de moka. Son charme ne se dément pas au palais.
www.foundersbrewing.com

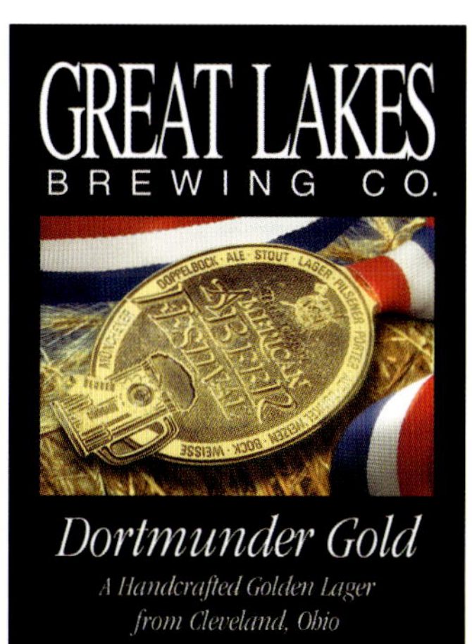

DORTMUNDER GOLD LAGER (5,8 % vol.)
Compagnie brassicole Great Lakes, Cleveland (Ohio)
Preuve que « malté » ne rime pas forcément avec « sucré », cette bière sèche est assez souple ; elle offre un soupçon de minéralité et une agréable finale subtilement amère.
www.greatlakesbrewing.com

EXPEDITION STOUT (10,5 % vol.)
Brasserie Bell's, Kalamazoo (Michigan)
Dans une brasserie à ce point spécialisée dans les stouts (sa production actuelle en compte 13), on s'attend à une dégustation mémorable. De fait, son impérial est un géant : torréfié, brut dans sa jeunesse, il devient agréablement moelleux ensuite.
www.bellsbeer.com

Ci-dessus : brasserie The 3 Wise Men, à Indianapolis, dans l'Indiana. Chopes et pintes se remplissent allègrement.

SÉLECTION DE BIÈRES

HOPFEN (6,2 % vol.)
Compagnie brassicole Urban Chestnut, Saint Louis (Missouri)
Un houblonnage de style IPA, avec du houblon allemand Hallertau, donne à ce brassin un genre unique. Des arômes floraux séduisants se prolongent en bouche. Cette bière évoque une pale ale légèrement fruitée.
www.urbanchestnut.com

MAD HATTER INDIA PALE ALE (5,25 % vol.)
Compagnie brassicole New Holland, Holland (Michigan)
Des arômes floraux et épicés avec un soupçon de genièvre, puis une bouche acidulée, sèche et herbacée ; enfin, une finale d'une généreuse amertume, rafraîchissante : l'IPA conviviale par excellence.
www.newhollandbrew.com

MATILDA (7 % vol.)
Compagnie brassicole Goose Island, Chicago (Illinois)
Inspirée par l'Orval trappiste (*voir* p. 54), cette bière offre des accents épicés et des saveurs légèrement acidulées et fruitées. Un malt tourbé gourmand équilibre le tout.
www.gooseisland.com

TANK 7 FARMHOUSE ALE (8 % vol.)
Compagnie brassicole Boulevard, Kansas City (Missouri)
Nez d'épices et de fruits tropicaux pour cette ale bien représentative des spécialités « Smokestack Series » de Boulevard. En bouche, elle décline un caractère poivré et même un soupçon de tamarin ; elle est vive, rafraîchissante.
www.boulevard.com

p. 192 en bas) se lancèrent dans la course entre 1985 et 1990.

Au cours des années 1990 et au début du nouveau millénaire, les brasseries ouvraient à tout-va dans le Middle West : Schlafly et Anheuser-Busch jouaient les David et Goliath, pendant que d'autres établissements plus modestes voyaient le jour sur la « Troisième Côte » américaine, dans le Michigan et dans l'ensemble de l'Indiana et de l'Ohio. Certaines régions s'en sont sorties mieux que d'autres (Chicago était autrefois un marché réputé pour être difficile, le Dakota l'est resté), mais les amateurs n'ont désormais que l'embarras du choix parmi les bonnes ales et les bonnes lagers.

Ci-contre : les brasseurs de la compagnie brassicole Schlafly, à Saint Louis, disent en plaisantant que leur voisine, Anheuser-Busch, renverse plus de bière en un jour qu'eux n'en produisent en une année.

Pages suivantes : il aura fallu du temps à la brasserie artisanale pour prendre son essor à Chicago, mais la ville accueille maintenant des dizaines de brasseries, de pubs-brasseries et de bars à bières.

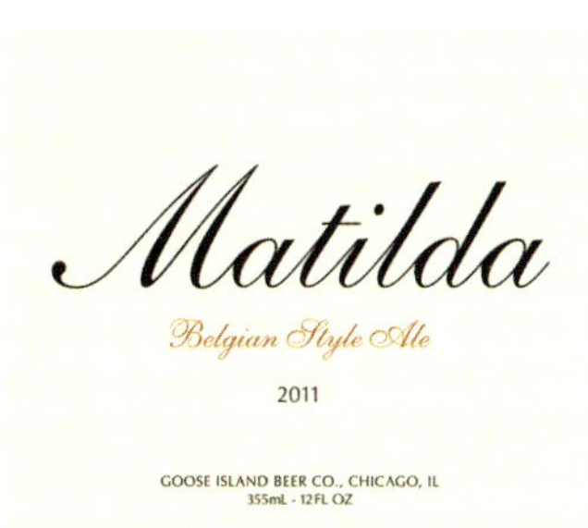

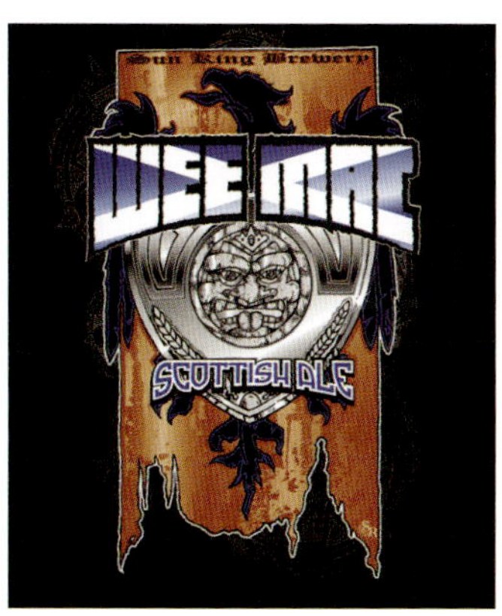

WEE MAC SCOTTISH ALE (5,3 % vol.)
Compagnie brassicole Sun King, Indianapolis (Indiana)
Les Écossais adoreraient une telle bière. D'une belle robe à reflets cuivrés, elle développe un nez de noisette et de caramel, puis un corps aux notes de caramel et de raisin doux sans aucune lourdeur, et une finale demi-sèche, légèrement minérale.
www.sunkingbrewing.com

WISCONSIN BELGIAN RED (4 % vol.)
Compagnie brassicole New Glarus, New Glarus (Wisconsin)
Avec plus d'une livre de cerises par bouteille de 75 cl, voilà une bière très fruitée, mais qui reste avant tout une bière.
www.newglarusbrewing.com

HOTEL
CASS

Le Nord-Est

Cette région qui a vu naître les États-Unis se targue d'une longue tradition brassicole. George Washington aurait brassé de la bière, tout comme Thomas Jefferson – ou du moins son épouse Martha. La plus ancienne brasserie de la région, Yuengling, est toujours en activité, fièrement implantée à Pottsville, en Pennsylvanie.

Brasseries majeures de la région de New York et de celle de Philadelphie

Si la ville de New York mit du temps à adopter la bière artisanale, Philadelphie, elle, est vite devenue l'une des plus grandes agglomérations brassicoles des États-Unis. De nos jours, ces deux aires comptent de nombreuses brasseries artisanales.

Le long de la côte, la Nouvelle-Angleterre et les États de la façade Atlantique sont restés à l'écart de l'activité brassicole. Bien sûr, Ballantine connut son heure de gloire à New York et dans le New Jersey, tout comme Narragansett à Rhode Island et Rheingold à New York. Mais à mesure que l'industrie brassicole devenait une entreprise nationale, elle se centralisait de plus en plus non pas dans le Nord-Est, mais dans le Midle West industriel, et ce jusqu'à l'apparition de la Boston Beer Company (*voir* p. 198-199).

Ci-contre : Portland, dans le Maine, à quelques encablures du pittoresque cap Elizabeth (photo), est devenue une des villes du Nord-Est les plus intéressantes pour les amateurs de bière artisanale.

SÉLECTION DE BIÈRES

BROOKLYN LAGER (5,2 % vol.)
Brasserie Brooklyn, Brooklyn (New York)
L'association de houblons américain et allemand donne à ce brassin un caractère des plus distinctifs. L'équilibre est impressionnant : des notes de grains torréfiés, de biscuit et d'épices se déclinent ; la bouche est fraîche et la finale demi-sèche.
www.brooklynbrewery.com

CERISE CASSÉE (9 % vol.)
Compagnie brassicole Cambridge, Cambridge (Massachussets)
Des levures sauvages, des griottes, un vieillissement en chêne ont donné à cette bière un profil organoleptique singulier, tout à la fois doux et acidulé, rafraîchissant, avec des accents persistants de chêne en finale. La brasserie emploie un système de *solera* (*voir* p. 28).
www.cambrew.com

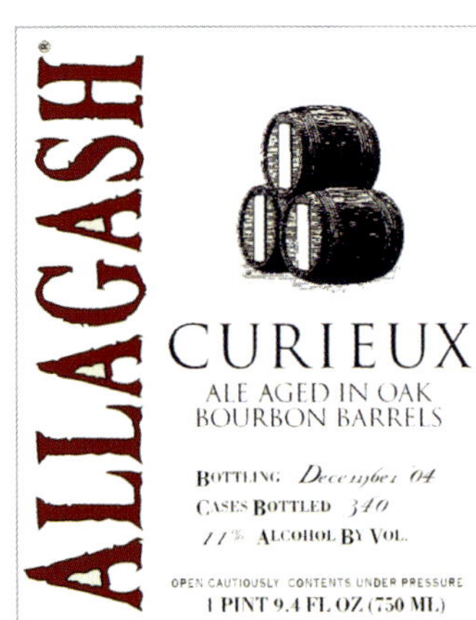

CURIEUX (11 % vol.)
Compagnie brassicole Allagash, Portland (Maine)
Une triple d'inspiration belge vieillie en tonneau de bourbon ne devrait pas remporter un franc succès. De fait, dans les premiers temps, cette bière ne fit pas d'émules. Mais Allagash a su trouver un bel équilibre entre le bois et la bière : cette forte ale aux notes de vanille en est étonnamment conviviale.
www.allagash.com

CUVÉE DES FLEURS (8,2 % vol.)
Southampton Publick House, Southampton (New York)
De multiples variétés de fleurs comestibles contribuent aux arômes intensément floraux de cette ale puissante.
www.publick.com

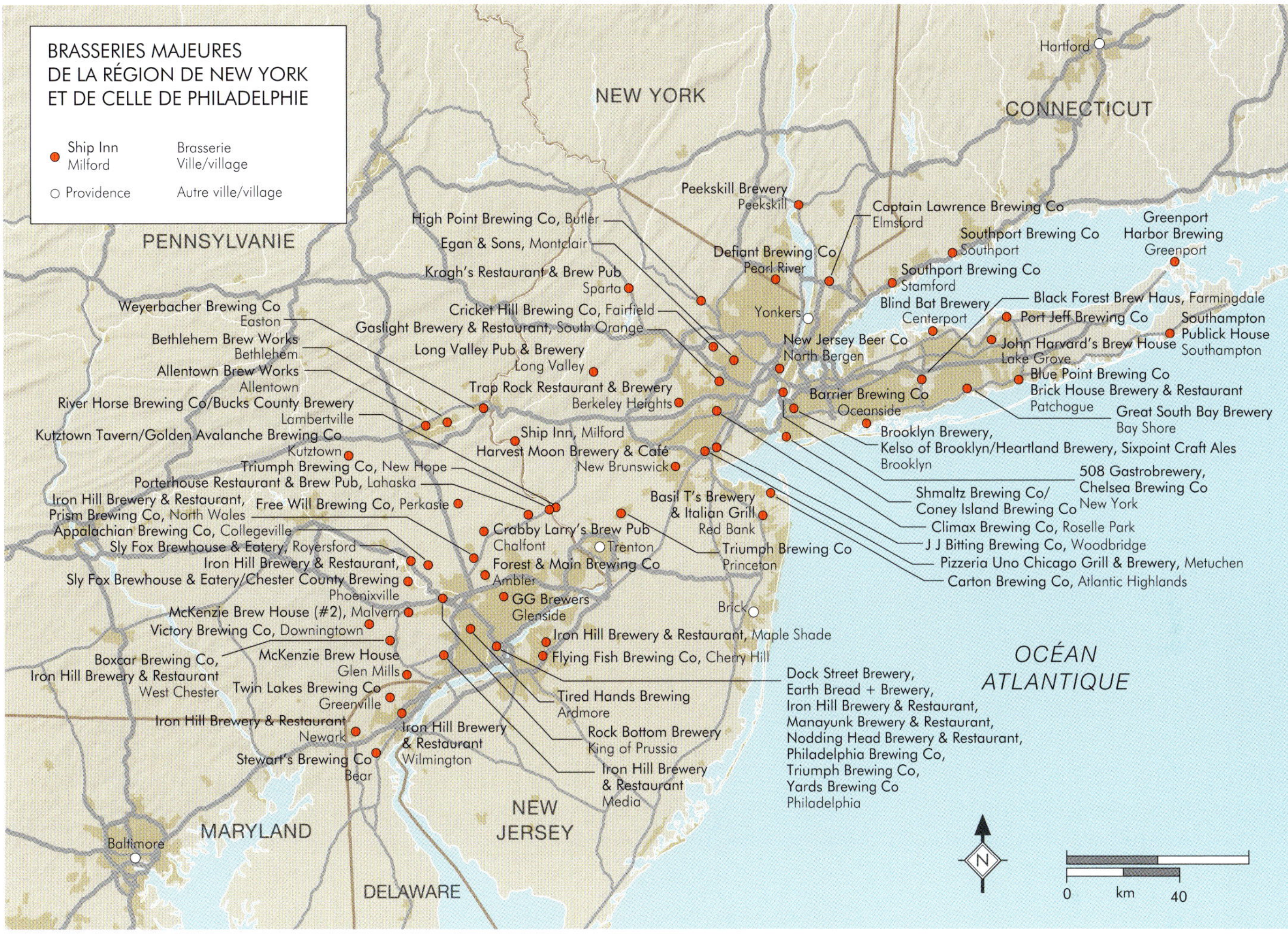

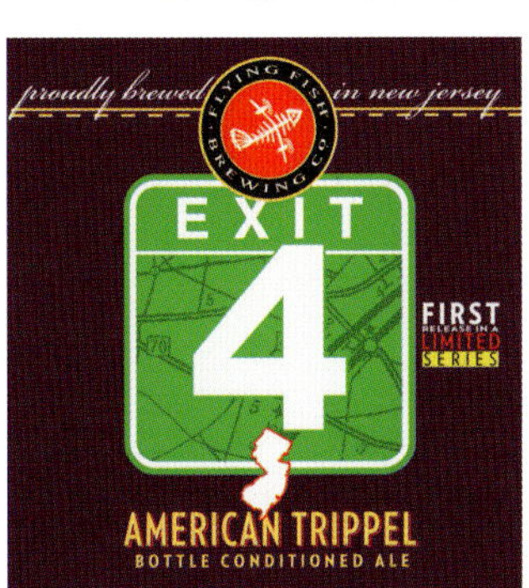

EXIT 4 AMERICAN TRIPPEL (9,5 % vol.)
Compagnie brassicole Flying Fish, Cherry Hill (New Jersey)
Une « Américaine » en effet, au nez intensément houblonné, qui est aussi une ode au brassage monastique belge. Pour vous faire une meilleure idée du profil organoleptique de cette bière, prenez le malt doux et les notes de cognac d'une triple belge, et ajoutez-y les houblons américains épicés.
www.flyingfish.com

GEARY'S HAMPSHIRE SPECIAL ALE (7 % vol.)
Compagnie brassicole D L Geary, Portland (Maine)
Ale d'hiver à l'origine, cette bière est maintenant brassée à l'année. Elle mêle le malt à des houblons anglais et américains. Ses arômes d'épices ne sont pas sans évoquer les gâteaux de Noël. D'ailleurs, elle reste toujours plus appréciable quand tombe la neige.
www.gearybrewing.com

HE'BREW ORIGIN POMEGRANATE ALE (8 % vol.)
Compagnie brassicole Shmaltz, Saratoga Springs (New York)
Noms et dessins fantaisistes mis à part, Shmaltz produit des ales sérieuses, tel cet assemblage original : des houblons modérément amers et un malt savoureux au petit goût de baies. La finale sèche en est presque tannique.
www.shmaltzbrewing.com

Brasseries majeures de la côte de la Nouvelle-Angleterre, de Boston à Portland
Depuis la fondation de la Boston Beer Company en 1985 et de la D L Geary de Portland en 1986, le littoral qui s'étend entre ces deux grandes villes de la Nouvelle-Angleterre a vu se développer la bière artisanale.

Si la compagnie de Jim Koch ne fut pas la première brasserie artisanale à s'épanouir dans le Nord-Est (elle fut devancée notamment par la compagnie brassicole Newman, à Albany dans l'État de New-York, fermée depuis), elle devint certainement la plus éminente.

Stimulée par le succès de sa lager phare, la Samuel Adams Boston, Boston Beer devint la première société brassicole artisanale du pays : elle détient le monopole d'environ un cinquième de toute la bière artisanale brassée aux États-Unis. Mais la compagnie est aussi source de controverse. Durant ses vingt premières années d'existence, elle fut égratignée par les critiques parce qu'elle louait les services d'autres brasseries pour produire une grande partie de ses bières (par le brassage contractuel) ; elle n'était pas considérée comme une brasserie à part entière. Cette idée persiste aujourd'hui, alors que Boston Beer maîtrise depuis longtemps tout le processus de création de ses bières. Quoi qu'il en soit, la compagnie de Koch a réussi à populariser la bière artisanale auprès de millions d'Américains. Sa marque, à l'effigie du père fondateur Samuel Adams, devint familière aux consommateurs de bière, d'abord à l'est puis partout en Amérique.

Comme ailleurs aux États-Unis, les années 1990 virent se multiplier les brasseries artisanales dans tout le nord-est, à quelques exceptions près – et non des moindres. La ville de New York, par exemple, qui était pourtant de longue date un

SÉLECTION DE BIÈRES

ICH BIN EIN BERLINER WEISSE (3,5 % vol.)
Nodding Head Brewery & Restaurant, Philadelphie (Pennsylvanie)
Un pub-brasserie sans prétention situé au centre de Philly. Il renouvelle la *Berliner Weisse* (style moribond en Allemagne) avec cette bière blanche au caractère acidulé gourmand.
www.noddinghead.com

OLD BROWN DOG ALE (6,5 % vol.)
Compagnie brassicole Smuttynose, Portsmouth (New Hampshire)
Brune dont l'accent américain se traduit par une grande intensité aromatique et un houblonnage plus perceptible. Les houblons américains lui donnent un attrait épicé et une note de noisette, tandis que le malt offre un caractère chocolaté séduisant.
www.smuttynose.com

OMMEGANG ALE (8,5 % vol.)
Brasserie Ommegang, Cooperstown (New York)
D'influence belge (la brasserie est détenue par Duvel, *voir* p. 77), cette brune épicée et pimentée offre des notes de fruits noirs séchés et une douceur caramélisée modérée. La finale se distingue par des arômes de clou de girofle. Une bière faite pour les plaisirs de la table.
www.ommegang.com

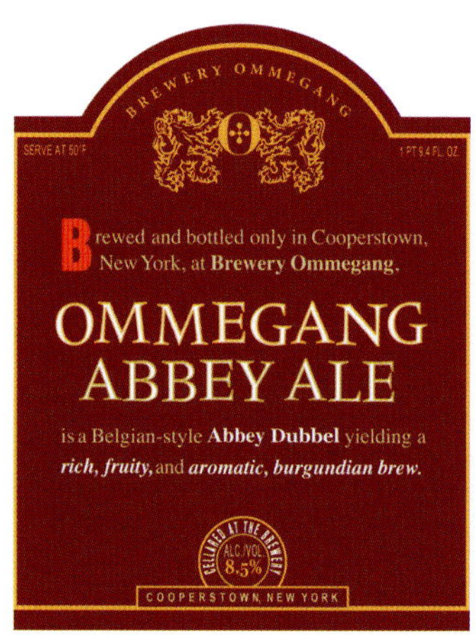

PALO SANTO MARRON (12 % vol.)
Brasserie artisanale Dogfish Head, Milton (Delaware)
Un vieillissement dans des cuves en bois paraguayen a donné à cette ale une robe acajou foncé, des arômes de vanille, de cannelle et d'autres épices ; en bouche, elle évoque le madère avec ses notes de raisin macéré dans du rhum, de fondant au chocolat, de fruits tropicaux confits.
www.dogfish.com

PIKELAND PILS (4,9 % vol.)
Compagnie brassicole Sly Fox, Royersford (Pennsylvanie)
Conçue sur le modèle des pils du nord de l'Allemagne, cette bière équivaut au meilleur de la production d'Outre-Rhin. D'une teinte blond brillant, dotée d'un nez malté, elle offre en bouche un caractère malté et herbacé, avec une amertume gourmande en finale.
www.slyfoxbeer.com

excellent débouché pour les bières d'importation, fut lente à adopter la bière artisanale en dépit des efforts de la compagnie brassicole Manhattan, Zip City, et d'autres.

Il fallut attendre le XXIe siècle pour que la bière artisanale prospère enfin dans la Grosse Pomme. Dans le Vermont, la population était certes relativement limitée, mais elle montra progressivement un intérêt pour ces produits et pour la philosophie qui sous-tendait cette tendance. Ainsi les brasseries artisanales gagnèrent-elles en popularité, depuis Vermont Pub & Brewery, au nord, jusqu'à la brasserie McNeill à la pointe méridionale de l'État. De même, le New Hampshire, le Maine et la Pennsylvanie apportèrent un grand soutien aux brasseurs locaux.

Le Nord-Est est aujourd'hui considéré comme l'un des marchés les plus actifs du pays. Que ce soit dans une taverne ancienne de Boston patinée par le temps ou dans un restaurant aux nappes blanches immaculées de la ville de Washington, une ale ou une lager de qualité ne semblent jamais incongrues.

Ci-dessus : le P.-D.G. de la compagnie brassicole de Boston, Jim Koch, prélève un échantillon de la bière vieillie en fût de chêne destinée à l'assemblage de l'*Utopia*, la bière ultra-alcoolisée de cette brasserie qui, en 2011, titrait 27 % vol.

ST BOISTEROUS HELLERBOCK (7,3 % vol.)
Compagnie brassicole Victory, Downingtown (Pennsylvanie)
Bien qu'elle soit sans doute plus connue pour ses ales intenses et houblonnées, cette brasserie de la banlieue de Philadelphie est douée aussi pour créer des lagers artisanales, tel ce joyau : une blonde qui passe en beauté d'un malt miellé à une finale amère tonifiante.
www.victorybeer.com

THE MAD ELF ALE (11 % vol.)
Compagnie brassicole Tröegs, Harrigsburg (Pennsylvanie)
Les frères Trogner ont créé un classique de la côte Est : un mélange d'épices et de cerise, de malt chocolaté et, naturellement, de saveurs acidulées et fruitées. Une boisson tonifiante pour clore un réveillon de Noël.
www.troegs.com

UTOPIAS (27 % vol.)
Compagnie Boston Beer, Boston (Massachussets)
Un monstre du brassage qui évolue à chaque brassin. La toute dernière édition dégustée était digne de figurer dans une cave. C'est un assemblage d'ales multiples, dont certaines vieillies en fût de chêne. Il en résulte des saveurs complexes de caramel et de praline épicée, de chocolat et de piment de la Jamaïque, de vanille et de salade de fruits, et bien plus encore.
www.samueladams.com

Le Sud

Pour des raisons diverses, parfois insolites, d'ordre économique, culturel, historique et législatif, le Sud est resté à la traîne s'agissant du développement de sa production brassicole artisanale. À de rares exceptions près – la brasserie *Spoetzl* au Texas (*voir* p. 202), par exemple –, la région ne possédait pas de grands établissements de tradition brassicole, et le climat chaud dans les États du Sud incitait les gens à consommer plutôt des lagers légères et bien frappées : or, c'est précisément le style de bière dans lequel les grandes brasseries se spécialisent.

Ci-dessous : toutes les brasseries ne parviennent pas à tirer leur épingle du jeu ; certaines, comme la brasserie *Market Street* à Nashville dans le Tennessee, succombent aux pressions commerciales et y laissent ce qui faisait leur marque de fabrique.

Par ailleurs, le Sud s'appauvrissant à grande vitesse par rapport aux États du Nord, cela n'a guère permis de développer les ales et lagers artisanales, vendues au prix fort. Néanmoins, l'obstacle majeur à l'évolution de la brasserie artisanale dans le Sud fut très probablement un enchevêtrement compliqué de lois déconcertantes, lesquelles gouvernaient les États allant de la Caroline du Nord jusqu'au Texas. Ainsi, le taux d'alcoométrie permis faisait couramment l'objet d'une réglementation, et l'une de ces lois les plus étranges aux États-Unis concernant l'alcool a certainement été celle qui exigea que toutes les bouteilles de bière vendues en Floride portent les lettres « FL ».

SÉLECTION DE BIÈRES

BOSCOS FAMOUS FLAMING STONE BEER (4,8 % vol.)
Compagnie brassicole et restaurant Boscos, Memphis (Tennessee)
Les « pierres » en question (*stone*) sont chauffées dans le four à pizza du restaurant. Plongées dans la bière, elles confèrent une note caramélisée à ce brassin d'un corps léger, par ailleurs.
www.boscosbeer.com

COMMERCIAL SUICIDE (3,3 % vol.)
Brasserie artisanale Jester King, Austin (Texas)
Cette mild ale de style anglais, harmonieuse et maltée, en partie vieillie dans des fûts de chêne de fabrication américaine, vient d'une brasserie connue pour ses styles avant-gardistes et son étiquetage audacieux. Une nouvelle version, la « Farmhouse Commercial Suicide », est fermentée avec des levures belges.
www.jesterkingbrewery.com

DUCK-RABBIT MILK STOUT (5,7 % vol.)
Brasserie artisanale Duck-Rabbit, Farmville (Caroline du Nord)
L'usage du lactose, ou saccharose dérivé du lait, donne à cette bière une matière ample dont le moelleux équilibre les arômes « bruts » de chocolat amer, de café et de torréfaction qui résultent des malts employés.
www.duckrabbitbrewery.com

FANCY LAWNMOWER (4,9 % vol.)
Compagnie brassicole Saint Arnold, Houston (Texas)
Cette bière issue de la plus ancienne brasserie artisanale du Texas est une autre version de la bière surnommée « Tonte de gazon par grand soleil ». Façonnée à l'instar des *Kölsch* de Cologne (Köln), en Allemagne, elle est vive, fruitée et moyennement corsée. Dans une version aux reflets plus sombres : la « Santo ».
www.saintarnold.com

GREEN MAN IPA (6,2 % vol.)
Compagnie brassicole Green Man, Asheville (Caroline du Nord)
Sans conteste bien houblonnée, cette ale affiche un caractère malté sec au goût de caramel et des notes subtiles de noisette torréfiée, qui rappellent davantage le style anglais.
www.greenmanbrewery.com

Ci-dessus : connu pour vendre des bières « Big Ass » (dans de grands gobelets), fraîches et insipides, l'illustre *Bourbon Street* de La Nouvelle-Orléans propose aussi des bières d'Abita, de NOLA et d'autres brasseries artisanales.

HEAVY SEAS SMALL CRAFT WARNING ÜBER PILS (7 % vol.)
Compagnie brassicole Clipper City, Baltimore (Maryland)
Faisant partie des bières les plus puissantes de cette brasserie, ce délice floral et épicé pourrait être comparé à une pils renforcée de Bohême.
www.hsbeer.com

HOPITOULAS IPA (6 % vol.)
Compagnie brassicole NOLA, Nouvelle-Orléans (Louisiane)
Enrichie d'une demi-douzaine de variétés de houblon et houblonnée à sec, cette bière, qui se déguste uniquement à la pression, est une alternative fruitée, épicée et acidulée, aux brassins typiques plus mesurés de La Nouvelle-Orléans, la Big Easy (ou « Grande Indolente »). Cette brasserie crée aussi des saisonnières et, occasionnellement, des éditions spéciales.
www.nolabrewing.com

HORNY TOAD CERVEZA (5,3 % vol.)
Coop Ale Works, Oklahoma City (Oklahoma)
Cette blonde à l'aspect brillant et au goût de pils dégage des arômes d'abricot qui suggèrent une fermentation avec des levures d'ale plutôt que de lager – ce qui lui réussit plutôt bien. Agréablement gouleyante dans la chaleur étouffante du Sud.
www.coopaleworks.com

LIVE OAK PILZ (4,7 % vol.)
Compagnie brassicole Live Oak, Austin (Texas)
Les méthodes brassicoles du Vieux Monde influencent cette lager pression (uniquement) dotée d'un profil malté qui évoque presque le pain et s'assortit d'une généreuse et désaltérante amertume houblonnée, légèrement épicée et florale.
www.liveoakbrewing.com

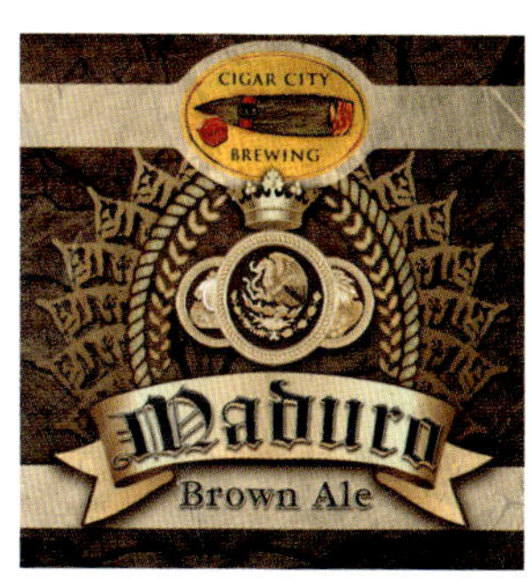

MADURO BROWN ALE (5,5 % vol.)
Compagnie brassicole Cigar City, Tampa Bay (Floride)
Le stout à la farine d'avoine rencontre ici la brune : une bière au lait chocolaté développant une nuance caramélisée à l'attaque, des arômes de baies en bouche, puis une touche de café en finale. Un caractère onctueux et affirmé.
www.cigarcitybrewing.com

Ces lois sont désormais obsolètes et le Sud connait une période de prospérité permettant à la bière artisanale de prendre son essor. À partir de la fin des années 1990, et jusqu'au XXIe siècle, les brasseries se multiplient dans les États, avec la Caroline du Nord en tête, qui abrite la gazette novatrice *All About Beer*. Cela a permis à des brasseries innovantes du Sud, comme Abita en Louisiane (*voir* ci-dessous) et Saint Arnold au Texas (*voir* p. 200), de développer leurs gammes pour y inclure des styles de bière plus affirmés, et aussi à des opérations d'avant-garde éclectiques telles que Cigar City en Floride (*voir* p. 201) et Jester King au Texas (*voir* p. 200) de voir le jour.

À l'heure actuelle, si des États comme l'Alabama et l'Arkansas suivent toujours à la lettre la fabrication de la bière artisanale *Zeitgeist*, des zones urbaines comme Atlanta, Austin et même Tampa Bay sont devenues des pôles inventifs de brassage et des paradis ensoleillés pour les amateurs de bière.

LE PUB-BRASSERIE AMÉRICAIN

Le pub-brasserie moderne américain est né de la production d'une bière servie seulement dans le bar ou le restaurant qui jouxtait la brasserie. Il se passait ainsi des filières, parfois fort longues, qui sont devenues les actuels piliers de nos approvisionnements. L'évolution du pub-brasserie fut à la base du mouvement qui porta la brasserie artisanale américaine.

En suivant le tout premier pub-brasserie des États-Unis, le *Yakima Brewing & Malting Company* de Bert Grant, d'autres pubs-brasseries ont pris le flambeau de la course à l'innovation en utilisant massivement les houblons que produisait Grant et en contribuant ainsi à ouvrir la voie aux bières beaucoup plus houblonnées. Tandis que des centaines de pubs-brasseries suivaient son exemple, Grant se lassa de vendre ses bières uniquement dans ses locaux et il se tourna vite vers l'embouteillage et la distribution.

Les années passant, la popularité de la bière artisanale augmenta de façon spectaculaire et les pubs-brasseries évoluèrent en nombre, en taille et en créativité. Ainsi, plusieurs des plus grands noms de la brasserie artisanale actuelle ont débuté eux aussi avec des pubs-brasseries ou dans le cadre d'opérations de promotion associées à des pubs-brasseries. La brasserie artisanale *Dogfish Head* du Delaware (*voir* p. 198) démarra avec un très modeste système brassicole d'une capacité de 12 gallons américains (45 litres), qui fonctionnait à flux tendu pour approvisionner son pub-brasserie et sa clientèle de station balnéaire ; le *Lost Abbey* de San Diego (*voir* p. 183) trouva d'abord son salut grâce à une petite chaîne de pizzérias ; enfin, les bières de la brasserie Bell's (*voir* p. 191) sont toujours disponibles au meilleur de leur qualité à l'*Eccentric Café*, le bien nommé, dans le centre-ville de Kalamazoo, Michigan.

Dans leur sillage, des pubs-brasseries, comme le *Cambridge* dans le Massachussets (*voir* p. 196), le *Nodding Head* à Philadelphie (*voir* p. 197) et la *Cigar City* en Floride (*voir* p. 201), repoussent à l'unisson les limites de l'innovation en matière de brassage et guettent leur heure de gloire avec une bière en bouteille sous les *spotlights*.

SÉLECTION DE BIÈRES

RESTORATION PALE ALE (5 % vol.)
Compagnie brassicole Abita, Abita Springs (Louisiane)
Cette pale ale modérément houblonnée et florale est très parfumée, avec un corps généreux et une finale poivrée. Les ventes de cette bière, à l'origine, allèrent au bénéfice des victimes de l'ouragan Katrina.
www.abita.com

RYE SQUARED (8,5 % vol.)
Terrapin Beer Company, Athens (Géorgie)
Le grain de seigle épicé (au petit goût de carvi) définit la pale ale de seigle de Terrapin, et il éclate et rayonne dans cette version intensifiée, aux côtés de l'amertume acidulée et du malt caramélisé.
www.terrapinbeer.com

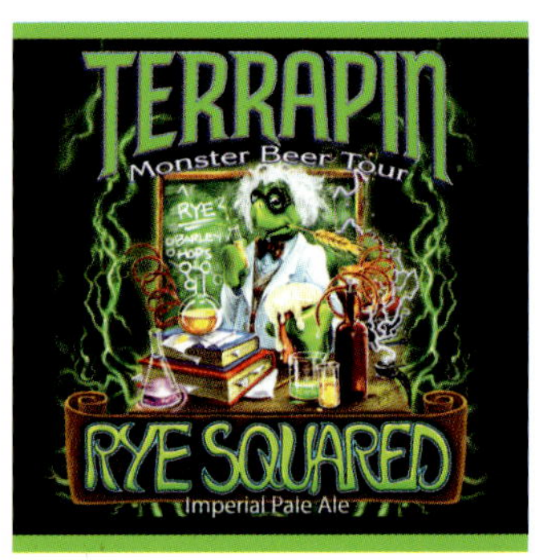

SHINER DORTMUNDER (5,5 % vol.)
Brasserie Spoetzl, Shiner (Texas)
Dans une robe d'un blond soutenu, cette lager affiche un malt affirmé et une légère minéralité, avec une finale sèche ; pour le respect des lois texanes sur l'étiquetage, qui limitent les bières d'une telle force, elle est classée à tort comme « ale ».
www.shiner.com

LES CARAÏBES

Les adorateurs de soleil qui visiteront les stations balnéaires, comme Negril à la Jamaïque ou les plages de La Barbade, en reviendront avec le sentiment que, dans le domaine de la bière du moins, rien n'a vraiment changé sous le ciel des Caraïbes en ces quelque quarante dernières années. Les magasins et les bars, surtout ceux où des visiteurs pourraient s'aventurer, demeurent sous la domination exclusive des mêmes marques familières, détenues dans leur immense majorité par des corporations brassicoles multinationales beaucoup trop courantes.

LES MARQUES LES PLUS VENDUES DANS LE PAYS

Carib	(National)
Banks	(National)
Red Stripe	(Diageo)

Cette perception est hélas bien proche de la réalité. Si la brasserie artisanale a connu, dans ces dernières années un développement modeste, principalement aux îles Caïmans et aux îles Vierges des États-Unis, les géants de la bière exercent encore un quasi-monopole sur le marché de la bière aux Caraïbes. Les brasseries rebelles, telles la Big City Brewing de Jamaïque, la Samba de Trinidad et la St John Brewers (*voir* ci-dessous) aux îles Vierges des États-Unis, ont du pain sur la planche. Et pourtant, même dans les dossiers de présentation de ces géants de la bière, on trouve de timides alternatives à ces lagers blanchâtres omniprésentes sous les Tropiques. Héritier des bières noires, destinées jadis à l'exportation en raison de leur force (7 % vol., ou plus) et expédiées autrefois par voie maritime des îles Britanniques vers les Caraïbes, le stout doux de fermentation basse est presque considéré comme la bière de rigueur dans toute brasserie insulaire. Les lagers blondes fortes et maltées, qui étaient également courantes dans le temps, ont quasi disparu au cours de ces dernières années.

Ci-contre : des marques de lagers légères, comme Carib, Banks et Red Stripes, dominent encore les Caraïbes mais, s'il l'on en juge à certains signes avant-coureurs, les choses pourraient commencer à bouger.

SÉLECTION DE BIÈRES

DRAGON STOUT (7,5 % vol.)
Desnoes & Geddes Inc., Kingston, Jamaïque
Il n'y a pas beaucoup de complexité dans ce stout clarifié, doux et légèrement torréfié, qui dévoile des notes de sucre roux grillé et d'anis, mais cela fait aussi partie de son charme. À déguster dans la douce chaleur vespérale.
www.redstripebeer.com

ISLAND HOPPIN' IPA (6,2 % vol.)
St John Brewers, St John (Îles Vierges des États-Unis)
Un houblonnage bien affirmé est une rareté dans une bière des Caraïbes ; il rayonne dans cette IPA dotée d'un fruité aux notes de noisette et d'une robe cuivrée intense. Brassée par petites cuves sur l'île et, pour le produit embouteillé, sous contrat du Maine.
www.stjohnbrewers.com

ROYAL EXTRA STOUT (6,6 % vol.)
Brasserie Carib Trinidad Limited, Champs Fleur, Trinidad
Fortifiée au lactose comme pour un milk stout, mais fermentée avec des levures de lager, cette bière noire douce – interprétation excentrique de la bière – est légère et pourtant pourvue d'une texture onctueuse au palais, avec des notes d'espresso sucré et de chocolat noir. Bue bien frappée, elle est étonnamment rafraîchissante.
www.caribbrewery.com

Bières extrêmes

À moins d'avoir passé la première décennie du XXIe siècle en hibernation, on est obligé de reconnaître que le terme « extrême » fait le *buzz* de nos jours : sports extrêmes, voyages extrêmes, et, même, boisson extrême…, autant d'expressions devenues courantes, qu'elles relèvent ou pas de concepts absurdes.

Quoi d'étonnant donc à ce que l'on parle aussi de « bière extrême » ? On ne sait pas précisément quand cet usage est devenu populaire, mais il vient très probablement des États-Unis, inventé par des brasseurs de bière artisanale cherchant de nouveaux styles de bière. Le concept d'exception ou d'extrême devint un slogan porteur désignant plus d'alcool, un taux plus élevé de houblonnage, des saveurs plus intenses encore, un vieillissement en fût prolongé et toute autre pratique hors norme susceptible d'être employée par le brasseur.

Les adeptes ne tardèrent pas à suivre cette tendance. Fascinés par ces grandes idées « flambant neuves », les amateurs de bière invétérés recherchèrent le marginal avant tout, quitte pour cela à piétiner tôt le matin dans une file d'attente aux portes d'une brasserie (comme pour arracher les dernières places d'un concert), à affronter les foules lors d'inaugurations hyperbranchées ou à débourser dix à vingt fois le prix d'une ale ou d'une lager artisanale ordinaire. Les collectionneurs manifestaient leur exigence.

Ces bières d'exception ont une personnalité très polyvalente ; certaines sont coupées avec différentes ales, d'autres ont été conservées dans des tonneaux de type rare ou inhabituel et d'autres encore sont élaborées à partir d'ingrédients exotiques. Mais toutes se rejoignent généralement sur deux plans : une force accrue et une personnalité tranchée.

Ci-dessus : suivant l'exemple de brasseries comme la Russian River au nord de la Californie, les brasseurs artisanaux américains adoptent avec une ferveur sans égale le vieillissement de leurs bières en fût de chêne.

Leur attrait auprès des brasseurs comme des amateurs s'est rapidement étendu à l'Europe, entre autres, jusqu'à ce que l'insolite devienne à son tour chose courante, générant un inéluctable retour de bâton. En 2010, il y eut même une prétendue querelle, largement fabriquée par les médias, entre les extrémistes et les tenants d'une bière conviviale plus modérée. On surnomma alors ces styles de bière « convivialistes ».

Or, malgré toutes les exagérations, les bières extrêmes ne constituent en rien une nouveauté. Comme l'ont démontré les historiens de la bière, les taux extraordinairement élevés de houblonnage, le recours à des ingrédients singuliers voire bizarres, le réemploi de tonneaux de spiritueux, ou encore l'assemblage (*voir* p. 28-29) sont autant de pratiques brassicoles qui ont cours depuis des siècles. Même la conception actuelle de la bière artisanale avec l'utilisation de différentes bactéries pour acidifier l'ale est un procédé légendaire, et les facteurs spécifiques à l'œuvre échappent aujourd'hui encore à notre compréhension. Dans le combat entre la BrewDog écossaise (*voir* p. 111) et la Schorschbräu allemande, la question était davantage de savoir qui parviendrait en premier à distiller à froid sa bière pour lui donner encore plus de force. Dans cette course, la brasserie Fleurac en Auvergne (France), avec sa Octo Pyroclastic Black IPA, a relancé le débat sur le style de ces « Icebock ». Elle utilise le procédé qui consiste à congeler partiellement la bière pour évacuer une partie de l'eau qui se solidifie plus rapidement que l'alcool. On garde tout l'alcool et seulement une partie de l'eau qui représente normalement 90 % environ d'une bière.

La bière artisanale a toujours été « extrême » d'une certaine manière, si l'on compare ce segment à l'ensemble du marché mondial de la bière. En Grande-Bretagne, le retour sur le devant de la scène de l'ale conditionnée en baril fut, dans une certaine mesure, pareillement *extrême* (*voir* p. 108), tout comme la production en 1975 par la brasserie Anchor d'un Barley Wine au milieu d'un océan de brassins californiens toujours plus insipides (*voir* p. 180), ou encore l'insistance des premières brasseries italiennes à produire des bières qui ne soient pas des blondes ou des lagers *doppio malto* (*voir* p. 158-159).

Que penser de l'ouverture d'une petite affaire au sein d'un marché dominé de façon écrasante par les grands groupes ? Cet événement pourrait bien représenter l'étape ultime d'un extrémisme abouti.

Ci-dessus : en 2010, la Schorschbräu en Allemagne affronta la BrewDog en Écosse pour remporter le titre du brassin le plus fort au monde. Mais l'une et l'autre pratiquant une distillation partielle, il était discutable qu'elles pussent encore vendre une bière conforme à la législation de l'Union européenne.

STYLE ALES
DESCRIPTION
STRONG GOLDEN ALE
ABBEY DOUBLE
BELGIAN
SOUR BROWN ALE
DARK SOUR AGED

LE CANADA

Pierre Trudeau, Premier ministre populaire au XXe siècle, a eu cette formule célèbre de « culture mosaïque » pour définir sa conception du Canada en opposition à l'idée du « melting-pot » des États-Unis. Il aurait pu tout aussi bien appliquer sa formule à l'histoire brassicole de son pays.

CANADA

Les principales influences sur le brassage canadien furent d'abord anglaises puis, à mesure que l'expansion se poursuivait vers l'ouest, allemandes. Au XXe siècle, le succès belge au Québec eut un impact. Si l'on prend en compte l'influence croissante des États-Unis et d'autres régions du monde, et la montée du brassage local, la carte n'en devient que plus complexe.

Ci-dessus : il existe des liens historiques et affectifs étroits entre l'Écosse et la Nouvelle-Écosse, *Nova Scotia*, et bien des ales artisanales de cette province portent une forte empreinte celtique.

Les consommateurs de bière se rappellent que, dans les années 1950, l'axe central de Toronto, la rue Yonge, constituait la grande ligne de partage au plan national : à l'est de celle-ci, on buvait surtout de l'ale, à l'ouest, des lagers. Cette division se justifiait par le fait que les populations immigrées de culture française ou anglaise, qui privilégiaient l'ale, étaient regroupées surtout à l'est de l'Ontario, au Québec et dans les provinces de l'Atlantique, tandis que les ressortissants d'Europe centrale et les Allemands, davantage portés sur les lagers, participaient à l'expansion du pays vers l'ouest.

Depuis l'avènement du brassage artisanal dans les années 1980, une ligne de démarcation analogue, quoique plus complexe, continue de définir la bière au Canada, encore qu'elle repose moins sur la carte de l'immigration que sur les cultures régionales.

Dans les provinces de l'Atlantique, la Nouvelle-Écosse, le Nouveau-Brunswick, l'île du Prince-Édouard et Terre-Neuve, où l'hospitalité est tenue en haute estime et la dégustation de bière est sans aucun doute davantage une question de sociabilité que partout ailleurs au Canada, les styles anglais et irlandais de bière « conviviale » (avec un titre inférieur d'alcoométrie) ont longtemps prévalu. De nos jours, les blondes et les bitters, les porters et les stouts dominent de Halifax jusqu'à St John's, les titres supérieurs d'alcoométrie, le houblonnage plus intensif et les styles marginaux n'étant apparus que depuis peu.

À l'ouest, en direction du Québec, la gastronomie et la joie de vivre à la française, associées à une politique de taxation favorable aux petites brasseries, ont généré la culture brassicole sans conteste la plus innovante du pays. On conseille aux amateurs en quête de bières aux ingrédients originaux, issues de fermentations hybrides et vieillies dans des fûts fréquemment réemployés pour un résultat encore plus délicieux, de commencer par Montréal et de rayonner à partir de là.

L'Ontario, province canadienne possédant la démographie la plus dense, est aussi la province la plus fermement attachée aux traditions et à leur conservatisme, à l'exception peut-être de l'Alberta, qui est cependant plus petite. Le marché de la brasserie artisanale a ainsi adopté les styles de bière européens, depuis la Weissbier bavaroise jusqu'à la pils de Bohême et la brune du nord de l'Angleterre. Les tentatives plus singulières de créer, par exemple, des ales aromatisées au zeste d'orange ou des ales fermentées avec des *Brettanomyces* (*voir* p. 65) généralement ont donné des brassins d'une qualité moins fiable.

Si l'on trouve dans la province de Saskatchewan plus de pubs-brasseries au nombre d'habitants que n'importe au Canada, la raison réside dans la législation qui autorise la vente de packs de bière dans ces établissements, ce qui a donné naissance en revanche à un flot de bières médiocres. Dans les Prairies, une pratique méthodique et pragmatique du brassage s'est

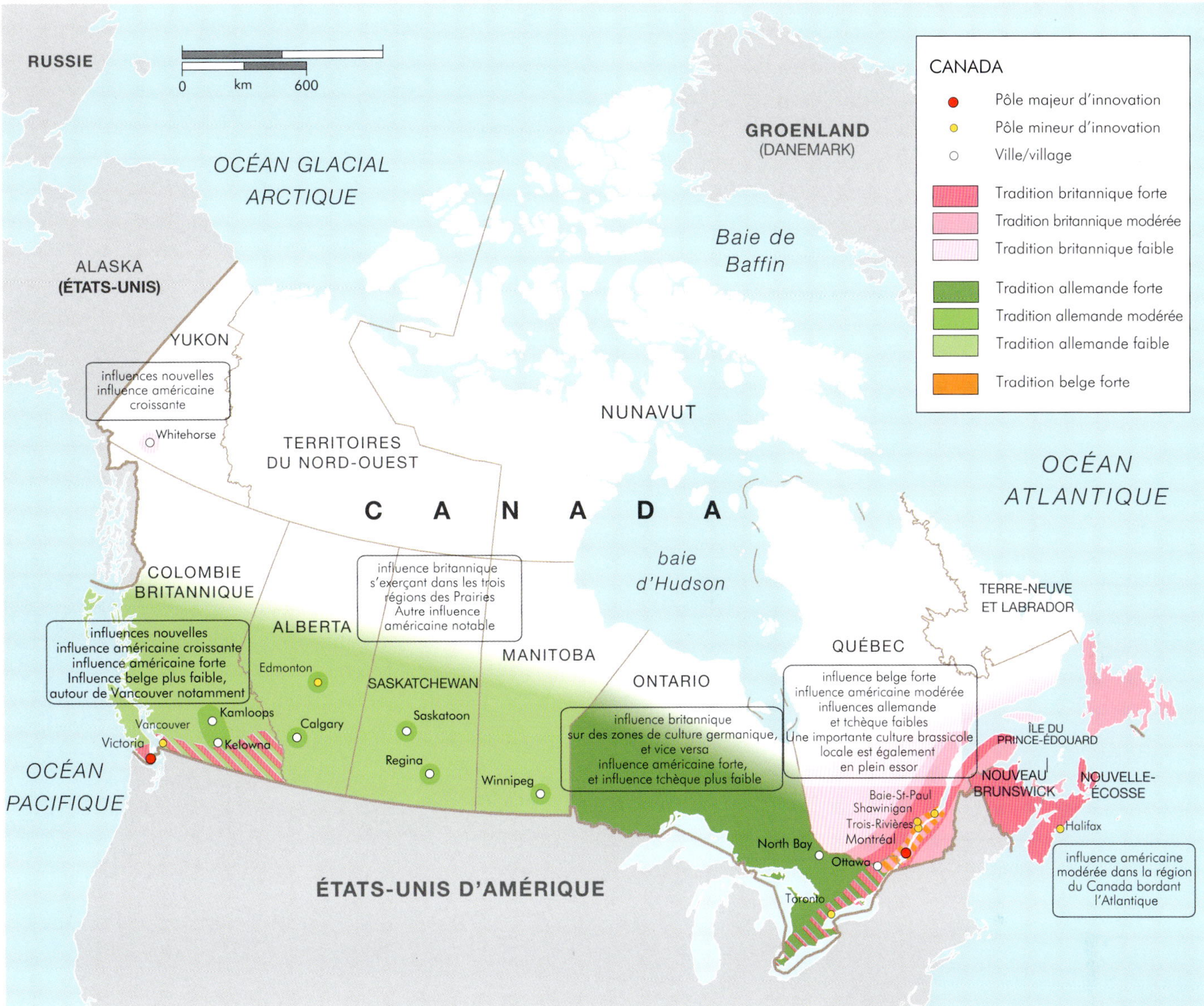

traduite du Manitoba jusqu'aux Rocheuses, à quelques notables exceptions près, par des bières robustes mais peu enthousiasmantes.Enfin, en Colombie-Britannique, la très ancienne loyauté aux traditions brassicoles anglaises est en train de céder aux influences des voisins du Sud, ce qui se traduit par l'apparition d'une nouvelle génération de bières « d'au-delà les frontières », depuis les IPA fortes, intensément houblonnées, jusqu'à une mosaïque de styles « de saison ». Si le brassage se concentre encore dans la périphérie du Grand Vancouver et dans la zone périurbaine de la capitale, une quantité surprenante de brasseries apparaît désormais aussi dans des régions bien plus reculées, comme le nord de l'île de Vancouver et les Kootenays.

LES MARQUES LES PLUS VENDUES DANS LE PAYS

Alexander Keith's	(Anheuser-Busch InBev)
Labatt	(Anheuser-Busch InBev)
Lakeport	(Anheuser-Busch InBev)
Molson	(Molson Coors)
Moosehead	(National)
Pacific Western	(National)
Rickard's	(Molson Coors)
Sleeman	(Sapporo)

Ci-contre : la pils et la special extra mild ale de la marque O'Keefe ne sont plus que de lointains souvenirs.

Le Québec et l'Est

Si Moosehead, une compagnie brassicole familiale, et « Alexander Keith's », une prétendue IPA brassée par Labatt (Anheuser-Busch InBev), sont assez connues, les provinces maritimes de l'est du Canada furent lentes à adopter le brassage artisanal ; encore aujourd'hui, elles ne comptent que quelques brasseries hors de la Nouvelle-Écosse, les meilleurs pubs-brasseries et brasseries de l'Est se concentrant à Halifax, l'attrayante capitale de cette province.

Le Québec, qui était jadis célèbre pour sa liqueur maltée, Brador, produite par Molson, en vint au brassage artisanal bien après l'Ontario et la Colombie britannique. Toutefois, à la différence des provinces maritimes, la plus grande province du Canada adopta par la suite ce type de brassage avec tant d'enthousiasme que l'on y compte à ce jour le plus grand nombre de brasseries de tout le pays. La bière artisanale québécoise doit son succès avant tout aux allègements fiscaux accordés aux petites brasseries, qui ont incité leur multiplication depuis l'avènement du nouveau millénaire. Cette bière doit cependant son renom à la brasserie *Unibroue* (*voir* ci-dessous) d'inspiration belge.

Née en 1991 des cendres de Massawippi, une brasserie ancienne ayant périclité, Unibroue ne fut peut-être pas le fer de lance des styles belges dans la province de Québec – la brasserie belge d'Achouffe écoulait jadis un bon tiers de sa production au Québec –, mais elle a certainement contribué à rendre ceux-ci populaires grâce à des marques comme Blanche de Chambly, une bière de blé de style belge, et Maudite, une forte ale épicée. Quoique détenue maintenant par la brasserie nipponne Sapporo (*voir* p. 234-236), Unibroue continue d'influer, directement et indirectement, sur les créations des brasseries de la troisième génération, telles que la glorifiée *Dieu du Ciel !* (*voir* ci-contre, ci-dessous). Récemment, *Le Trou du Diable* (*voir* ci-dessous) s'inspire avec brio d'une tradition plutôt nord-américaine.

Ci-dessus : la station de ski Mount Tremblant, la plus célèbre du Québec, accueille maintenant deux brasseries artisanales.

SÉLECTION DE BIÈRES

DOMINUS VOBISCUM BRUT (11 % vol.)
Microbrasserie Charlevoix, Baie-Saint-Paul (Québec)
La brasserie a investi dans des équipements spéciaux pour fabriquer cette bière de méthode traditionnelle (comme celle employée en Champagne) dévoilant des arômes grillés, et un corps ample, intense. L'attaque d'une douceur parfumée cède la place à une sensation un peu austère, avec des accents maltés biscuités.
www.microbrasserie.com

DULCIS SUCCUBUS (7 % vol.)
Le Trou du Diable, Shawinigan (Québec)
Avoir vieilli dans des fûts californiens ayant d'abord servi à du vin issu de grains nobles confère des dimensions exceptionnelles à cette ale aux accents d'agrumes confits et d'abricot. Sa rondeur attrayante donne une fausse impression de sa force réelle.
www.troududiable.com

GARRISON IMPERIAL IPA (7 % vol.)
Compagnie brassicole Garrison, Halifax (Nouvelle-Écosse)
En mettant l'accent sur des styles plus expérimentaux, cette brasserie semble avoir trouvé son créneau. Cette forte IPA souple et maltée offre une amertume houblonnée aux accents boisés.
www.garrisonbrewing.com

ISLAND RED (5,3 % vol.)
The Gahan House, Charlottetown (île du Prince-Édouard)
Telles les rousses irlandaises d'antan, ce brassin gouleyant se pare d'un nez de caramel au beurre, avec un soupçon de caramel dur, et d'un fruité de pomme rouge. L'amertume perceptible en bouche reste équilibrée jusqu'à une finale sèche.
www.gahan.ca

Ci-dessus : Montréal est connu dans tout le Canada pour être une ville très animée la nuit, avec ses boulevards constellés de bars, de cafés et, plus récemment, de pubs-brasseries.

KRYPTONITE (8,5 % vol.)
Hart & Thistle Gastropub & Brewery, Halifax (Nouvelle-Écosse)
Autre forte IPA d'Halifax, cette ale de pub-brasserie présente une amertume acidulée de style classique américain, mais son profil malté fruité la rend plus caractéristique d'une ale britannique.
www.hartandthistle.com

MAUDITE (8 % vol.)
Unibroue, Chambly (Québec)
Cette ale foncée d'inspiration belge est sans doute l'une des bières prépondérantes dans l'histoire de la brasserie artisanale du Québec ; de style demi-sec, elle est marquée par la tourbe, avec des notes chocolatées, des arômes de fruits secs et d'épices (coriandre).
www.unibroue.com

PORTER BALTIQUE (10 % vol.)
Les Trois Mousquetaires, Brossard (Québec)
Une interprétation exemplaire du style de porter baltique, avec un nez imprégné d'espresso sucré et un corps aux accents de chocolat noir ; la finale tonique et torréfiée révèle un soupçon de cannelle.
www.lestroismousquetaires.ca

POSTCOLONIAL IPA (6,5 % vol.)
Hopfenstark, L'Assomption (Québec)
Dominée par des arômes floraux, cette IPA de style américain livre des notes houblonnées de pamplemousse et de citron qu'équilibrent un malté aux arômes de caramel et un fruité modéré.
www.hopfenstark.com

ROUTE DES ÉPICES (5 % vol.)
Dieu du Ciel !, Montréal & Saint Jérôme (Québec)
L'associé et leader Jean-François Gravel se montre habile dans l'usage d'ingrédients insolites, tels les grains de poivre qui parfument cette ale de seigle et lui donnent un piquant sans jamais nuire à l'attrait d'un malt subtilement cacaoté, avec en finale des nuances de pain.
www.dieuduciel.com

STOUT À LA FARINE D'AVOINE ST AMBROISE (5 % vol.)
Brasserie McAuslan, Montréal (Québec)
Un succès précoce pour cette ale à laquelle une abondante proportion d'avoine donne du velouté en bouche, tandis que le malt foncé torréfié est à l'origine des flaveurs de café et de notes complexes de raisins secs.
www.mcauslan.com

ST JOHN'S STOUT (4,7 % vol.)
YellowBelly Brewery & Public House, St John's (Terre-Neuve)
Ce stout gouleyant, fabriqué par un brasseur qui travailla durant des années à Dublin, évoque logiquement l'Irlande avec son profil torréfié sec et sa finale modérément amère, aux notes de café.
www.yellowbellybrewery.com

L'Ontario et les Prairies

Grâce à une génération nouvelle d'établissements, qui ont ouvert depuis le début de ce nouveau millénaire, les brasseries artisanales du centre du Canada s'affranchissent enfin de leur héritage européen et d'une conception conservatrice de la fabrication de la bière. Comme le chemin aura été long !

Ci-dessous : à l'instar de beaucoup de pubs-brasseries nord-américains, le *Granite* de Toronto propose toutes ses bières à la dégustation.

Toutes les brasseries artisanales ontariennes de la première génération ont débuté en produisant des bières d'une belle rondeur, selon la tradition des îles Britanniques, de la République tchèque ou de l'Allemagne. Cette habitude a perduré sans grands changements pendant près de vingt ans et quand elle fit enfin place à l'innovation et à l'expérimentation, les premiers résultats furent peu engageants.

Pendant ce temps, au Manitoba et en Saskatchewan, les toutes premières brasseries artisanales opéraient, généralement dans une indifférence générale, ce qui explique un certain nombre d'échecs. Des pubs-brasseries en moins bon état encore restaient en activité, motivés principalement par la franchise lucrative sur la vente de la bière accordée avec le permis de brasser.

Aujourd'hui, l'Ontario, le Manitoba et la Saskatchewan offrent heureusement un patchwork de styles brassicoles, qui combinent le pragmatisme de la tradition de brasseries comme la King, la Beau's (*voir* ci-dessous), la Denison's et la Bushwakker (*voir* ci-dessous et ci-contre) et le goût de l'aventure iconoclaste des Half Pints (*voir* ci-dessous), des Flying Monkeys à Barrie (Ontario) et Great Lakes à Toronto. D'autres brasseries, comme la Black Oak (*voir* ci-dessous), la Grand River à Cambridge (Ontario) et la Paddock Wood à Saskatoon (Saskatchewan), se sont partagé le créneau restant et ont produit des bières à la fois spécifiques, du point de vue du style, et légèrement excentriques.

Page suivante : les silos à grains, comme ceux de la Saskatchewan, sont familiers dans le paysage des Prairies canadiennes ; ils traitent jusqu'à deux millions de tonnes d'orge de brasserie par an.

SÉLECTION DE BIÈRES

BEAU'S LUG•TREAD LAGERED ALE (5,2 % vol.)
Compagnie brassicole Beau's All Natural, Vankleek Hill (Ontario)
Conçue selon les célèbres bières *Kölsch* d'Allemagne (*voir* p. 88-89), cette blonde ale dorée offre un fruité subtil de pêche et d'abricot, puis un corps vif, qui tient davantage de la Helles.
www.beaus.ca

BLACK CREEK PORTER (5 % vol.)
Brasserie historique Black Creek, Oakville (Ontario)
Il s'agit ici de s'inspirer des méthodes brassicoles des pionniers. Au final : un porter aux accents vanillés et légèrement acidulés, aux notes de tabac, de noisette, de fruits secs et de grillé.
www.blackcreekbrewery.ca

BLACK OAK NUT BROWN ALE (5 % vol.)
Compagnie brassicole Black Oak, Toronto (Ontario)
Avec ses arômes de noisette, comme l'évoque son nom, cette bière à la robe brune intense effleure le palais d'une douceur chocolatée, mais sa finale, bien sèche, en fait un compagnon tout désigné pour les plats de viande rouge.
www.blackoakbeer.com

DENISON'S WEISSBIER (5,4 % vol.)
Compagnie brassicole Denison's, Toronto (Ontario)
Issue du brassage contractuel et conditionnée en canette, cette bière de froment de style bavarois offre un nez gourmand aux accents de banane, et des flaveurs douces et épicées (clou de girofle, poivre noir).
www.denisons.ca

GRANITE BEST BITTER (4,5 % vol.)
Brasserie Granite, Toronto (Ontario)
Tenant beaucoup de la bitter, cette ale conditionnée en baril s'annonce par un malté doux et fruité, puis se développe jusqu'à une finale évocatrice de tabac.
www.granitebrewery.ca

HUMULUS LUDICROUS (8 % vol.)
Compagnie brassicole Half Pints, Winnipeg (Manitoba)
Le brasseur David Rudge, ex-Bushwakker (*voir* ci-contre), crée cette ale dense avec une quantité de houblons véritablement « délirante » (*ludicrous*, en anglais), mais il équilibre le tout grâce à un malt caramélisé. Il en résulte une belle ampleur en bouche et une complexité étonnamment subtile.
www.halfpintsbrewing.com

KING PILSNER (4,8 % vol.)
Brasserie King, Nobleton (Ontario)
D'une remarquable fraîcheur florale dans ses arômes, à l'image des créations tchèques qui l'ont inspirée, cette lager originaire du nord de Toronto a un profil malté nuancé de caramel dur, une amertume modérée et une finale sèche désaltérante.
www.beerbanons.com

PALLISER PORTER (5,8 % vol.)
Pub-brasserie Bushwakker, Regina (Saskatchewan)
Des arômes de malt torréfié et de café introduisent cette ale demi-sèche. Associant des saveurs de moka et de chocolat noir peu corsé, celle-ci révèle une nette douceur équilibrée par les houblons judicieusement employés.
www.bushwakker.com

L'Alberta, la Colombie-Britannique et le Nord

Le brassage artisanal canadien a débuté à Vancouver et dans ses environs ; le premier pub-brasserie à avoir ouvert en 1982 fut le *Horseshoe Bay* aujourd'hui disparu, et le Granville Island, qui appartient maintenant à Molson, lança son activité en 1984 devenant ainsi la première brasserie artisanale du Canada.

L'Alberta leur emboîta rapidement le pas avec la brasserie Big Rock (*voir* p. 213), qui ouvrit ses portes quelques mois plus tard et connut une période de fièvre intense, avant de retomber dans une activité moins ardente de pure imitation. La bière de chanvre fut d'abord en vogue en Colombie-Britannique, puis ce furent la blonde ale et ensuite la blonde claire (pale ale). Les importations auraient peut-être pu faire progresser ce marché, mais elles demeurèrent rares dans l'une ou l'autre province. À la fin des années 1990, le marché de la bière sur la côte Ouest était si moribond que l'unique chroniqueur spécialisé de la presse régionale finit par jeter l'éponge. Dans l'ouest du Canada, le nouveau siècle est plus favorable au brassage, et des brasseurs inspirés vont de l'avant, tels Matt Phillips de Phillips Brewing (*voir* ci-dessous), Gary Lohin de Central City (*voir* ci-dessous, ci-contre) et, dans une moindre mesure, Neil Herbst de l'Alley Kat, dont les systèmes de production ont été rénovés (*voir* ci-dessous, ci-contre).

Dans le même temps, au nord du Canada, la brasserie Arctic (à Yellowknife), fer de lance de la bière artisanale dans les territoires du Nord-Ouest, a rapidement périclité et dû fermer ; Yukon à Whitehorse (*voir* ci-dessous) lui a succédé avec bien plus de succès.

Ci-contre : désormais affiliée à Molson Coors, Granville Island, à Vancouver, est devenue un site touristique plus qu'un centre de production.

SÉLECTION DE BIÈRES

AMNESIA DOUBLE IPA (8,5 % vol.)
Compagnie brassicole Phillips, Victoria (Colombie-Britannique)
Ce brasseur iconoclaste produit une ale puissante, de nature à brouiller les styles. Elle est dotée d'un profil malté chocolaté, aux accents de cannelle, qui apporte un soupçon de moelleux à un houblonnage intense.
www.phillipsbeer.com

BACK HAND OF GOD STOUT (5,2 % vol.)
Crannóg Ales, Sorrento (Colombie-Britannique)
Utilisant des produits issus de l'agriculture biologique et cultivant même ses propres houblons, cette brasserie de ferme, implantée à l'intérieur des terres de la Colombie britannique, offre un certain nombre d'ales, à la pression uniquement, dont ce stout de style irlandais, torréfié et sec, dévoilant des accents de tabac.
www.crannogales.com

LEAD DOG ALE (7 % vol.)
Compagnie brassicole Yukon, Whitehorse (Yukon)
La brasserie la plus septentrionale du pays propose cette bombe maltée qui dégage le parfum de raisin d'une ale hivernale, révèle des notes de prune et un houblonnage épicé propre à souligner l'amertume. Pour les longues soirées d'hiver.
www.yukonbeer.com

KING HEFFY IMPERIAL HEFEWEIZEN (7,7 % vol.)
Compagnie brassicole Howe Sound, Squamish (Colombie-Britannique)
Une « *Hefeweizen* impériale » pourra paraître bizarre, mais Howe Sound réussit son coup. Des arômes de banane et de cardamome précèdent des flaveurs de clou de girofle et de salade de fruits, auxquelles succède une finale poivrée.
www.howesound.com

CONSEILS AUX VISITEURS

- Au Canada, le brassage se concentre dans les grandes villes, surtout celles de Montréal, Toronto, Vancouver et, dans une moindre mesure, de Halifax et Victoria.
- Que ce soit dans un bar, une taverne ou un pub, le service à table est de rigueur ; dans certains établissements toutefois, il faut commander au barman, *à l'anglaise*.
- Là où l'on sert notamment des bières de caractère, la taille des verres pourra varier d'un endroit à l'autre, même si la norme est la pinte de 16 onces liquides (473 ml) en Colombie-Britannique, et l'impérial de 20 onces liquides (568 ml) dans le reste du Canada.
- Au Québec, attendez-vous à devoir commander votre bière par le nom de sa robe : une *blanche* pour une bière de blé, une *brune* pour une ale brune, une *rousse* pour une ale ou lager ambrée, et une *noire* pour un stout.

Page suivante : les Prairies canadiennes sont réputées pour leur fertilité ; elles produisent jusqu'à 10 % des récoltes mondiales d'orge et, parmi les graines et céréales, du blé, des graines de moutarde, du seigle et du colza.

Ci-dessus : la « Little Brewery That Could » [« la petite brasserie d'avenir »] d'Alley Kat, basée à Edmonton, capitale de la province de l'Alberta.

MCNALLY'S EXTRA (7 % vol.)
Brasserie Big Rock, Calgary (Alberta)
Cette ale, un classique canadien, livre un parfum de pomme caramélisée accompagné d'un malté franc et généreux (arômes de caramel au beurre), soutenu par une amertume houblonnée ; la finale sèche laisse un souvenir de noisette.
www.bigrockbeer.com

MITCHELL'S EXTRA SPECIAL BITTER (5,2 % vol.)
Spinnakers Gastro Brewpub & Guest Houses, Victoria (Colombie-Britannique)
Ce pub-brasserie est le plus ancien subsistant au Canada et il continue d'exceller, notamment avec cette bitter florale et fruitée qui arbore juste un soupçon de fumé dans sa finale sèche. Son nom rend honneur au pionnier de la brasserie artisanale, John Mitchell.
www.spinnakers.com

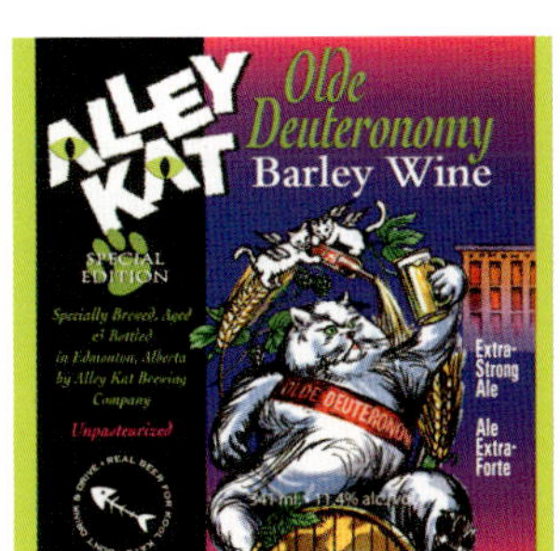

BARLEY WINE OLD DEUTERONOMY (11,4 % vol.)
Alley Kat Brewing, Edmonton (Alberta)
Ce joyau de saison, peut-être bien le meilleur Barley Wine du Canada et certainement le plus ancien à être servi, offre de généreuses notes de raisin et de datte, tant au nez qu'en bouche, et des accents maltés avant une longue finale tonique.
www.alleykatbeer.com

RED RACER IPA (6,5 % vol.)
Compagnie brassicole Central City, Surrey (Colombie-Britannique)
Gorgée de notes houblonnées rappelant l'ananas et les agrumes, cette ale vient de la brasserie élue la meilleure de l'année 2010. Elle libère aussi des arômes de citronnelle ainsi qu'un caractère malté sec et biscuité.
www.centralcitybrewing.com

L'AMÉRIQUE LATINE

En cette deuxième décennie du XXIe siècle, la bière d'Amérique du Sud se définit généralement en trois points : elle est d'une robe claire et blanchâtre, elle est servie frappée et elle est le produit d'empires brassicoles. Compte tenu de ces éléments, nous pourrions facilement clore ici le chapitre et passer au suivant.

Il y a pourtant une lueur d'espoir en Amérique du Sud. Tout comme l'Amérique du Nord a triomphé de la tyrannie de la « bière jaune gazeuse » dans les années 1980 et 1990, l'Amérique du Sud a vu naître une brasserie artisanale avec le nouveau millénaire, des mouvements de contestation légitime sont apparus au Brésil, en Argentine et au Chili, et des amorces se font sentir ailleurs.

Le chemin à parcourir est néanmoins difficile et semé d'embûches ; les grandes brasseries monopolisent encore quasi 100 % des parts de marché dans toute l'Amérique du Sud et, comme ce territoire reste pour elles un site de croissance économique, elles rechignent à céder des créneaux de vente à des nouveaux venus. Mais les brasseurs artisanaux, eux, ne manquent pas d'enthousiasme ni de dévouement, ni même – dans certains cas – de cran.

Certes, tout n'est pas rose dans le brassage artisanal en Amérique du Sud. Des problèmes liés à l'oxydation, diacétyle et sulfure de diméthyle surgissent avec, parfois, une étonnante régularité dans des bières produites à petite échelle, telle la São Paulo à Santiago du Chili, et entravent ainsi indubitablement la diffusion massive de toute la gamme, tout comme cela se produisit en Amérique du Nord au début des années 1980.

Ci-contre : la tequila est la boisson traditionnelle du Mexique, mais elle est parfois reléguée au second plan au profit d'une bière frappée naturellement rafraîchissante.

CONSEILS AUX VISITEURS

- Si vous ne parlez pas le portugais au Brésil ou l'espagnol partout ailleurs, n'oubliez pas d'emporter un guide de conversation, car le français et l'anglais sont rarement parlés.
- Préparez-vous à de longues courses en taxi dans des mégalopoles au trafic complètement congestionné, telles São Paulo et Buenos Aires.
- Ne jugez pas toutes les bières sur la première gorgée ; certaines pourront varier de façon significative (sinon spectaculaire) d'une bouteille à l'autre.

SÉLECTION DE BIÈRE

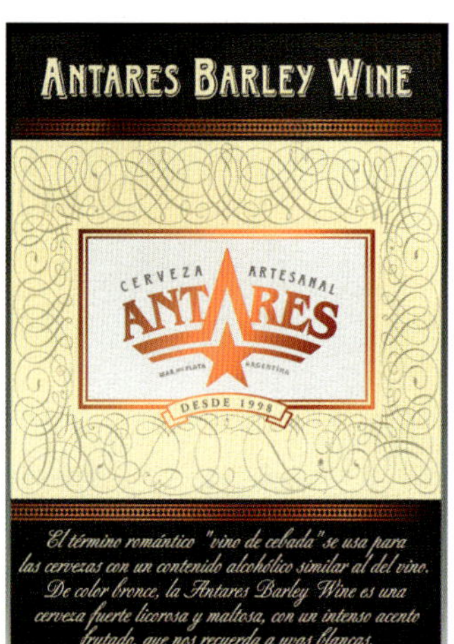

BARLEY WINE ANTARES (10 % vol.)
Cerveza Artesanal Antares, Mar del Plata
Buenos Aires (Argentine)
Cette éminente brasserie artisanale d'Argentine réserve la bière qu'elle produit essentiellement à ses propres pubs, comme cette ale aux fruits tropicaux qui révèle un corps franchement malté et une finale légèrement vineuse ; on la trouve également conditionnée en bouteille.
www.cervezaantares.com

COLORADO INDICA (7 % vol.)
Cervejaria Colorado, Ribeirão Preto
São Paulo (Brésil)
Meilleure à la pression qu'en bouteille, cette IPA artisanale brésilienne – un précurseur – dégage un arôme de pomme ; les saveurs en bouche se développent dans une belle progression, partant d'une douceur légère à une amertume affirmée, pour finir sur des notes sèches évocatrices de noisette.
www.cervejariacolorado.com.br

KROSS 5 (7,2 % vol.)
Cerveceria Kross, Vitacura (Chili)
Créée à l'occasion du cinquième anniversaire de la brasserie, cette ale vieillie en fût de chêne offre de douces nuances de vanille, des arômes de baies, un malté onctueux, ainsi que de longs accents de tabac et de raisin dans un corps bien charpenté.
www.kross.cl

AMÉRIQUE LATINE

L'Amérique latine possède une culture disparate et encore récente en matière de bière artisanale, mais l'évolution de cette fabrication s'accélère, et elle se présente donc comme l'un des marchés émergents de la bière parmi les plus intéressants au monde.

Le Mexique et l'Amérique centrale

Pour des millions de consommateurs de bière dans le monde, la bière mexicaine n'évoque qu'un petit nombre de marques ; elle est presque exclusivement conditionnée dans des bouteilles banales au verre transparent, et nécessairement produite par l'une des deux compagnies dominant le brassage au Mexique – au point d'en avoir le quasi-monopole. D'ailleurs la *negro*, lager rousse ou brune, au style vaguement viennois – qui reste populaire auprès des deux grands brasseurs – est dans son ensemble suffisamment savoureuse pour satisfaire le consommateur de bière au Mexique.

LES MARQUES LES PLUS VENDUES DANS LE PAYS

MEXIQUE

Corona	(Grupo Modelo)
Modelo Especial	(Grupo Modelo)
Negro Modelo	(Grupo Modelo)
Sol	(Heineken)
Tecate	(Heineken)

AMÉRIQUE CENTRALE

Gallo	(National)
Imperial	(National)
Pilsener	(National)

En approfondissant les recherches, on découvrira néanmoins un jeune mouvement – parfois plein d'audace – militant en faveur de la bière artisanale. Largement implantés à Mexico et dans les régions de la Baja California (la Basse-Californie), les brasseurs de *cerveza artesanal*, au nombre d'une vingtaine, produisent de tout, depuis les porters et les blondes jusqu'aux ales d'inspiration belge et aux bières vieillies dans des anciens fûts de tequila. Ils doivent surmonter des obstacles considérables, car ils ne bénéficient d'aucun allègement fiscal, contrairement aux petites brasseries partout ailleurs dans le monde, et ils doivent importer le gros de leurs ingrédients. Et pourtant, des brasseries comme Minerva, Cucapa et Cosaco sont toujours en activité, développant ainsi progressivement le marché qui accueillera leur production. Certaines brasseries ont même ouvert leur propre magasin afin de se constituer directement une clientèle.

En Amérique centrale, en revanche, très peu de pays affichent une telle progression dans le domaine du brassage artisanal. Le marché le plus porteur est vraisemblablement celui du Costa Rica, avec son unique brasserie artisanale et son industrie touristique en plein essor. Mais partout ailleurs, le développement du marché brassicole reste un phénomène rare, voire inexistant.

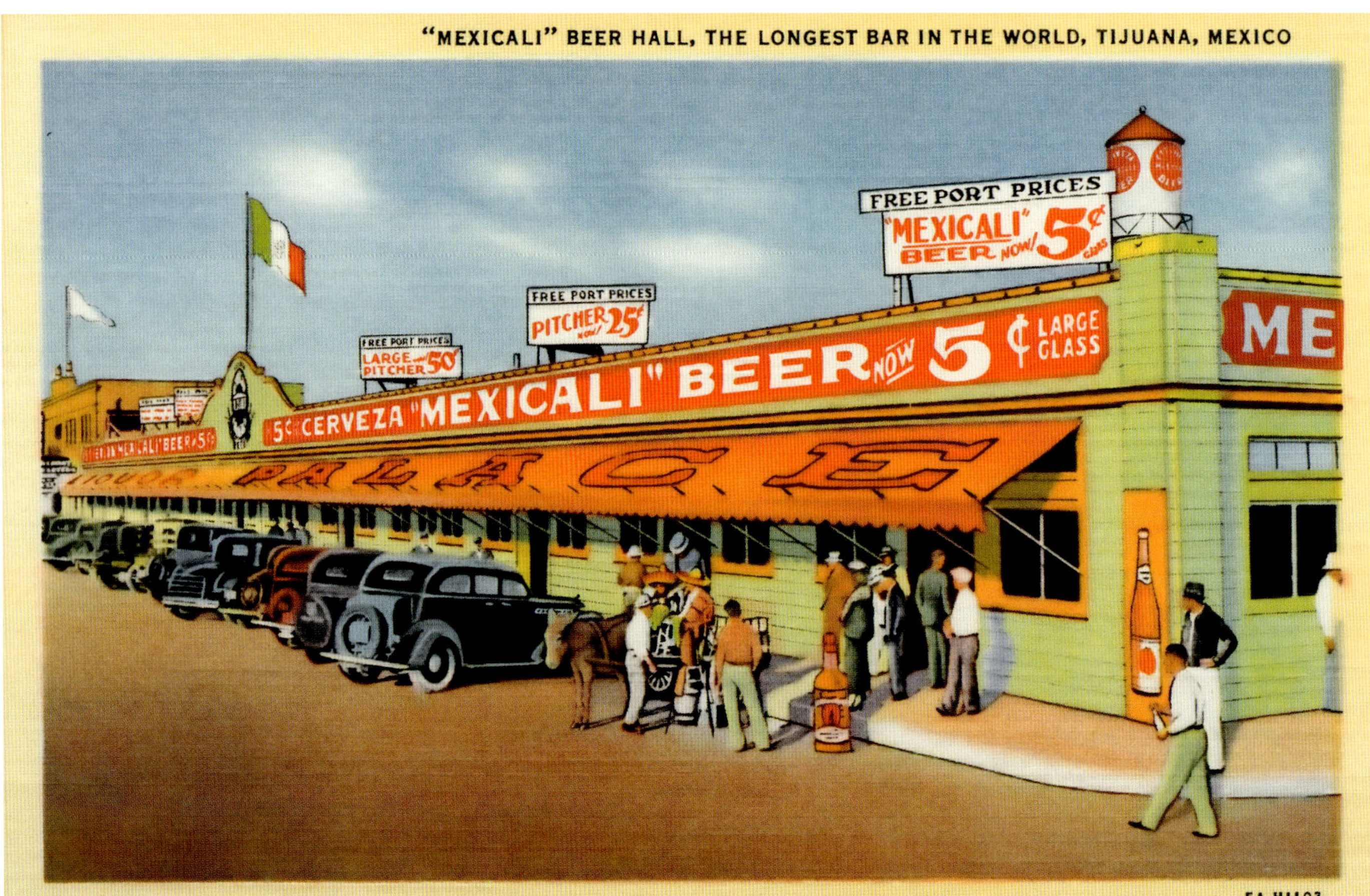

Ci-dessus : la ville frontalière de Tijuana a toujours attiré les visiteurs des États-Unis, mais elle accueille à présent une « importation » américaine d'un autre type : la bière artisanale.

Ci-dessus : la bière est aujourd'hui en vogue dans toutes les strates de la société mexicaine, depuis les restaurants chics jusqu'aux *cantinas* rurales.

SÉLECTION DE BIÈRES

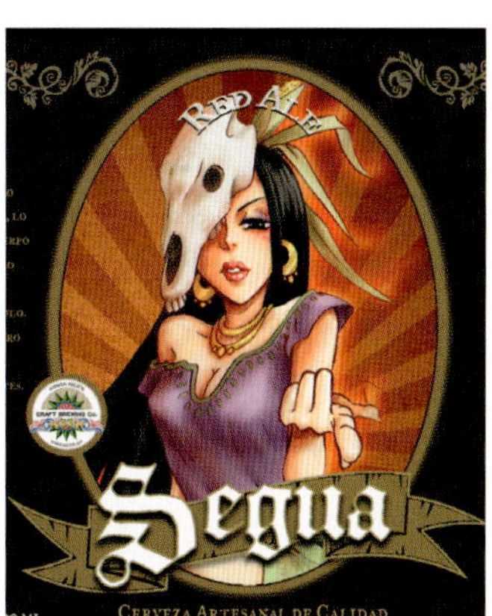

SEGUA RED ALE (5 % vol.)
Compagnie brassicole artisanale du Costa Rica, Cartago, Costa Rica
Preuve que les bières houblonnées existent en Amérique centrale, ce joyau aux reflets cuivrés libère à parts égales un houblonné aux nuances de noisette et un malté fruité, puis il livre une finale demi-sèche juste ce qu'il faut, et rafraîchissante. À l'heure où nous rédigeons ces lignes, la brasserie expérimenterait des bières de saison aux fruits tropicaux. Une brasserie à suivre, donc.
www.beer.cr

TEMPUS DOBLE MALTA (7 % vol.)
Cervecería Primus, Mexico, Mexique
Une des brasseries artisanales de Mexico les plus connues qui cherche à percer en produisant un trio de bières, dont celle-ci proche du style « imperial altbier », soutenue par un malté sec.
www.primus.com.mx

Le Brésil

Le Brésil est l'un des plus grands producteurs au monde de bière et, avec la Russie, l'Inde et la Chine, l'un des rares pays aussi où la production et la consommation ont augmenté de pair au cours des dernières décennies. En outre, la consommation annuelle par habitant étant de *seulement* 51 litres en 2009, les brasseurs brésiliens sont, semble-t-il, bien obligés de progresser, d'autant que la classe moyenne de ce pays est en plein essor.

LES MARQUES LES PLUS VENDUES DANS LE PAYS

Antarctica Original	(Anheuser-Busch InBev)
Bavaria Clássica	(Heineken)
Brahma Chopp	(Anheuser-Busch InBev)
Devassa	(Kirin)
Nova Schin	(Kirin)
Skol	(Anheuser-Busch InBev)
Xingu	(Kirin)

Cela pourrait concerner les brasseurs artisanaux brésiliens, dont les rangs grossissent, à condition qu'ils parviennent à surmonter quelques obstacles de taille, à commencer par la tendance générale des Brésiliens à consommer de préférence une bière ultrafrappée, car ils mettent alors de côté le profil organoleptique, évidemment celui-là même que les brasseurs cherchent à développer pour que leurs bières se distinguent de celles de consommation courante produites par les grandes brasseries.

Il y a plus préoccupant cependant, à savoir les difficultés que les brasseurs ont eux-mêmes créées par leur obsession pour la pasteurisation. En soi, ce procédé ne constitue pas foncièrement un mal – que des brasseries artisanales pasteurisent leurs marchandises n'est pas nouveau – mais au regard de la modernité, les équipements utilisés sont obsolètes, et il en résulte bien trop souvent une bière insipide, au goût de « cuit ».

L'aspect plus positif est que le brassage artisanal semble acquérir une certaine popularité

Ci-dessus : ces fermiers brésiliens dégustant de la bière ont pour lointains aïeux des émigrants du pourtour allemand de la Baltique.

SÉLECTION DE BIÈRES

ABADESSA EXPORT (5 % vol.)
Cervejaria Abadessa, Porto Alegre (Rio Grande do Sul)
Élaborée dans le style de la lager d'exportation *Dortmunder* en voie d'extinction, cette bière a le même attrait malté et sec caractéristique, avec un rien de minéralité. Une lager pour les amateurs d'ale claire.
www.abade.com.br

ALBA WEIZEN (5,5 % vol.)
Cervejaria Coruja, Porto Alegre (Rio Grande do Sul)
Arborant un nez phénolique épicé, cette bière blanche légèrement fumée possède un corps vif et acidulé de pomme verte. D'abondantes notes épicées se développent, dans une tonalité de clou de girofle, jusqu'à une finale sèche et désaltérante.
www.cervejacoruja.com.br

BAMBERG RAUCHBIER (5,2 % vol.)
Cervejaria Bamberg, Votorantim (São Paulo)
Voici une bière marquée par un caractère fumé d'une intensité légère à moyenne au nez ; elle offre ensuite des notes de pomme caramélisée en bouche. Bamberg (l'agglomération allemande, *voir* p. 84) serait fière de cette Bamberg (la brasserie brésilienne).
www.cervejariabamberg.com.br

BODEBROWN WEE HEAVY (8 % vol.)
Bodebrown Cervejaria & Escola, Hauer Curitiba (Paraná)
Tout à la fois brasserie et école brassicole, Bodebrown privilégie les brassins d'assemblage, comme cette ale vieillie en fût de whisky qui décline des notes de fondant au chocolat, de gousse de vanille, de datte et de raisin, avant de conclure sur une tonique finale épicée.
www.bodebrown.com.br

Ci-contre : le littoral familier de Rio de Janeiro. Stimulée par une classe moyenne en pleine ascension, la bière artisanale est sur le point de se répandre dans toutes les conurbations du Brésil.

au Brésil, même si elle reste à une très petite échelle.

Avec un nombre estimé de plus de cent brasseries artisanales en 2010, voire le double, les bases semblent très solides. Parmi les brassins artisanaux brésiliens, la pils est très courante ; l'offre va de la lager modérée de style Helles, conçue pour séduire les consommateurs de Brahma et de l'Antarctique, aux bières rafraîchissantes et fortement houblonnées, sur le modèle allemand ou tchèque. Les blondes pale ale et les IPA sont tout aussi populaires, bien que le houblonnage semble souffrir du coût des houblons de qualité et de leur rareté.

La tendance la plus encourageante enregistrée au Brésil, et ailleurs sur le continent mais dans une moindre mesure, est sans conteste l'emploi d'ingrédients indigènes dans la création de bières basées dans des styles traditionnels, ou approchants. Dans ce creuset figurent des brasseries comme la Cervejaria Colorado, qui utilise tout ce qui est disponible sur place, du café local au sucre de canne complet (appelé *rapadura*), et des bières, telles l'Umburana Lager de la Cervejaria Way (*voir* ci-dessous) vieillie dans des fûts en bois exotique d'Amazonie, ou encore l'édition confidentielle Vivre pour Vivre de Falke Bier (*voir* ci-dessous), enrichie avec le jus du fruit indigène *jabuticaba*.

Si le Brésil arrive à poursuivre son développement comme pays brassicole et à avoir un impact sur la scène mondiale, nul doute que ce sera amplement grâce à des initiatives de cet ordre.

FALKE TRIPEL MONASTERIUM (9 % vol.)
Bière Falke, Ribeirão das Neves (Minas Gerais)
Estampillée *tripel*, cette bière est davantage une *dubbel* forte, révélant des arômes de poire et d'abricot sec au nez, puis des flaveurs de cardamome et de vanille en bouche. La bière de base pour Vivre pour Vivre (*voir* ci-dessus).
www.falkebier.com.br

WAY AMBURANA LAGER (8,4 % vol.)
Cervejaria Way, Pinhais (Paraná)
Cette lager forte en alcool est restée longuement en contact avec des copeaux d'*Amburana cearenis* ; elle en a hérité un caractère intense de vanille qui lui donne à la fois un côté charmeur et une légèreté apparente (mais trompeuse...).
www.waybeer.com.br

L'Argentine et les autres pays d'Amérique du Sud

Après la déroute économique subie par l'Argentine en 1989, à l'issue de laquelle le peso a été supplanté par le dollar américain dans les échanges commerciaux, le nouveau gouvernement résolut de laisser carte blanche aux entrepreneurs. Il s'ensuivit l'éclosion d'une multitude de microbrasseries.

Ci-dessus : le patio paysager du pub-brasserie *Berlina* offre à l'amateur de bières un panorama époustouflant des Andes pour mieux savourer son India Pale Ale, au houblonnage authentique, réalisé avec de l'East Kent Goldings d'importation.
Page suivante : ces gauchos du Chili, en plein galop, auront bientôt besoin de se désaltérer. À l'arrière-plan, les monts Cuernos del Paine.

LES MARQUES LES PLUS VENDUES DANS LE PAYS

Cristal	(Heineken – Chili)
Cristal	(SAB – Pérou)
Paceña	(Anheuser-Busch InBev – Bolivie)
Polar	(National – Venezuela)
Quilmes	(Anheuser-Busch InBev – Argentine)
Schneider	(Heineken – Argentine)

Depuis 2002, il existe entre soixante-quinze et cent cinquante brasseries artisanales en Argentine, dont une vingtaine gravite autour de Bariloche et d'El Bolsón, la zone de culture du houblon dans la région des lacs, à la beauté resplendissante, du nord de la Patagonie.

Un développement plus poussé de la culture du houblon pourrait présager un bel avenir pour la brasserie artisanale, même si cette culture est destinée au départ à fournir les grandes brasseries sud-américaines, qui ont finalement fusionné pour constituer le groupe brassicole AmBev ; ses acteurs principaux, très dynamiques, jouent un rôle moteur au sein d'Anheuser-Busch InBev, le plus grand groupe brassicole au monde.

Nombreux sont les brasseurs de l'hémisphère Nord à considérer que les variétés historiques de houblon sont d'une qualité inférieure et qu'elles manquent singulièrement de principes

SÉLECTION DE BIÈRES

BEAGLE FUEGIAN ALE (5,8 % vol.)
Cerveceria Beagle, Ushuaia (Argentine)
La brasserie la plus méridionale au monde fabrique trois bières dont la *rubia*, une ale douce à la robe blonde ornée de reflets cuivrés. Celle-ci dévoile une tonalité fruitée et offre une base douce-amère, la plus légère et la meilleure qui soit.
www.cervezabeagle.com.ar

DRY STOUT (5,8 % vol.)
Compagnie brassicole Buller, Buenos Aires (Argentine)
Dans la région branchée et touristique de Recoleta, ce pub-brasserie à deux niveaux propose une sélection d'ales des plus respectables, dont ce stout au goût un peu aride, qui décline des arômes de café sucré et révèle un corps onctueux, aux accents de torréfaction.
www.bullerpub.com

GROSA (9,5 % vol.)
Cerveza Jerome, Mendoza (Argentine)
Cette brasserie qui privilégie le vieillissement sous bois propose cette bière vieillie deux ans et demi dans d'anciens fûts de vin de malbec.
Elle possède ainsi des arômes de fruits et de chêne, un corps doux-amer aux notes de vanille, d'épices poivrées et de fruits secs.
www.cervezajerome.com

PALE ALE (6 % vol.)
Cerveza Zeppelín, Buenos Aires (Argentine)
Entièrement brassée à partir d'ingrédients argentins, dont la variété locale de houblon Mapuche, cette « bière claire », dont la robe plutôt brune est typique des ales, est plus épicée qu'amère ; elle révèle un malté aux fruits secs. Une personnalité séduisante.
www.cervezazeppelin.com.ar

aromatiques. Au lieu d'être frais avec une nuance d'épices acidulées, le houblon Argentine Cascade, par exemple, se montre herbacé et subtil, par conséquent peu indiqué pour créer des blondes pale ales et des IPA de style américain. En revanche, de nouveaux hybrides adaptés au sol et au climat de ces contrées devraient favoriser le développement de ces styles et de bien d'autres apparentés.

Une microbrasserie argentine typique produit une bière légère, une foncée et une qui se situe entre les deux. La plupart sont brassées dans des styles étrangers, mais la comparaison s'arrête là. Ainsi, la bière foncée pourrait passer pour un milk stout, un porter d'une force exceptionnelle, une *Dunkles* douce allemande ou une *Doppelbock* ; la bière légère pour une pils de style tchèque, une *Kölsch* ou même une *tripel* blonde ; la médiane enfin pour une blonde pale ale américaine ou une bière de garde ambrée. De plus, il n'existe pas de règles définissant la plus faible ou la plus forte.

Les sites où l'on écoule la bière artisanale sont soit bruyants et imposants, comme les douze bars de style pub-brasserie détenus et gérés par Antares, soit exigus et discrets, tels les florissants clubs *Buena Birra* à l'atmosphère de bar clandestin, à Buenos Aires. Le plus encourageant cependant, c'est qu'il n'est pas rare de découvrir hors de la capitale deux ou trois bières artisanales à la carte de bars ou de restaurants ordinaires, même quand on s'enfonce dans le sud et la province de Terre-de-Feu (Tierra del Fuego) jusqu'à Ushuaia, siège de la brasserie la plus éloignée au monde : la Cervecería Beagle.

Ci-dessus: le pub-brasserie *Cerveza Artesanal Blest*, à Bariloche, est au cœur de la région lacustre de Patagonie.

Après l'Argentine, le pays le plus avancé est le Chili, suivi à bonne distance par l'Uruguay. Et c'est tout. Mais les jalons sont en place pour l'avenir. Les brasseurs nationaux, dont le concours est toujours essentiel pour le développement de nouvelles productions de bière artisanale, s'activent sur l'ensemble du territoire, et principalement aux abords des capitales.

Certes, il reste des obstacles à surmonter. Ainsi, la non-existence d'une chaîne du froid, pourtant indispensable sous les climats chauds, va impliquer une pasteurisation excessive. De même, le manque d'expérience donne lieu, dans maintes brasseries à bien trop d'erreurs techniques.

Les concours internationaux vont sans doute accélérer aussi l'éducation des producteurs, comme celle des consommateurs. La Grande Coupe de la bière du Sud, à Buenos Aires, et El Concurso Internacional de Cervezas au Chili ont connu chacun leur première édition en 2011.

Si les consommateurs exigent de plus en plus des bières de caractère, et ce avec une régularité constante, il appartiendra aux brasseurs de répondre à cette attente. De même, si les pays du Sud suivent l'exemple des pays du Nord, le marché de la bière artisanale en Amérique du Sud sera nécessairement florissant dans les années à venir.

STRONG ALE (7,5 % vol.)
Microbrasserie Szot, Santiago du Chili (Chili)
Né en Californie et émigré au Chili, ce brasseur fabrique des bières destinées à des Chiliens en quête d'ales plus fortes, comme ce brassin au malt fruité intense qui laisse s'exprimer quelques notes houblonnées.
www.szot.cl

TRIGO (4,9 % vol.)
Cabesas Bier, Tacuarembó (Uruguay)
Le zeste d'orange d'une variété locale, la Navel, utilisé ici plutôt que le zeste traditionnel amer, donne une douceur séduisante à cette bière de blé blanche, de style belge, légèrement acide. On a utilisé aussi les cultures de blé locales.
www.cabesasbier.blogspot.com

ALE BRUNE TÜBINGER
Microbrasseries Tübinger, Vitacura, Santiago du Chili (Chili)
Un brasseur natif du Brésil, d'ascendance allemande, crée des ales au Chili. C'est un berceau singulier pour cette ale qui exprime une douceur légèrement chocolatée, puis et révèle l'équilibre et le goût de noisette d'une bonne bière.
www.tubinger.cl

L'AUSTRALIE, LA NOUVELLE-ZÉLANDE ET L'EXTRÊME-ORIENT

L'AUSTRALIE

L'Australie-Méridionale est l'une des grandes régions du monde brassicole. Le reste du pays ne s'est joint qu'assez tardivement au mouvement du brassage artisanal, pourtant en expansion partout ailleurs. À présent, la situation évolue rapidement et les Australiens se lancent tous azimuts dans cette production. Et il ne faut pas leur dire deux fois que les Néo-Zélandais sont meilleurs qu'eux !

LES MARQUES LES PLUS VENDUES DANS LE PAYS

Boag's	(San Miguel)
Carlton	(SABMiller)
Castlemaine	(Kirin)
Foster's	(SABMiller)
Tooheys	(Kirin)
Victoria Bitter (VB)	(SABMiller)

Les brasseries Carlton & United (groupe SABMiller) et Lion Nathan (*voir* p. 229), qui a des liens avec les brasseurs nippons Kirin. Elles fournissent à elles seules 95 % de cette boisson que ce pays préfère boire bien frappée, en privilégiant les marques familières et les campagnes promotionnelles à l'humour pince-sans-rire. Il est surpenant que la brasserie Coopers à Adélaïde occupe (*voir* ci-dessous), malgré sa très petite taille, la quatrième place au rang national ; cette entreprise familiale a produit pendant des décennies les seules bières originales d'Australie, des ales légèrement troubles au goût de levure qui suscitaient du dédain chez les consommateurs attachés aux traditions, mais intéressaient la jeune génération, assez semblable à celle du Japon.

La majorité des entreprises modernes est gérée par des évangélistes optimistes qui risquent leurs économies dans des projets auxquels ils consacrent des années de leur vie sans certitude d'aboutissement. Quelques entreprises détenues par de grands brasseurs ou, le plus souvent, par d'autres sociétés ayant les reins solides, comme des entreprises vinicoles – la brasserie artisanale étant considérée comme l'une des branches d'un seul et même arbre.

D'après de récentes estimations, il y aurait maintenant plus d'une centaine de brasseries nouvelles en activité en Australie ; le nombre exact est difficile à cerner car beaucoup fonctionnent plutôt sur le mode d'entreprises marketing. Elles travaillent avec des brasseurs liés par contrat, qui ne produisent de la bière que pour autrui et ne créent pas leurs propres marques.

Ces brasseries de production pure représentent approximativement le double des pubs-brasseries. Les meilleurs houblons se trouvant actuellement dans les États de Victoria, Nouvelle-Galles du Sud et d'Australie-Occidentale.

CONSEILS AUX VISITEURS

- Pour parfaire vos connaissances sur la bière artisanale australienne, deux ouvrages de choix : *Beer Lover's Guide to Australia* de Matt Kirkegaard, et *Australian Beer Companion* de Willie Simpson.
- Les Australiens sont des inconditionnels des bières glacées ; si vous préférez la bière servie à température ambiante pour une meilleure appréciation des saveurs, achetez-la à emporter et laissez-la tiédir un peu.
- Quand on trinque entre amis, il est d'usage d'offrir une tournée avec une bière à la pression servie dans des pichets de 1,15 litre (l'équivalent de deux pintes) pour cinq verres (appelés des « midis » en Nouvelle-Galles du Sud).
- Vers le nord, il fait plus chaud, et la taille des verres à bière diminue pour que l'on ait le temps de finir son verre avant que la boisson ne se soit réchauffée.

Pages précédentes : eucalyptus à la saison des pluies, Australie.

SÉLECTION DE BIÈRES

COOPERS EXTRA STRONG VINTAGE ALE (7,5 % vol.)
Brasserie Coopers, Regency Park (Australie-Méridionale)
Ne sous-estimons pas cette ale ambre foncé à la douceur caramélisée. Elle est produite par une brasserie familiale, dont la cinquième génération est à l'œuvre, et destinée à une longue garde en cave ; alors, le caractère succède à la jeunesse…
www.coopers.com.au

GRAND RIDGE BREWERY MOONSHINE (8,5 % vol.)
Brasserie Grand Ridge, Mirboo North (Victoria)
Cette brasserie, qui entame sa troisième décennie de brassage, offre une interprétation bien australienne des bières du monde. Avec cette ale écossaise à la robe foncée, on comprend mieux pourquoi les autochtones la surnomment le « Monastère ».
www.grand-ridge.com.au

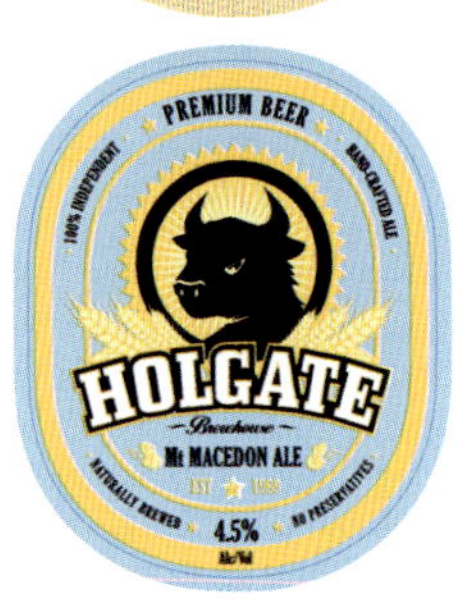

MURRAY'S PILSNER (4,8 % vol.)
Compagnie brassicole artisanale Murray, Port Stephens (Nouvelle-Galles du Sud)
Ce restaurant de plage par excellence, avec brasserie et vignoble, crée des ales de grande envergure comme cette pils élaborée dans le style des bières d'Allemagne du Nord, dotée d'une personnalité vive et florale, désaltérante. Elle est fabriquée avec des houblons Motueka de Nouvelle-Zélande.
www.murraysbrewingco.com.au

HOLGATE BREWHOUSE MT MACEDON ALE (4,5 % vol.)
Brasserie Holgate, Woodend (Victoria)
Parée d'une robe couleur d'ambre, cette ale anglaise, brassée avec des houblons allemands, libère des nuances fruitées (pamplemousse) et emplit le palais d'une matière franche.
www.holgatebrewhouse.com

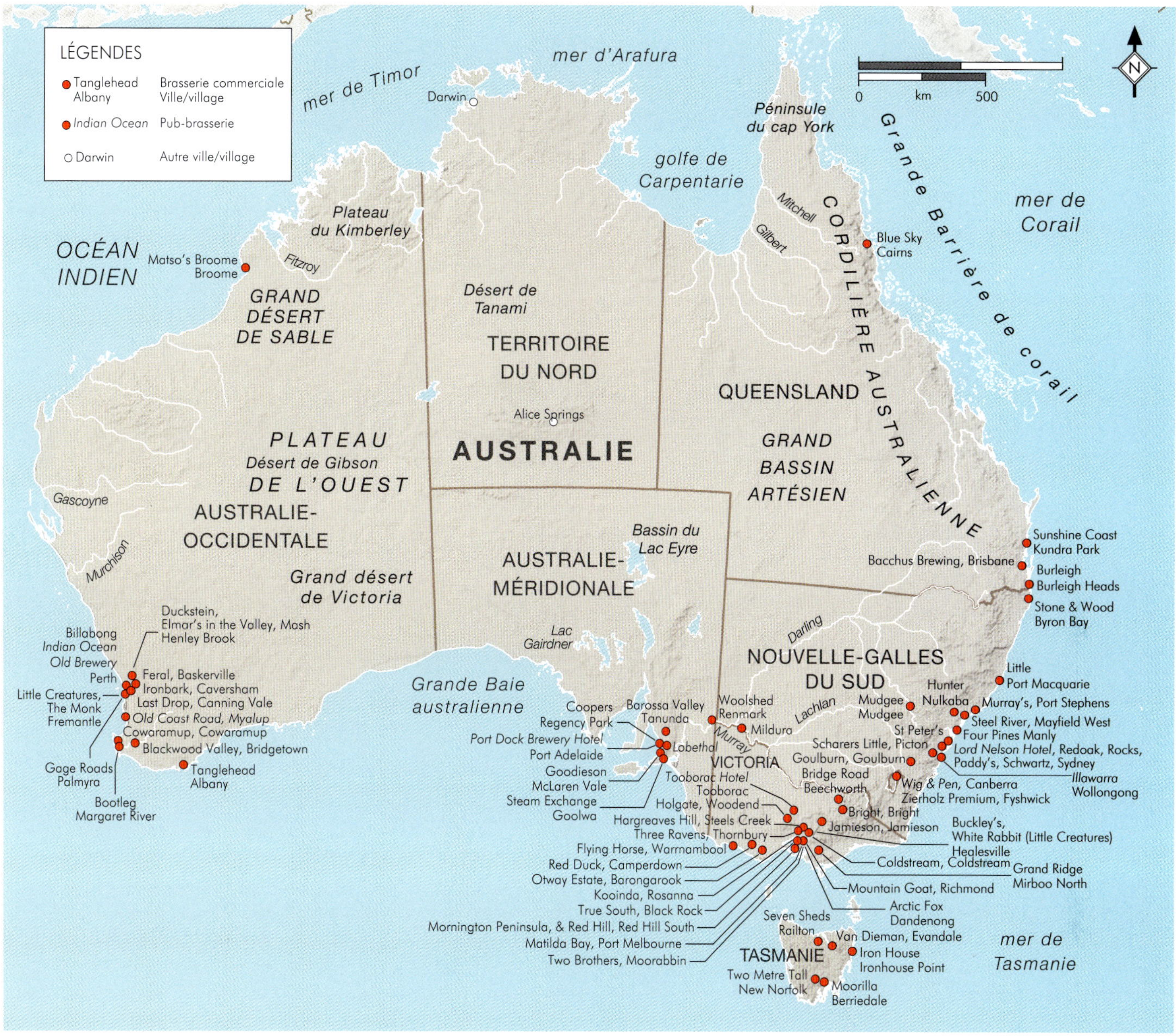

HOP DOG INDIA PALE ALE (5,8 % vol.)
Compagnie brassicole Feral Brewing, Baskerville
(Australie-Occidentale)
Une brasserie artisanale et un vignoble, au nord de Perth. De style américain, cette pale ale exprime une vive amertume associée à des nuances d'essence de pin et d'agrumes ; elle fait partie d'une gamme de bières de caractère, mais de force moyenne.
www.feralbrewing.com.au

LITTLE CREATURES PALE ALE (5,2 % vol.)
Brasserie Little Creatures, Fremantle
(Australie-Occidentale)
Savoureuse, conviviale et délicieusement houblonnée, cette ale claire et douce évoque les Tropiques tout en étant à 100 % de la bière. Elle remporte du succès à l'exportation.
www.littlecreatures.com.au

MOO BREW DARK ALE (5 % vol.)
Moorilla Estate, Barriedale (Tasmanie)
Soucieuse du design, cette brasserie artisanale de Tasmanie a recourt à de belles bouteilles pour ses bières de grande classe, comme cette ale foncée subtilement épicée par des houblons américano-anglais.
www.moobrew.com.au

SOUTHWARK OLD STOUT (7,4 % vol.)
South Australian Brewing (Lion Nathan), Thebarton (Australie-Méridionale)
Virtuellement oublié, ce stout fort, produit par le plus grand brasseur d'Australasie et conditionné en bouteille, présente des nuances de café avec une pointe de douceur, comme nostalgique d'un glorieux empire – britannique ou russe…
www.lion-nathan.com.au

SUNSHINE COAST SUMMER ALE (3,5 % vol.)
Brasserie Sunshine Coast, Kunda Park (Queensland)
Cette brasserie artisanale située au nord de Brisbane produit une gamme de bières internationales et cette ale dorée, unique en son genre ; d'un titre alcoométrique faible, celle-ci séduit par ses saveurs bien exotiques.
www.sunshinecoastbrewery.com

LA NOUVELLE-ZÉLANDE

La Nouvelle-Zélande est passée du mode de gestion partagée au statut d'étoile montante. Après une période au ralenti, ce pays est à présent l'emblème de la brasserie artisanale du Nouveau Monde. Son secteur brassicole aura connu à l'évidence des hauts et des bas, mais de jeunes brasseurs inventifs se mobilisent pour faire de cette île le fer de lance de l'Australasie.

Quelques-unes des petites brasseries d'avant-garde en Nouvelle-Zélande

On trouve partout en Nouvelle-Zélande des pubs-brasseries et des petites brasseries indépendantes, avec une concentration notable dans la zone de culture du houblon, à la pointe septentrionale de l'île du Sud. Un grand nombre pratique la vente directe au public, au bar ou en magasin à l'entrée des caves. Là, on peut goûter les bières avant de les acheter.

En Nouvelle-Zélande, les brasseries artisanales n'ont pas eu la tâche facile. Des soixante brasseries répertoriées dans l'ouvrage paru en 1999, *Le Guide de Kerry Tyack des brasseries et de la bière en Nouvelle-Zélande*, la moitié environ a dû fermer moins d'une décennie plus tard. D'après les professionnels sur place, le taux élevé d'attrition serait en partie la conséquence des productions plutôt quelconques de certaines

CONSEILS AUX VISITEURS

- Pour avoir les meilleures informations sur les bars et brasseries néo-zélandais : www.beertourist.co.nz
- En Nouvelle-Zélande, on peut commander de la bière en ligne : www.beerstore.co.nz
- Se faire servir au bar avant quelqu'un qui était déjà là est le plus sûr moyen de voir se refroidir l'ambiance !

SÉLECTION DE BIÈRES

APA (5,8 % vol.)
Compagnie brassicole Tuatara, Paraparaumu (Wellington)
Conçue à l'origine comme une pale ale américaine, cette bière est devenue, en raison du manque de houblons américains, une blonde *Aolearoa* : des houblons locaux lui donnent son profil houblonné particulier, qui tient davantage de l'exotique que du fruité acidulé.
www.tuatarabrewing.co.nz

CAPTAIN COOKER MANUKA BEER (4 % vol.)
Mussel Inn, Onekaka (Tasman)
Survivante industrielle de 1995, la bière phare de Mussel Inn, insolite et intensément aromatique, exprime des nuances de miel de manuka fraîchement recueilli.
www.musselinn.co.nz

EMERSON'S PILSEN (4, 9 % vol.)
Compagnie brassicole Emerson, Dunedin (Otago)
Offre bio, qui matérialise pour beaucoup l'avant-garde du mouvement en faveur de la pils néo-zélandaise, cette lager aromatique illustre à elle seule tout le fruité exotique des houblons Riwaka.
www.emersons.co.nz

EPIC MAYHEM (6,2 % vol.)
Compagnie brassicole Epic, Auckland (Auckland)
Epic fut parmi les premières brasseries contractuelles, comme 8 Wired et Yeastie Boys (*voir* ci-contre et p. 231) ; il doit sa renommée à de grandes bières, telle la Mayhem, à laquelle les houblons Cascade américain et Riwaka néo-zélandais confèrent un puissant fruité.
www.epicbeer.com

HOPWIRED IPA (7,3 % vol.)
Compagnie brassicole 8 Wired, Blenheim (Marlborough)
Dane, expatrié, tomba amoureux d'une fille du pays, puis… du brassage. Depuis, il cherche à innover : témoin, cette IPA gorgée de raisin et d'orange, entièrement brassée à partir d'ingrédients néo-zélandais.
www.8wired.co.nz

MOA FIVE HOP (6,2 % vol.)
Compagnie brassicole Moa, Blenheim (Marlborough)
Conçue comme un hommage au brasseur britannique Young, cette ale parfumée aux fruits des Tropiques comporte cinq variétés de houblon néo-zélandais ; elle présente un malté biscuité en soutien. Souvent servie à la pompe, elle n'est pas nécessairement conditionnée en fût.
www.moabeer.com

LES MARQUES LES PLUS VENDUES DANS LE PAYS

Canterbury	(Kirin)
DB	(Heineken)
Lion	(Kirin)
Monteith's	(Heineken)
Speight's	(Kirin)
Steinlager	(Kirin)

des premières petites brasseries, mais il serait lié également à des facteurs bien connus comme la faible démographie du pays, son éloignement et son isolement.

Les Néo-Zélandais, recensés à tout juste quatre millions trois cent mille habitants disséminés sur deux îles s'étendant approximativement sur 2 000 kilomètres du nord au sud, sont non seulement loin de la masse continentale la plus proche (l'Australie est à 2 000 kilomètres de distance), mais aussi relativement éloignés les uns des autres. Inutile de préciser que, dans ces conditions, réunir suffisamment de consommateurs pour soutenir l'essor d'une brasserie peut représenter un véritable défi.

Toutefois, cet isolement n'est pas sans avantages. Ainsi soustraite à l'influence de souches ou de maladies importées, l'industrie houblonnière de la Nouvelle-Zélande s'est épanouie, en produisant des variétés bio et aussi des variétés locales, comme le Nelson Sauvin, fruité et acidulé. Ces houblons pourraient bien soutenir la brasserie artisanale « kiwi ». Des amateurs de bières locales annoncent déjà l'ascension d'un style de pils exclusif à la Nouvelle-Zélande, malté et houblonné à parts égales sur le mode tchèque, mais imprégné d'un fruité tropical dû aux houblons locaux. Des styles, comme celui de l'ale claire, semblent suivre cette tendance.

Ci-dessus: Richard Emerson, directeur général et brasseur au sein de la compagnie brassicole Emerson de Dunedin, en Nouvelle-Zélande.

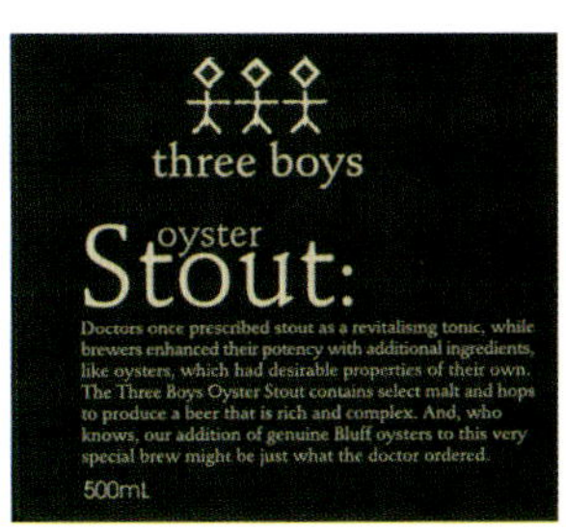

POT KETTLE BLACK (6 % vol.)
Yeastie Boys, Invercargill (Southland)
Les deux amis qui sont derrière cette brasserie originale sous contrat auraient pu nommer « IPA noire » ce joyau couleur acajou. Avec sagesse et perspicacité, ils ont néanmoins préféré parler de « porter houblonné » par respect pour son amertume qui complète un malté aux légères notes végétales, enrichi d'une pointe de moka.
www.yeastieboys.co.nz

OYSTER STOUT (6,2 % vol.)
Brasserie Three Boys, Christchurch (Canterbury)
Cette favorite de l'automne, légèrement fumée, exprime des notes de café et de figue ; elle n'est brassée qu'à la saison des huîtres : celles de Soutland Bluff sont alors employées pour enrichir encore son bouquet.
www.threeboysbrewery.co.nz

STONECUTTER SCOTCH ALE (7 % vol.)
Compagnie brassicole Renaissance Blenheim (Marlborough)
Cette bière, parée d'une robe brune profonde, ajoute un soupçon de fumé à une palette remarquablement complexe de fruits confits, de caramel chocolaté et de café, qui se prolonge dans une finale douce et torréfiée. Une ale pure et revigorante, délicieuse.
www.renaissancebrewing.co.nz

L'EXTRÊME-ORIENT

Les défenseurs de la bière artisanale d'un côté et les décideurs des grands groupes brassicoles internationaux de l'autre n'ont pas beaucoup de points de vue en commun ; néanmoins, tout ce monde s'accorde à dire que l'Extrême-Orient et surtout la Chine jouent déjà un rôle capital dans le domaine de la bière. Ce n'est pas que leurs peuples aient un goût prononcé pour cette boisson, mais le développement économique de cette région est déterminant pour l'avenir.

LES MARQUES LES PLUS VENDUES DANS LE PAYS

Tiger	(Heineken)
Bintang	(Heineken)
Anchor	(Heineken)
Cass	(Anheuser-Busch InBev)
OB	(Anheuser-Busch InBev)
Hite	(National - Corée du Sud)
Klang	(Carlsberg)
Beerlao	(Carlsberg)
San Miguel	(National – Philippines)

Pour les groupes d'affaires brassicoles la solution réside dans l'indice de croissance de la consommation de bière en Chine. Ils voient les classes les plus aisées de Chine s'approprier le mode de vie occidental dans ses moindres détails : dans ces conditions, les marques de bière connues en Europe et en Amérique ont évidemment la part belle.

Dans le même temps, les partisans de la diversité voient d'un bon œil les nombreuses cultures de la Chine et leurs gastronomies inventives ; lorsque ce pays aura appris à brasser, les chefs cuisiniers auront tout le loisir de créer des mets en association avec les bières locales. Car c'est tout un peuple qui émerge du conformisme maoïste et qui n'aura bientôt qu'une envie : profiter de la diversité des saveurs. Certes, les bières d'un goût franc, mais sans relief, occupent encore une bonne place actuellement, mais à mesure que les consommateurs aiguisent leur palais, ils recherchent des bières plus intéressantes. Il en va ainsi partout ailleurs dans le monde.

La Thaïlande, le Viêtnam et le Cambodge étant sur le point de devenir les trois premiers exportateurs de riz au monde, les brasseurs tiennent à utiliser cette céréale bon marché comme ingrédient majeur. Le profil organoleptique dépendra alors davantage d'arômes et de saveurs issus de levures spéciales et d'un houblonnage inventif. Le marché chinois – immense débouché potentiel infuera inévitablement sur l'approvisionnement et le prix du houblon mondial.

Ci-dessous : des ouvriers livrent des tonnelets de *bia hoi* dans une rue de Hanoi, au Viêtnam. Fraîchement livrée par la brasserie – avec un arrivage quotidien –, cette bière peu alcoolisée est savourée du matin au soir, souvent dans des bars délabrés où une caisse de bois retournée servira de siège de fortune.

SÉLECTION DE BIÈRES

ABC STOUT (8 % vol.)
Cambodian Brewery (Heineken)
Sihanoukville, Cambodge
Le Cambodge a gardé de l'époque coloniale une tradition d'exportation de stouts forts, dont le plus impressionnant est cette bière riche de réglisse, issue d'un brassage plus intense que celui pratiqué dans son pays d'origine, Singapour.
www.heinekeninternational.com/cambodiabrewery-cambodia.aspx

BERLAO LAGER (5 % vol.)
Compagnie brassicole Lao Ltd, Vientiane (Laos)
Rare chez une blonde d'Asie du Sud-Est, ce trésor national conserve tout son caractère et sa nature, de la première à la dernière gorgée, même si sa trempe est composée en partie de riz. Elle est plus goûteuse et s'apprécie mieux en grande bouteille (64 cl).
www.beerlao.la

BUKHANSAN OATMEAL STOUT (4,3 % vol.)
Compagnie brassicole Craftworks, Séoul (Corée du Sud)
Le premier stout de Corée à la farine d'avoine, produit par une nouvelle brasserie artisanale. Dans une robe foncée, il délivre des nuances de café et de chocolat ; de l'attaque crémeuse jusqu'à sa finale légèrement aigre, ce stout ne verse jamais dans la lourdeur.
www.craftworkstaphouse.com

Ci-dessus : jonque traditionnelle dans la baie de Halong, au Viêtnam.

Ci-dessus : les distributeurs de bière montés sur table permettent aux clients de se servir une « pression » ; c'est un spectacle familier dans certaines régions d'Asie.

Ci-dessous : avec une industrie brassicole déjà vaste, qui connaît un constant développement, et une consommation de bière par habitant encore modeste, la Chine est appelée à jouer dans le futur un rôle essentiel sur le marché mondial de la bière.

Le Japon

Le 8 juillet 1853, Matthew C. Perry, contre-amiral de la marine américaine, mena à quai quatre frégates dans le port d'Uraga, à l'embouchure de la baie de Tokyo, puis il se livra à de petits exercices de tir, et « invita » les autorités japonaises à ouvrir leur pays au commerce.

Cet acte d'une diplomatie musclée allait, à point nommé, incité le Japon à entamer une ouverture progressive (et non sans heurts) : d'empire isolé, dominé par des seigneurs de guerre féodaux, le pays allait devenir un État démocratique moderne prenant sa place dans la communauté mondiale. Des Européens vivaient au Japon depuis le milieu du XVIe siècle, mais le mélange des cultures s'opérait peu, et le fossé paraissait infranchissable, même dans le domaine de l'alcool, pourtant le plus universel des « tombeurs de barrières sociales ».

La boisson nippone traditionnelle est le saké, qui s'obtient par ébullition du riz et fermentation de l'extrait avec une levure ajoutée au moût. Si on le désigne souvent comme un « alcool de riz » en raison de son taux d'alcoométrie et de son absence de saturation, il se rapproche beaucoup de la bière par sa nature d'alcool de grain fermenté. Or, la bière était une boisson inconnue sur l'archipel nippon jusqu'au XIXe siècle, puisque l'orge et le blé n'y poussaient pas.

Après 1853, les changements politique et économique s'accélérèrent.

La première brasserie du pays, Spring Valley (devenue Kirin), fut établie à Yokohama en 1869. À la même époque, l'orge, le blé et les houblons furent introduits dans l'île nordique de Hokkaido où le gouvernement fonda en 1876, une autre brasserie, à Sapporo. Lorsque cette brasserie de Sapporo fut revendue à des capitaux privés en 1889, l'argent récolté fut investi dans la création de centaines de petites brasseries dans la région de Kinki, aux abords d'Osaka et de Kyoto, dont la brasserie Asahi.

Toutefois, l'expansion financée par le gouvernement ne dura guère et, à la fin du siècle, l'État exige la fusion. En 1908, une loi promulguée stipulait qu'aucune nouvelle brasserie ne se verrait attribuer de licence, à moins qu'elle n'écoule mille huit cents hectolitres dans sa première année – objectif illusoire dans une société principalement agraire où la bière était essentiellement consommée par les classes moyennes urbaines et par les étrangers.

En 1940, peu avant l'attaque de la base navale américaine de Pearl Harbour, par le Japon, le brassage était réduit à deux sociétés

Ci-dessus : la bière fit une apparition tardive dans l'empire du Soleil-Levant.

FRANKENBEERS

Les gouvernements aiment offrir des allègements fiscaux aux commerces ou aux traditions pérennes qui sont considérés comme partie intégrante de l'héritage culturel commun. Ainsi, la bière, définie au Japon comme un produit fermenté issu d'un moût incluant au moins deux tiers d'orge maltée, y est plus lourdement taxée que les alcools élaborés à partir d'autres céréales, tel le saké.

Des sociétés brassicoles ingénieuses ont su tirer leur épingle du jeu. Elles ont produit des boissons appelées *happoshu* (littéralement « alcool pétillant »), fermentées à partir de 25 % (environ) d'une orge maltée mélangée à du riz, du maïs, du sorgho, des graines de soja et à divers sucres. Une variante plus récente, la Troisième Catégorie ou « 3C », est élaborée sans malt.

Ces boissons ont le même titre alcoométrique que la bière mais, bénéficiant d'une fiscalité moins lourde, elles sont bien meilleur marché. Des saveurs de grain sont ajoutées au moyen d'additifs aromatisants, même si ceux-ci apportent le plus souvent un arrière-goût d'eau croupie dans un vase à fleurs. Leurs noms et descriptifs laissent penser qu'il s'agit de bières, afin que les hypermarchés rangent ces boissons sur les mêmes rayonnages.

Les amateurs de bière craignent que la réputation des brasseurs en souffre. En 2010, ces bières surnommées « Frankenbeers » représentaient un tiers du marché des bières ordinaires.

Les fabricants nippons de *jibiru*
Un peu plus d'un tiers des nouvelles brasseries au Japon se voue à la fabrication de bières artisanales de grande qualité, ou *jibiru*, dans des styles distinctifs, internationaux et locaux. Au sein d'une activité qui connaît une croissance accélérée, les brasseries qui, jusqu'au milieu de l'année 2011, fonctionnaient selon ce principe sont représentées sur cette carte.

seulement. Durant le renouveau économique au lendemain de la guerre, ces deux sociétés en formèrent trois (Kirin, Asahi et Sapporo), mais

les réglementations se durcirent sensiblement dans les premiers temps, si bien que deux autres brasseurs seulement les avaient rejointes en 1970 : Suntory (*voir* p. 237), qui ajouta le brassage à ses vins et à ses spiritueux, puis Orion, qui eut pour mission de fournir de la bière aux bases militaires américaines aux environs d'Okinawa.

Au début des années 1990, les législateurs abrogèrent la réglementation sur la concurrence, en raison de la crise alarmante de l'économie nippone. En 1994, des sociétés eurent donc la permission de brasser, à condition d'atteindre des ventes annuelles de 600 hectolitres, et ce sur trois années consécutives.

Quelques années plus tard, on recensait deux cent cinquante brasseries, chacune des quarante-sept préfectures nippones en comptant au moins une. Certaines des plus grandes sociétés lancèrent des pubs-brasseries, des brasseries

Ci-contre : *The Japan Beer Times*, une précieuse source d'informations pour les expatriés et les visiteurs.

LES MARQUES LES PLUS VENDUES DANS LE PAYS

Asahi	(Asahi)
Kirin	(Kirin)
Sapporo	(Sapporo)
Suntory	(National)

CONSEILS AUX VISITEURS

- Les brasseries artisanales nippones gèrent pratiquement toutes un bar sur place.
- Dans de nombreux bars, les verres sont petits afin que l'on puisse partager la bière entre amis.
- Nombre de brasseries *jibiru* pratiquent la vente en ligne et expédient les bières par la poste.
- Le magazine bilingue *The Japan Beer Times* est consultable sur www.japanbeertimes.com

SÉLECTION DE BIÈRES

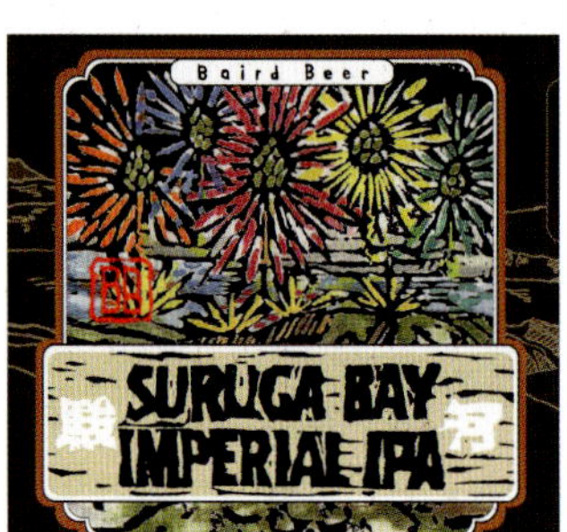

AMBER SWAN ALE (5 % vol.)
Bière Swan Lake [du « Lac du Cygne »], Agano (Niigata)
Couverte de prix internationaux, la bière la plus suivie de cette brasserie fondée en 1997 est cette ambrée aux reflets vermeils, légèrement douce, qui dévoile un houblonnage aussi délicat qu'exquis. La meilleure d'une belle gamme de bières.
www.swanlake.co.jp

BAIRD SURUGA BAY IMPERIAL IPA (7,5 % vol.)
Compagnie brassicole Baird, Numazu (Shizuoka)
Un couple au succès mérité fabrique des bières savoureuses dans une grande variété de styles, telle cette IPA amère parfumée de saveurs florales et doublement houblonnée à cru.
www.bairdbeer.com

BAEREN CLASSIC (6 % vol.)
Baeren Brauerei, Morioka (Iwate)
Après s'être efforcée de reproduire loyalement les méthodes brassicoles allemandes, l'équipe offre ici une blonde *Dortmunder* d'une belle authenticité, pour exporter de la qualité.
www.baeren.jp

HIDA-TAKAYAMA STOUT (7 % vol.)
Brasserie Hida Takayama, Matsumoto (Gifu)
On peut acheter en ligne toute la gamme de cette brasserie, dont ce stout de force moyenne à supérieure, à la tonalité chocolatée complexe.
www.hidatakayamabeer.co.jp

HITACHINO NEST NIPPONIA (6,5 % vol.)
Brasserie Kiuchi, Naka (Ibaraki)
Élaborateur de saké depuis 1823 et de bière depuis 1996, Kiuchi produit une gamme respectée de bières Hitachino Nest, dont cette ale blonde, unique en son genre et entièrement élaborée à partir de variétés d'orge et de houblon renaissantes au Japon.
www.kodawari.cc

MINAMI SHINSHU DUNKEL WEIZEN (5,2 % vol.)
Bière Minami Shinshu, Miyata (Nagano)
Une bière de blé foncée, douce et dotée d'une texture granuleuse, issue en droite ligne de l'école de la « banane bavaroise », et produite dans la région parfois surnommée « les Alpes nippones ».
www.ms-beer.co.jp

Ci-dessus : les bars spécialisés en bière artisanale n'ont cessé de gagner de la popularité dans tout le Japon.

Ci-dessus : magasin de saké à Okinawa.

en kit fabriquant de la bière bon marché destinée aux détaillants, et une organisation insolite et opportuniste élaborant des bières conçues pour répondre aux nouveaux engouements, source de ventes lucratives.

Il émergea cependant un nombre sans cesse grandissant de brasseurs artisanaux, tout simplement excellents, qui se consacraient à la fabrication du *jibiru* ou « bière locale », et parmi ceux-ci, quelques fabricants de saké cherchant à rentabiliser leurs locaux en dehors des périodes d'activité habituelles.

De nombreux producteurs affinèrent rapidement leurs produits et leurs démarches commerciales – ce qui n'étonnera pas ceux qui connaissent bien le Japon –, et les exportations vers les marchés émergents de l'Amérique du Nord s'enchaînèrent tout aussi vite. Depuis peu, l'Australasie et l'Europe sont également ciblées.

Actuellement, les « bières spéciales », dont beaucoup sont d'importation, constituent moins de 2 % du marché de la bière nippone. Malgré le prix élevé des *jibiru*, à savoir plusieurs fois celui des bières ordinaires, la part de marché de ces bières spéciales s'accroît d'année en année, car ces boissons jouent sur l'attirance de saveurs nouvelles et spécifiques.

Avec des volumes aussi faibles, elles ne menacent pas encore le marché de la bière régulière que dominent les grands groupes brassicoles du pays. Ceux-ci détiennent ce privilège en raison d'un problème interne finalement assez absurde (*voir* encadré p. 234).

MINOH BEER IMPERIAL STOUT (8,5 % vol.)
Brasserie Minoh, Mino (Osaka)
Ce grand stout chocolaté fort, d'un style confirmé, fait partie des bières de classe mondiale dans la gamme évolutive que produit cette brasserie médaillée, gérée par deux sœurs et située dans la zone périurbaine d'Osaka.
www.minoh-beer.jp

FUJIZAKURA WEIZEN (5,5 % vol.)
Fujizakura Kogen Mugishu, Fujikawaguchiko (Yamanashi)
De style bavarois, cette bière de blé parfumée, à la fois douce et extrême, est fabriquée à 50 % avec du blé malté ; elle est remplacée à l'automne par une version fumée encore meilleure : la « Mori no Weizen ».
www.fujizakura.beer.jp

SHIGA KOGEN HOUSE IPA (8,2 % vol.)
Shiga Kogen Beer, Shimotakai (Nagano)
Cette brasserie d'ale et de saké produit un porter sublime et cinq ales claires, dont cette excellente version *grand cru* de l'IPA 6 % vol., brassée avec des houblons aromatiques et du malt britannique Maris Otter.
www.tamamura-honten.co.jp

SHONAN RUBY ALE (6 % vol.)
Bière Shonan, Chigasaki (Kanagawa)
Gouleyante, cette bière de caractère est probablement fabriquée avec du malt viennois dans un style difficile à définir.
www.kumazawa.jp

THE PREMIUM MALTS (5,5 % vol.)
Suntory Liquors Limited, Minato-ku (Tokyo)
Jusqu'à présent, les « quatre grands » brasseurs du Japon n'ont pas tenté de fabriquer des bières artisanales, même si chacun a lancé sa lager blonde 100 % malt, dont celle-ci est sans doute sla meilleure.
www.suntory.com

OTARU PILSEN (4,9 % vol.)
Bière Otaru, Otaru (Hokkaido)
Fabriquée dans le Nord, où le climat s'apparente à celui des pays brassicoles européens, cette blonde lager d'un style nord-allemand plus vif est soumise à une garde de huit semaines (*voir* p. 22), pour plus d'authenticité.
www.otarubeer.com

Le Viêtnam

C'est le plus souvent au nord que l'on trouve la bière vietnamienne la plus authentique, aux abords de la capitale Hanoi et le long de la côte en direction de la baie d'Along. *Bia hoì* désigne des blondes pression fraîchement élaborées, titrant dans les 3 % vol., servies dans des barils métalliques verticaux (à distribution par gravité) qui sont livrés tous les matins de la brasserie locale.

LES MARQUES LES PLUS VENDUES DANS LE PAYS

33 Export	(Heineken)
BGI	(Heineken)
Halida	(Carlsberg)
Hue	(Heineken)

Ci-dessus : dans le brassage en Extrême-Orient, le riz en abondance remplace logiquement le malt, mais il donne des bières moins corsées.

Du matin jusqu'au soir, de petits groupes d'ouvriers, d'employés de bureau, d'étudiants ou de voyageurs squattent, dans des cahutes ou sur des terrasses ombragées, des caisses en plastique retournées pour partager un verre ou deux d'une bière ultrafraîche, échanger les dernières nouvelles et se plaindre de la chaleur. En 1995, le Viêtnam disposait de plus de trois cents petites brasseries, vieilles sociétés instables héritées de l'ère coloniale française, pour approvisionner les bars locaux avec des bières le plus souvent non identifiées.

Plus récemment, d'innombrables pubs-brasseries ont vu le jour, desservant fréquemment des petits troquets à l'air conditionné installés dans de grands jardins pavés. Là où des récipients en cuir poli sont présentés derrière des comptoirs bien achalandés, la bière peut être de fabrication locale, ou pas, à partir d'ingrédients d'Australasie et avec toute l'expertise de la République tchèque.

Nombreux sont les Sud-Vietnamiens à s'être installés en Tchécoslovaquie à la fin de l'ère communiste. Mais les difficultés d'acclimatation et les évolutions encourageantes au Viêtnam ont incité beaucoup d'entre eux à revenir au pays. Ils en ont rapporté un respect nouveau à l'égard des modes de brassage en Bohême et la conviction qu'une *světly ležák* (*voir* p. 98), juste après refermentation, accompagnerait bien un ragoût d'anguille à la fleur de bananier.

Ci-dessus : les bières internationales côtoient les spiritueux haut de gamme chez ce détaillant de boissons vietnamien.

SÉLECTION DE BIÈRES

COI XAY GIO SÈC (4,5 % vol.)
Coi Xay Gio, Hanoi
Brassée au pub *Windmill* à Đông Đa, mais également disponible ailleurs, cette pils de style tchèque (la « Yellow » en vietnamien) est probablement la meilleure de la capitale.
http://newhanoian.xemzi.com/venue/show/1596/Coi-Xay-Gio-Windmill / Tél. : +84 4 38233774

HOA VIÊN SPECIAL (4,8 % vol.)
Hoa Viên Brauhaus, Hó Chí Minh-Ville
Cette brasserie accueille également le Consulat tchèque, d'où la solide gamme de brassins bohémiens, avec notamment cette « rousse », sans doute conçue comme un *polotmavé* (*voir* p. 104).
www.hoavien.vn

LOUISIANE DARK LAGER (5 % vol.)
Brasserie Louisiane, Nha Trang
La première station balnéaire du Viêtnam compte plusieurs pubs-brasseries, dont celui-ci, établissement de plage, qui brasse cette « noire » et d'autres bières pression pour le restaurant, entre autres.
www.louisianebrewhouse.com.vn

La Thaïlande

LES MARQUES LES PLUS VENDUES DANS LE PAYS

Archa	(National)
Chang	(National)
Leo	(National)
Singha	(National)

On peut considérer la Thaïlande comme la capitale de la bière en Asie, après la Chine, pour les volumes, et le Japon, pour la sophistication. Si la population rurale a une prédilection pour le whisky local, ce qui explique que le pays suive l'exemple du Viêtnam en production totale et que la consommation nationale par habitant affiche un modeste 31 litres par an (en 2009), les Thaïlandais urbains, eux, sont à coup sûr d'ardents consommateurs de bière.

Dans le tentaculaire bazar nocturne de la bière *Suan Lum* (hélas fermé) ou dans le récent pub-brasserie allemand *Tawandang*, avec salle de concert (1 600 places), les habitants de Bangkok ont adopté la bière avec l'engouement de ceux qui habitent une cité étouffante, depuis toujours congestionnée. Les bières thaïes sont majoritairement des lagers dorées d'influence allemande, les ales étant brassées de préférence pour une clientèle particulière, comme celle du pub-brasserie *Londoner*, par exemple, assez décevant et bondé d'expatriés. La bière *Singha*, leader du marché (*voir* ci-dessous), surprend par sa force, par son malté et par sa personnalité presque *Märzen*, bien que *Chang*, une concurrente plus simple et sans élégance, compromette son rayonnement.

La politique gouvernementale s'attachant à protéger l'industrie brassicole du pays de toute influence étrangère au moyen de lourdes taxes frappant les bières d'importation ; il revient donc à la bière artisanale renaissante de concurencer la bière thaïe.

Ci-dessus : si les voyageurs se rendent en Thaïlande pour ses plages idylliques, les meilleures destinations brassicoles du pays sont plutôt situées à la périphérie très peuplée de la capitale.

SÉLECTION DE BIÈRES

DUNKEL (4 % vol.)
Brasserie allemande Tawandang, Bangkok
Issue d'un florissant pub-brasserie fondé il y a vingt ans, avec une activité à Bangkok et une maintenant aussi à Singapour, cette lager sombre aux accents de tourbe légèrement torréfiés offre un bouquet chocolaté d'une belle richesse.
www.tawandang.co.th

HOPF BRAUHAUS WEISSE (5,3 % vol.)
Hopf Brauhaus, Pattaya
Douce et fruitée, cette bière de blé de style bavarois vient d'un pub-brasserie implanté dans une station balnéaire au sud de Bangkok, plus célèbre pour ses plages et sa vie nocturne que pour sa bière.
Tél. : +66 (0)38 710 650

MOKU MOKU SMOKED ALE (5 % vol.)
Mokumoku Ji-Beer, Iga (Mie)
Ce porter fumé, léger, mais doté d'une grande complexité, est fabriqué dans une brasserie sophistiquée située dans un écomusée dédié à l'art agricole.
www.moku-moku.com

SINGHA LAGER (6 % vol.)
Brasserie Boon Rawd, Bangkok
Ce brassin légèrement poivré et généreusement malté, paré d'une brillante robe dorée, est un standard de Bangkok. Une bière sur mesure pour accompagner la gastronomie thaïe aux saveurs aigres-douces.
www.boonrawd.co.th

LE RESTE DU MONDE

Suivre le développement du brassage artisanal sur toute la planète revient à observer l'expansion d'une nouvelle espèce. Dans des pays où la coutume est de solliciter les brasseurs pour la production de boissons dorées, mousseuses, fraîches et légèrement alcoolisées, les premiers signes d'un renouveau viennent généralement des pubs-brasseries qui développent leur activité pour servir d'autres pubs ou bien invitent des collègues nouveaux à se joindre au cortège de l'essor commercial entrepris. Il existe peu de régions dans le monde où ces ambitieux brasseurs ne se sont pas encore installés.

En Chine, les brasseurs de Beijing, Shanghaï et Hong Kong peuvent s'attendre à être rejoints le moment venu par des brasseries artisanales gérées par des lauréats de l'Académie brassicole nationale fondée en 1988 à Wuhan, sous le parrainage de l'Allemagne. Comme ce fut le cas au Japon, des régions propices seront certainement sélectionnées pour la culture à grande échelle de l'orge et du houblon, à mesure que les goûts en matière de bière évolueront au-delà de leur plus simple expression.

Les diverses petites brasseries nouvelles au Cambodge, à Taïwan, en Mongolie et en Corée du Sud prennent aussi l'Allemagne comme exemple, bien que les influences belges soient aussi sensibles. Des bières artisanales de style américain sont proposées à la brasserie Storm (www.stormbrewing.net) sur l'île indonésienne de Bali, tandis que Pivo Praha de Makati, dans les Philippines, est d'influence clairement tchèque (www.pivopraha.com).

Marquée par son éclectisme, la présence des pubs-brasseries à Singapour remonte à la fin des années 1990. Comme partout ailleurs dans le sud-est de l'Asie, la première question qui se pose est celle des nouveaux styles et des nouvelles préférences des autochtones – sont-ils appelés à évoluer… ou pas ? Est-il possible de créer des styles de bières de caractère plus adaptés au climat ?

À l'autre extrémité de l'Asie, au Moyen-Orient, là où fut inventée la bière, les signes de croissance arborent un autre aspect.

Est-ce que le « Printemps arabe » de 2011 conduira à une approche moins stricte de l'alcool dans le monde islamique ? À voir. Pour le moment, le groupe turc Efes, unique et séculaire multinationale brassicole implantée dans un pays musulman, produit 80 % de la bière consommée sur son marché national en expansion ; cette production comprend une bière de blé assez nouvelle et une autre brassée avec du café. Le fait notable est que cette société s'est étendue dans les pays de l'ex-URSS, car elle a bénéficié d'investissements importants de la part de SAB Miller à la fin de l'année 2011.

La Turquie compte également quatre pubs-brasseries, dont l'un créé par des brasseurs artisanaux américains expatriés tandis que plus loin au sud, les territoires palestiniens disposent de leur brasserie, et le Liban de la sienne.

Le regain d'intérêt pour la bière observé en Israël est plus ouvertement tourné vers l'ouest, et une dizaine de sociétés tâtent déjà le terrain, notamment depuis que de jeunes Israéliens ont rapporté de leurs voyages outre-mer un goût affirmé pour cette boisson et qu'ils ont acheté leurs premières bières d'importation auprès de brasseurs comme Sam Adams.

Pages précédentes : l'Inde du Sud peut sembler être un paradis fertile, mais le sera-t-elle pour une nouvelle génération de brasseurs artisanaux ?

SÉLECTION DE BIÈRES

ALTSTADT WEISSBIER HEFE (4 % vol.)
Brasserie Drayman's, Pretoria (Afrique du Sud)
Mousseuse, légère, cette bière de blé sur levure, au goût légèrement âcre, est élaborée par un brasseur très actif d'ascendance allemande, qui a pour autre activité la distillation.
www.draymans.com

BREWERKZ SCHOLAR RED (5 % vol.)
Restaurant & microbrasserie Brewerkz Riverside Point (Singapour)
Voici une ale intéressante, légèrement rosée, brassée à partir d'une trempe contenant 15 % d'un riz thaï gluant rouge qui lui donne ses qualités aromatiques. Servie dans deux restaurants de Singapour.
www.brewerkz.com

CAMELTHORN RED (4,5 % vol.)
Brasserie Camelthorn, Windhoek (Namibie)
Un bon exemple du genre de rousse ambrée légère qui est monnaie courante en Amérique du Nord, mais unique en Afrique ; elle est conçue pour faire tourner la tête.
www.camelthornbrewing.com

GUINNESS FOREIGN EXTRA STOUT (7,5 % vol.)
Guiness Ghana, Kumasi (Ghana)
Cette forte bière noire et douce, aux accents singuliers, est fabriquée à partir d'un moût de stout brassé à Dublin et d'une lager locale au sorgho ; elle se distingue de la version nigériane par l'absence de blé.
Aucun site Web accessible

LION STOUT (8 % vol.)
Brasserie Lion Ceylan, Biyagama (Sri Lanka)
Ce stout noir puissant du Sri Lanka, hérité de l'empire, exprime des arômes chocolatés ; légèrement lactique, il se révèle doux. Cette bière est largement exportée.
www.lionbeer.com

MITCHELL'S RAVEN STOUT (5 % vol.)
Brasserie Mitchell's Knysna, Knysna, Cap-Occidental (Afrique du Sud)
À mi-chemin entre le porter et l'ale écossaise, mais estampillée *milk stout*, cette ale douce empreinte de nuances de whisky de malt provient de la plus ancienne brasserie d'Afrique du Sud.
www.mitchellsbrewery.com

La brasserie artisanale la plus réputée du pays, Dancing Camel, est basée à Tel Aviv, avec la Mivshelet Ha'Am, plus expérimentale, située à quelques kilomètres au nord d'Evan Yehuda. Au sud du pays, citons parmi les pionnières Isis de Moshav Dekel, Malka de Yehiam et la médaillée Negev de Kiryat Gat (*voir* ci-dessous).

En Afrique du Nord, la Tunisie a jusqu'ici montré la voie avec trois pubs-brasseries de style allemand, deux étant situés à Hammamet, dans la station balnéaire du Nord.

Dans d'autres régions d'Afrique, les traditions brassicoles locales qui se sont perpétuées au XXIe siècle utilisent des céréales, comme le sorgho dans la *shakparo* ouest-africaine et la *chichi* sud-africaine. Le millet apparaît dans l'*oshikundu* ou *ontaku* de Namibie, et le grain est miellé dans la *tella* de la Corne de l'Afrique. La fabrication de ces brassins anciens échoie souvent aux femmes du foyer ou de la communauté, ce qui préserve une authenticité garantie par d'antiques traditions.

Nairobi, la capitale du Kenya, accueille deux ou trois pubs-brasseries portés par une belle assurance. Fréquentés assidûment par les visiteurs internationaux, ils peuvent devenir le berceau du brassage artisanal dans l'est de l'Afrique. Car, en dépit des sécheresses et des famines, le climat et l'agriculture de l'Éthiopie se prêtent idéalement à la culture des graines.

Le site d'implantation d'une *hausbrauerei* le plus insolite au monde est sans doute, aux environs de la capitale d'Addis-Abeba, celui de l'auberge du Jardin de la bière (www.beergardeninn.com) qui produit une remarquable Blonde & Ébène Bräu. Les brasseries commerciales du pays, ainsi que celles de l'Érythrée, conservent une identité plus locale.

L'Afrique du Sud pourrait bien être le pays du continent africain à voir naître une nouvelle culture de la bière. Les lettres « SAB » dans la dénomination « SABMiller » signifient « South African Breweries » [« Brasseries Sud-Africaines »] ; la société ainsi créée domine encore les marchés de la région sub-saharienne. Toutefois, près de vingt firmes nouvelles pratiquent maintenant un brassage inventif (*voir* www.beermag.co.za).

Mitchell's, qui ouvrit en 1983 à Knysna dans le Cap-Occidental, est actuellement la deuxième plus grande brasserie du pays. Elle s'est spécialisée dans les ales de style anglais (*voir* ci-dessous, ci-contre). Au Cap même, la Boston, qui est bien équipée, fabrique avec efficacité ses propres marques de bière et exprime tout son potentiel lorsqu'elle est sous contrat avec de nouvelles entreprises comme Bierweck, Darling et Jack Black.

À la périphérie de Johannesburg et de Tshwane, trois nouvelles brasseries ont rejoint Gilroy de Muldersdrift et Drayman de Silverton avec la fabrication de bières « à l'ancienne », tandis qu'autour de Durban et de Kwazulu-Natal, les bières Robson's de Shongweni donnent le ton (*voir* ci-dessous).

Quant à Windhoek, capitale de la Namibie voisine, elle a donné son nom une blonde légère commerciale, qui se situe juste au-dessus de la moyenne, bien avant qu'elle n'accueille la brasserie artisanale d'avant-garde Camelthorn – une extraordinaire opération soutenue par ce pub-brasserie, qui exporte déjà ses bières de bonne facture vers l'Afrique du Sud et au-delà, et qui pourrait bien devenir le porte-drapeau de toute la région (*voir* ci-dessous, ci-contre).

Ceux qui recherchent un cadre paradisiaque pour déguster leur bière peuvent s'aventurer à l'autre bout du globe, en Océanie, dans le Pacifique ouest.

Les îles Fidji abritent une petite brasserie bio, Savusavu, fabricant de lagers en vogue (www.islandbrewing.com.fj) et, dans la capitale Suva, le pub-brasserie Malt House. Non loin (si l'on peut dire), les îles Cook ont vu arriver deux nouvelles brasseries à Rarotonga, la plus grande île de l'archipel : la brasserie Reka Reka, qui fabrique une lager locale, et la compagnie brassicole Matutu, plus ingénieuse (www.matutubeer.com), qui a débuté avec deux ou trois ales.

Plus loin au nord, sur le territoire américain de Guam, on trouve la Great Deep de style pub-brasserie (www.greatdeepbrewing.com), tandis que l'île micronésienne de Yap accueille la brasserie Stone Money, qui fonctionne au ralenti.

Cependant, si nous devions primer la brasserie la plus éloignée sur terre, la lauréate serait la compagnie brassicole de l'île de Norfolk (www.beer.fr), située à des centaines de kilomètres de la pointe septentrionale de la Nouvelle-Zélande, de la côte du Queensland en Australie et des îles de Nouvelle-Calédonie au nord.

Qu'il soit question de qualité, de style ou de lieu d'implantation, il semblerait que la bonne bière ne connaisse plus de frontières.

NEGEV PORTER ALON (5 % vol.)
Compagnie brassicole Negev, Kiryat Gat (Israël)
Allemand dans ses méthodes, mais international dans son style, ce porter léger vaut toutes les louanges à ce brasseur du sud de l'Israël, tout comme son ale ambrée et son ale estivale à la trempe riche de fruit de la Passion.
www.negevbrewery.co.il

ROBSON'S DURBAN PALE ALE (5,7 % vol.)
Brasserie Shongweni, Kwazulu-Natal (Afrique du Sud)
Les houblons Challenger et Cascade, une recette entièrement au malt et des levures d'ale anglaises composent cette IPA. Celle-ci est la recréation des IPA du XIXe siècle, que l'on envoyait sur la route les Indes.
www.shongwinebrewery.com

TAYBEH GOLDEN (5 % vol.)
Compagnie brassicole Taybeh, zone Ouest (Palestine)
Cette courageuse compagnie brassicole, qui a survécu à d'innombrables difficultés, dont une intifada, crée au sein d'un trio de bières cette lager modestement houblonnée à la vive personnalité.
www.taybehbeer.net

Les marchés émergents

On peut s'interroger sur les facteurs qui ont annoncé la renaissance du brassage moderne ; fut-ce l'achat en 1965 de la compagnie brassicole Anchor par Fritz Maytag à San Francisco (*voir* p. 180), la recréation de la *witbier* flamande par Pierre Celis en 1966 (*voir* p. 72), la constitution de la CAMRA en 1971 pour protéger les styles de bières anglaises traditionnelles (*voir* p. 108) ou encore la publication en 1977 du premier *Guide mondial de la bière* de Michael Jackson (*voir* p. 34) ? Quoi qu'il en soit, il s'agit à l'évidence d'un phénomène mondial.

Depuis ses débuts en Europe et en Amérique du Nord dans les années 1970 et 1980, la bière artisanale a conquis, à partir des années 1990 et jusqu'à l'avènement du nouveau millénaire, des territoires inattendus comme en témoignent les pages de cet ouvrage. En 1980, bien peu auraient parié que l'Italie deviendrait l'un des berceaux du brassage artisanal (*voir* p. 158-165) ou que le Danemark et la Norvège compteraient sur le marché de la bière (*voir* p. 145-149). Or, telle est bel et bien la réalité présente.

Et maintenant ?

La Chine est certainement un pays à suivre : son économie est en plein essor, sa classe moyenne émergente, et sa production de bière florissante. De 2000 à 2010, elle a presque doublé sa production brassicole annuelle pour atteindre les 448 millions d'hectolitres, ce qui fait d'elle le plus grand producteur au monde, même si sa consommation par habitant la place encore aux derniers rangs du classement. Les grandes sociétés mondiales espèrent que cette soif grandissante sera largement étanchée par les brassins industriels, mais il devrait aussi rester de la place pour que le marché de la bière artisanale se développe.

Le marché de l'Inde est tout aussi prometteur avec, en premier lieu, l'émergence de l'UB Group du Dr Vijay Mallya, sis à Bangalore, qui a déjà une présence mondiale grâce à sa bière et à ses spiritueux. Mallya, qui avait beaucoup investi dans la bière artisanale à Mendocino, en Californie, ne devrait pas être défavorable à des développements analogues en Inde. New Delhi, Orissa et Pune ont déjà leurs pubs-brasseries, et la cosmopolite Bangalore est prête à en accueillir beaucoup d'autres encore.

La grande inconnue de cette équation est la Russie. Le troisième pays producteur de bière au monde (après la Chine et les États-Unis) ne s'est pas totalement affranchi du contrôle étatique ; il a certes autorisé Heineken, Carlsberg et Anheuser-Busch InBev à fonder des filiales pour favoriser de lourds investissements censés améliorer les standards techniques dans les brasseries existantes, mais la Russie n'a pas créé de réelles bonnes bières jusqu'à présent.

Ci-dessus : la Chine est un challenger à suivre sur le marché de la bière en plein développement.

Au temps de l'empire, les meilleures bières que proposait Moscou étaient importées, notamment de la Baltique et de Scandinavie, *via* Saint-Pétersbourg. Par une étrange coïncidence, ce sont ces mêmes deux mégalopoles qui voient maintenant fleurir les demandes pour des bières de meilleure qualité – identiques à celles que savourent les autres Européens.

Le plus prometteur de tous ces marchés émergents de la bière est probablement celui de l'Amérique du Sud en général, et du Brésil en particulier (*voir* p. 220-221). Malgré une classe moyenne en pleine expansion, un réseau de près de deux cents brasseries artisanales et beaucoup d'enthousiasme pour la bière et ses multiples facettes, ce qui freine cette révolution brassicole brésilienne annoncée, c'est la question du transport (distribution frigorifique des denrées ou « chaîne du froid »). Ce problème devra être résolu car le pays poursuit une croissance économique accélérée. L'Argentine et le Chili étant prêts à suivre l'exemple du Brésil (*voir* p. 222-223), la bière semble promise à un bel avenir en Amérique du Sud.

Ci-dessus : la mise en bouteilles reste une opération majoritairement manuelle dans la brasserie Szot de Santiago, au Chili. Avec ses voisins l'Argentine et le Brésil, le Chili va connaître une forte croissance de la bière artisanale dans les années à venir.

Ci-dessus : la lager *Kingfisher* jouit toujours d'une immense popularité en Inde, mais les pubs-brasseries s'empressent, à leur tour, de relever le défi dans les zones urbaines.

Ci-dessus : le groupe brassicole turc Efes a fait entrer la production high-tech dans son usine moscovite. Des saveurs spécifiques en ressortiront-elles ?

LES FESTIVALS DE LA BIÈRE

Comme chaque élément de l'univers brassicole, les festivals de la bière ont des origines, des ambitions et des traditions diverses. Voici notre sélection des meilleurs et des plus célèbres d'entre eux. Pour de plus amples informations : www.beerfestivals.org

LE GRAND FESTIVAL DE LA BIÈRE ANGLAISE

Londres, Royaume-Uni, première semaine d'août. www.gbbf.org.uk
La plus grande célébration des bières du pays conditionnées en baril a aussi un comptoir d'importations mondiales : Bières Sans Frontières.
CONSEIL : profitez des tiers de pintes proposées aux festivaliers (20 cl ou 7 onces liquides) pour goûter un maximum de variétés.

LE GRAND FESTIVAL AMÉRICAIN DE LA BIÈRE

Denver, Colorado, États-Unis ; fin septembre ou début octobre.
www.greatamericanbeerfestival.com
Près de 2 000 bières en provenance de brasseries, grandes ou petites, servies dans des minichopes de dégustation de 1 once (30 ml).
CONSEIL : des billets donnant accès à toutes les dégustations proposées sont mis en vente des mois à l'avance.

OKTOBERFEST

Munich, Allemagne ; 17 jours prenant fin le premier week-end d'octobre.
www.oktoberfest.de
Un festival bavarois folklorique au cours duquel cette célébration de la bière, vieille de 200 ans, propose les produits des « Six Grands » brasseurs de Munich.
CONSEIL : allez-y pour vivre l'expérience, pas pour la bière, et profitez des magnifiques pubs et cafés en plein air que compte la ville.

ØL FESTIVAL

Copenhague, Danemark ; dernière semaine de mai. www.beerfestival.dk
Le mieux organisé sans doute de toute l'Europe, car géré par l'association de consommateurs Danøl, ce festival propose plus de 700 bières artisanales servies dans de tout petits verres de dégustation.
CONSEIL : évitez de vous laisser dépasser par la quantité (et la force) des meilleures bières, proposées en nombre aux festivaliers.

WEEK-END DE LA FERMENTATION SPONTANÉE

Opstal, Belgique ; dernier week-end de mai. www.bierpallieters.be
Une célébration à la fois simple et raffinée présentant tous les lambics disponibles. Elle se tient dans la grande salle paroissiale d'un village flamand.
CONSEIL : prévoyez d'arriver à Lebbeke, à Opwijk, ou encore à la gare de Buggenhout qui a encore un service minibus. (Les deux premières destinations n'en disposent pas.)

FESTIVAL BRASILEIRO DA CERVEJA

Blumenau, Brésil ; mi-novembre. www.festivaldacerveja.com
Ce jeune festival propose le meilleur d'un marché de la bière artisanale qui se développe à toute vitesse.
CONSEIL : réservez votre hébergement à l'avance, car les hôtels ont une capacité d'accueil limitée.

MONDIAL DE LA BIÈRE

Montréal, Canada ; juin / Strasbourg, France ; octobre.
www.festivalmondialbiere.qc.ca
Une intéressante série de festivals de la bière, pilotés par des organisateurs qui suivent de près les pays brassicoles émergents.
CONSEIL : surtout à Montréal, organisez vos séances de dégustation tôt dans la journée, car la cohue peut vite devenir effrayante.

SALON DE LA GRANDE BIÈRE

Tokyo, Japon ; fin avril. www.craftbeerassociation.jp
Le plus prestigieux festival nippon de la bière propose soixante bières artisanales, du pays ou d'importation, dans un cadre somptueux, servies (à volonté) dans des minichopes de dégustation de 5 cl.
CONSEIL : réservez en ligne à l'avance pour au moins deux séances, afin de bien déguster la bière et non pas de l'avaler en vitesse.

Ci-dessus : le choix de bières est limité à la *Volksfest* de Stuttgart, en Allemagne, mais la bière coule à flot.

Ci-dessus : séance de dégustation au Festival de la bière Qingdao à Shandong, en Chine.

Ci-dessus : un parmi des centaines de festivals annuels d'ale authentique, en Bretagne.

Le calendrier des festivals internationaux

JANVIER			
Grand Festival la bière et du Barley Wine	Anchorage, Alaska, États-Unis	http://auroraproductions.net/beer-barley.html	Bières d'hiver américaines
National Winter Ales Festival	Manchester, Royaume-Uni	www.alefestival.org.uk	Bières d'hiver britanniques
FÉVRIER			
Festival des bières d'exception	Omaha, Nebraska, États-Unis	www.beercornerusa.com	300 bières extrêmes internationales
MARS			
Festival de mars	Nelson, Nouvelle-Zélande	www.marchfest.com	Bières, denrées et vins artisanaux
Festival londonien des consommateurs de cidre et de bière	Londres, Royaume-Uni	www.camranorthlondon.org.uk	Bières et cidres
Festival Brasileiro da Cerveja	Blumenau, Brésil (*voir* ci-contre)		
AVRIL			
Festival de la bière d'Helsinki	Helsinki, Finlande	www.helsinkibeerfestival.com	Bières, cidres et whiskys finnois
Salon de la grande bière	Tokyo, Japon (*voir* ci-contre)		
MAI			
Festival tchèque de Pivni	Prague, République tchèque	www.ceskypivnifestival.cz	Bières et spécialités tchèques
Øl Festival	Copenhague, Danemark (*voir* ci-contre)	www.beerfestival.dk	
Week-end de la fermentation spontanée	Opstal, Belgique (*voir* ci-contre)		
JUIN			
Grand festival de la bière nippone	Tokyo, Osaka, Japon, en juillet ; Yokohama, Japon, en septembre	www.craftbeerassociation.jp	Bières artisanales nippones et d'importation
Bestfest Asia	Singapour	www.beerfestasia.com	Bières artisanales et commerciales
Festival écossais de l'ale authentique	Édimbourg, Écosse	www.scottishbeerfestival.org.uk	Le summum en matière de culture écossaise
Festival artisanal américain	Boston, Massachussetts, États-Unis	www.beeradvocate.com/acbf	Avec la Semaine de la bière de Boston
Mondial de la bière	Montréal, Canada (*voir* ci-contre)		
JUILLET			
Annafest	Forchheim, Allemagne	www.nordbayern.de/events	20 brasseurs de Franconie environ
Õlletoober	Lilbi, Saaremaa, Estonie	www.olletoober.ee	Bière locale, internationale et artisanale
AOÛT			
Beervana	Wellington, Nouvelle-Zélande	www.bierboerse.com	Plus de 200 bières artisanales australiennes et néo-zélandaises
Opladener Bierbörse	Leverkusen-Opladen, Allemagne	www.bierboerse.com	1 000 bières internationales
Grand Festival britannique	Londres, Royaume-Uni (*voir* ci-contre)		
SEPTEMBRE			
Kölner Bierbörse	Cologne, Allemagne	www.bierboerse.com	Bières internationales
Petites brasseries irlandaises	Dublin, Irlande	www.irishcraftbeerfestival.com	Petites brasseries irlandaises
Grand Festival canadien de la bière	Victoria, Colombie britannique, Canada	www.gcbf.com	50 brasseurs canadiens artisanaux
Grand Festival américain de la bière	Denver, Colorado, États-Unis (*voir* ci-contre)	www.greatamericanbeerfestival.com	
Oktoberfest	Munich, Allemagne (*voir* ci-contre)	www.oktoberfest.de	
OCTOBRE			
PINT Bokbierfestival	Amsterdam, Pays-Bas	www.pint.nl	*Bokbier* hollandaise
Brassigaume	Marbehan, Belgique	www.brassigaume.be	Petites brasseries européennes
Festival du whisky et de la bière de Stockholm	Stockholm, Suède	www.stockholm.se	Sociétés artisanales et commerciales
Mondial de la bière	Strasbourg, France (*voir* ci-contre)		
NOVEMBRE			
Festival international, Bitter and Twisted Boutique Beer Festival	East Maitland, Nouvelle-Galles du Sud, Australie	www.bitterandtwisted.com.au	Bières artisanales australiennes, avec pour cadre une prison désaffectée
DÉCEMBRE			
Kerstbierfestival	Essen, Belgique	www.kerstbierfestival.be	Toutes les bières d'hiver belges

Glossaire

ACIDES ALPHAS. Composés chimiques du houblon ; convertis en acides isoalpha en début de cuisson, ils apportent à la bière l'essentiel de son amertume. Les houblons à forte teneur en acides alpha libèrent plus d'amertume, les houblons à faible concentration en acides alpha ont un profil aromatique plus large - ils sont ajoutés après au moins 15 minutes d'ébullition

ADDITIFS. Substances ajoutées à la bière pour contribuer à sa préservation ou pour la parfumer artificiellement.

ADDITION DE KRÄUSEN. Procédé consistant à ajouter une petite quantité de MOÛT fermenté (bière jeune) à une bière déjà fermentée, généralement une LAGER, afin de déclencher une SECONDE FERMENTATION et de provoquer une saturation naturelle. Le terme allemand KRÄUSEN signifie « frisures » et caractérise les pics de mousse.

AJOUT CÉRÉALIER. Le mélange de MALT et d'autres grains servant à la fabrication d'une bière.

ALE. Bière résultant de la FERMENTATION HAUTE par les LEVURES de la famille des *Saccharomyces cerevisiae* ; on parle aussi de bière de FERMENTATION HAUTE. Ce mot signifie « ancien » et fait référence aux méthodes de fabrication d'avant la révolution industrielle.

ALE AUTHENTIQUE. Expression créée par l'association CAMRA [« Campaign for Real Ale »] de consommateurs de bière britannique pour désigner des ales CONDITIONNÉES EN FÛT (le plus souvent) et EN BOUTEILLE (plus rarement).

ALE BRUNE. Style d'ale à la robe foncée, associée le plus souvent à l'Angleterre, mais brassée également un peu partout dans le monde. Son profil organoleptique peut être très varié.

ALE CRÉMEUSE. Style américain de blonde de fermentation haute, dont la garde se rapproche davantage de celui d'une LAGER.

ALE D'ABBAYE. Terme usité surtout hors des frontières de la Belgique pour désigner des styles d'ales douces et fortes associées aux brasseries d'inspiration monastique. *Voir aussi* BIÈRE TRAPPISTE.

ALE ÉCOSSAISE. Ale forte, maltée et ronde, qui était à l'origine produite en Écosse et qui est de nos jours très courante partout dans le monde, notamment en Belgique et en Amérique du Nord.

ALT OU ALTBIER. Style de bière de haute fermentation et de garde froide, (*voir* SECONDE FERMENTATION) typique de la ville allemande de Düsseldorf et de ses environs.

BARIL. Unité de mesure la plus courante dans la production de bière dans les pays anglo-saxons. Au Royaume-Uni, un baril a une contenance de 163,65 litres (36 gallons impériaux) et aux États-Unis, de 117,34 litres (31 gallons américains).

BARLEY WINE. Dénomination historique de la bière la plus alcoolisée, d'un titre alcoométrique semblable à celui d'un vin léger, généralement produite à saturation basse. De nos jours, il s'agit le plus souvent d'un style spécifique d'ale forte, plus houblonnée dans son interprétation américaine.

BASSE FERMENTATION. La fermentation se produit à basse température (de 4 à 8 °C) avec des levures de type *Saccharomyces uvarum* (souche *Carlsbergensis*). Les levures se déposent au fond de la cuve. *Voir* LAGER.

BERLINER WEISSE. Désigne au départ une bière provenant de Berlin, de fermentation haute et lactique, ce qui lui confère une acidité particulièrement forte.

BIÈRE BLANCHE. Bière dans laquelle l'orge a été complétée d'une grande proportion de blé lors de l'AJOUT CÉRÉALIER.

BIÈRE BLANCHE ou WIT. Style de bière typique de la Belgique, fabriquée avec du MALT et du blé non malté, et aromatisée à la coriandre et au zeste d'orange séché. Toutefois, sa composition peut varier.

BIÈRE DE GARDE. Bière stockée, c'est-à-dire conservée en fût avant la mise en bouteilles. Dénomination fréquente dans le Nord-Pas-de-Calais et en Picardie qui rappelle les habitudes de fabrication avant l'apparition du froid industriel, quand les bières étaient conservées en tonneau pour être bues pendant la saison chaude. Cette dénomination, toujours en vigueurs et reprise dans de nombreuses régions de France, fait référence aujourd'hui à des bières qui subissent une période de garde de durée variable.

BIÈRE EXTRÊME ou D'EXCEPTION. Bière très alcoolisée ou brassée avec des ingrédients insolites ou selon des techniques inhabituelles.

BIÈRE FRUITÉE. Bière fermentée et/ou conditionnée avec des fruits, ou encore aromatisée à l'aide de jus, d'extraits ou de sirops de fruit.

BIÈRE TRAPPISTE. Ale brassée dans un monastère trappiste sous la supervision des moines. Les bières trappistes sont reconnaissables au logo Authentic Trappist Product. *Voir* BIÈRE D'ABBAYE.

BIÈRE VAPEUR. Style de bière conçu en Californie dont la fermentation se déroule à température élevée, avec les LEVURES de LAGER. Aux États-Unis, la compagnie brassicole Anchor a protégé cette dénomination par un copyright.

BITTER/ BEST BITTER/ EXTRA SPECIAL BITTER (ou ESB). Ale standard des pubs anglais ; claire, d'un houblonnage moyen à modéré, elle présente une puissance variable : on la classe ainsi en bière « ordinaire », « meilleure » ou « extra spéciale ».

BOCK. Style allemand de LAGER forte qui proviendrait originellement de la ville d'Einbeck. Le terme désigne plusieurs styles, dont les Doppelbock, Maibock et Eisbock. Une Doppelbock (double bock) peut être plus ou moins alcoolisée qu'une Bock selon les interprétations des brasseurs ; la Maibock est la version printanière.

BOK. Terme usité aux Pays-Bas et en Scandinavie (où on l'écrit *Bock*) pour désigner des bières automnales à la robe foncée ; apparentées, à l'origine, à la bock allemande, elles sont douces et claires en avril (meibok), foncées et alcooliques en hiver (eisbok).

BRASSAGE À HAUTE DENSITÉ. Méthode de production utilisée dans le brassage industriel, qui consiste à laisser fermenter une bière jusqu'à ce qu'elle parvienne à un fort titre alcoométrique, puis à en réduire le taux d'alcool au niveau souhaité par ajout d'eau avant l'embouteillage ou l'enfûtage.

BRASSAGE ARTISANAL. Contraire du BRASSAGE INDUSTRIEL. Certaines brasseries artisanales utilisent toujours le brassage manuel et des opérations comme l'embouteillage, ou l'étiquetage peuvent aussi être réalisées manuellement.

BRASSAGE CONTRACTUEL ou BRASSAGE SOUS CONTRAT. Procédé par lequel une brasserie produit une ou plusieurs bières pour le compte d'une société, propriétaire des marques, qui les commercialise alors sous son propre nom. *Voir* BRASSAGE SOUS LICENCE.

BRASSAGE INDUSTRIEL. Production de bière à très grande échelle généralement conduite par des multinationales qui ont souvent recours au BRASSAGE À HAUTE DENSITÉ.

BRASSAGE SOUS LICENCE. Accord commercial par lequel une brasserie produit une ou plusieurs marques qui sont commercialisées ensuite par une autre compagnie. *Voir* BRASSAGE SOUS CONTRAT.

BRUNE ANGLAISE LÉGÈRE. Expression qui, à l'origine, désignait une bière manquant de maturité. Aujourd'hui, elle a trait à des ales peu alcoolisées, foncées, dont le caractère malté prédomine.

COLLES. Substances provoquant la sédimentation des LEVURES et des protéines dans les ales CONDITIONNÉES EN FÛT.

DÉDRÊCHAGE. Élimination des drêches par ratissage, après la phase d'empâtage.

DENSITÉ PRIMITIVE. Mesure de la concentration des sucres fermentescibles dans le MOÛT rapportée à la densité de l'eau. Partant de 1 000 – valeur la plus basse –, elle s'exprime le plus souvent par un nombre à quatre chiffres.

DIACÉTYLE. Composé chimique apportant à la bière une texture onctueuse, des saveurs et des arômes spécifiques. À haute concentration, le diacétyle peut altérer la bière.

DISTRIBUTION PAR GRAVITÉ. Procédé utilisé pour servir des bières CONDITIONNÉES EN FÛT ou autres, directement à partir du fût habituellement placé directement sur le comptoir, sans utilisation de gaz pour le soutirage.

DOUBLE. Qualifie une version plus forte et plus corsée d'un style de bière existant. *Voir* IMPÉRIAL.

DUBBEL. Terme associé au brassage monastique qui donne une idée de la quantité de grains utilisée proportionnellement à l'eau lors du brassage. On obtenait ainsi une ale souvent foncée, au goût malté, modérément forte. Aujourd'hui, le terme donne une indication sur la force et le degré d'alcool. *Voir* TRIPLE.

DUNKEL. LAGER foncée qui s'inscrit dans un style né à Munich et dans ses environs. On parle aussi parfois de Münchener ou de Münchener Dunkel.

FERMENTATION. Processus par lequel les LEVURES convertissent le sucre en gaz carbonique et en alcool.

FERMENTATION ALCOOLIQUE. Transformation des sucres fermentescibles en gaz carbonique et en alcool sous l'action des levures. Le processus dure de trois à sept jours, mais peut prendre jusqu'à quatorze jours selon la teneur en sucre des ingrédients et selon les souches de levures.

FERMENTATION BASSE. Fermentation à basse température (entre 4 et 8 °C). On utilise des souches de levures qui œuvrent à basse température ; elles se déposent au fond de la cuve à la fin du processus de fermentation. *Voir* LAGER.

FERMENTATION HAUTE. Fermentation à haute température (entre 18 et 25 °C) utilisant des levures qui travaillent à haute température et qui remontent en surface (de type *Saccharomyces cerevesiae*). C'est le mode de fermentation ancestral, car toutes les bières étaient de fermentation haute avant la découverte du froid industriel ; ce qui explique le terme de ALE, dont le sens initial signifie « vieux ». *Voir* ALE.

FERMENTATION SECONDAIRE ou SECONDE TRANSFORMATION. Transformation des sucres résiduels de la bière. Cette seconde phase de fermentation a lieu en général dans une cuve de fermentation, appelée aussi cuve de garde. C'est pendant cette phase que la bière mûrit et s'affine. Elle peut durer entre une semaine et plusieurs mois.

FILTRÉE. Qualifie une bière dont on a éliminé les particules restantes.

G(U)EUZE. Bière embouteillée, fabriquée avec du LAMBIC ; la désignation oud(e), ou vieille, implique que la bière est un pur lambic.

GOÛT DE LUMIÈRE. *Voir* ODEUR DE SULFURE

GRUYT. Mélange d'herbes séchées et d'épices qui était destiné à parfumer la bière avant le recours aux HOUBLONS (on parle aussi de *gruutes*). Parfois, le terme désigne une bière fabriquée sans houblon.

HELLES. Style de LAGER claire associé à l'origine à Munich et à ses environs. On parle aussi de Münchener ou de Münchener Helles.

HOUBLONNAGE À CRU. Ajout de houblons aromatiques à la bière après l'ébullition (pendant la fermentation secondaire).

HOUBLONS. Fleurs ou cônes de la plante *Humulus lupulus*, introduites déjà au Moyen Âge dans le brassage et considérées aujourd'hui comme un ingrédient essentiel de toutes les bières (à de rares exceptions près). L'utilisation du mot « bière » en France est lié à l'utilisation du houblon. Une bière sans houblon est une cervoise.

HOUBLONS ALLEMANDS. Variétés de houblons les plus connus, qualifiés de « nobles » : Hallertau, Hersbrucker, Tettnang et Spalt, tous ayant des caractéristiques propres.

HOUBLONS AMÉRICAINS. Variétés de houblons qui confèrent à la bière une amertume typique, souvent acidulée. Elles sont parfois classées en houblons « C » (Cascade, Centennial, Chinook, Citra et Columbus) et « non C » (Amarillo, Magnum, Simcoe et autres).

HOUBLONS ANGLAIS. Variétés de houblons d'une force moyenne à modérée dans leur amertume et leurs arômes. L'East Kent ou le Kentish Goldings sont peut-être les mieux connus, avec les Styrian Golding, Fuggle, Target, Challenger, Northern Brewer et autres.

HOUBLONS FRANÇAIS. Houblons provenant principalement d'Alsace et des Flandres françaises ; la variété la plus connue est le Strisselspalt, utilisée par un grand nombre de brasseurs internationaux

HOUBLONS NÉO-ZÉLANDAIS. Houblons marqués par des arômes intenses, susceptibles de léguer à la bière des nuances de fruits tropicaux. Il existe de nouvelles variétés, comme le Nelson Sauvin, le Riwaka et le Motueka.

HOUBLONS TCHÈQUES. Le houblon tchèque classique, le Saaz, appelé aussi Žatec du nom de la ville autour de laquelle il était cultivé à l'origine, est d'un profil organoleptique très floral ; on l'emploie dans la PILSEN de style bohémien. Il est maintenant cultivé dans de nombreux pays.

IMPÉRIAL. Qualifiait autrefois un style alcoolisé et intensément aromatique de STOUT ; aujourd'hui, cet adjectif indique la force inhabituelle d'un style classique. *Voir* DOUBLE.

IPA (INDIA PALE ALE). Style de PALE ALE très populaire en Inde du temps de l'empire britannique. Créée en Angleterre, cette bière est maintenant très répandue aux États-Unis (très houblonnée et dotée d'une force modérée) et en France ; elle existe aussi dans des versions anglaises moins houblonnées et souvent plus faibles en alcool.

KÖLSCH. Style de blonde légère qui fermente à des températures plus élevées qu'une LAGER (les Kölsch sont donc considérées comme des bières de fermentation haute), mais qui subit une seconde fermentation à froid de courte durée. Dénomination restreinte par la législation de l'Union européenne à la ville de Cologne et à sa proche banlieue (néanmoins, les imitations sont nombreuses ailleurs).

KRÄUSEN. *Voir* ADDITION DE KRÄUSEN.

KRIEK. Avec le qualificatif oud(e) ou vieille, il s'agit d'un LAMBIC refermenté au tirage, des cerises entières y macérant, avant d'être conditionné en bouteille. Le terme désigne plus communément des bières parfumées à la cerise, élaborées avec des jus ou des extraits de fruit, souvent sucrées.

LAGER. Bière résultant d'une FERMENTATION à basse température sous l'action de LEVURES *Saccharomyces uvarum*, telle la souche *Carlsbergensis*. En Allemagne, on appelle parfois « lager » des bières qui ont bénéficié d'une longue garde, indépendamment du type de fermentation.

LAGER DE VIENNE. Style de LAGER rousse, aux reflets ambrés, ou de brune, jadis associé à la ville de Vienne, mais lié maintenant à un type spécifique de MALT : le malt Vienne.

LAMBIC. Famille de bières fermentées sous l'action de LEVURES sauvages (à partir de l'air ambiant). On parle aussi de fermentation spontanée. Style lié historiquement à la région de Bruxelles. Bières élaborées avec un mélange de malt d'orge et de blé non malté.

LEVURES. Organismes unicellulaires de la famille des *Saccharomyces*. Les levures sont essentielles pour la transformation du sucre en alcool, et donc pour la fabrication de la bière.

MALT D'ORGE. *Voir* MALT.

MALT. Grain (habituellement d'orge) qui, après germination, est touraillé ou séché. Selon le degré de touraillage, le malt est plus ou moins foncé, et sa couleur détermine la couleur de la bière. Le brasseur utilise toujours un mélange de malts.

MÄRZEN. Style modérément puissant de LAGER allemande, souvent rousse. Le terme fait référence à la dernière bière de la saison (en mars), à l'époque où il était interdit de brasser pendant la période chaude. Largement associée aux festivals d'automne, comme l'Oktoberfest de Munich.

MÉTHODE TRADITIONNELLE. Méthode de FERMENTATION en bouteille qui consiste à déclencher une prise de mousse par ajout d'un mélange de levures et de sucre à la bière déjà mise en bouteille, puis à dégorger les bouteilles pour expulser les dépôts dus à cette seconde fermentation. (Conforme à la méthode de production du champagne).

MICROBRASSAGE. Terme inventé au début des années 1980 pour distinguer les nouvelles petites brasseries déterminées à opposer des styles plus anciens de bière aux productions industrielles. Ce terme n'est plus usité.

MOÛT. Liquide riche en sucres résultant de la TREMPE. Après la cuisson, mais avant la FERMENTATION, on parle parfois de « moût houblonné ».

MÜNCHENER ou MÜNCHNER. *Voir* HELLES et DUNKEL.

NON FILTRÉE. Qualifie une bière qui conserve des levures résiduelles et arbore ainsi un aspect trouble. Une telle bière n'a pas nécessairement connu une seconde fermentation en bouteille (*voir* LAGER).

ODEUR DE SULFURE. Odeur désagréable développée par une bière qui a été altérée par un entreposage à la lumière.

OKTOBERFESTBIER. *Voir* MÄRZEN.

PALE ALE. Style d'ale souvent claire. La couleur caractéristique est celle des bières nées lors de la révolution industrielle, claires et brillantes, par opposition aux ales brunes et foncées. Le style pale ale connaît aujourd'hui des variations dans tous les pays.

PASTEURISATION. Méthode de destruction des micro-organismes (ou autres germes pathogènes) dans un liquide fermentescible en le chauffant, puis en le refroidissant brutalement, sans aller jusqu'à la stérilisation.

PHÉNOLS. Composés volatiles indésirables susceptibles d'altérer la bière.

PILSEN. LAGER claire brassée dans la ville de Plzeň (Pilsen) – actuelle République tchèque.

PLATO ou DEGRÉS PLATS. Échelle de mesure du taux de sucre du MOÛT, appelé « mesure de la densité du moût » établie en 1900 par le savant allemand le Dr Plato. 1° Plato = 1 g de matière sèche soluble (essentiellement du sucre) pour 100 g de moût à 20 °C. Une bière à 13 ° Plato correspond à une bière titrant 4 degrés alcooliques. Le degré Plato est largement utilisé en Europe et en Amérique, très peu en France, où le degré alcoolique est exprimé en degré Gay-Lussac, c'est-à-dire en volume d'alcool pur à 15 °C sur 100 volumes de distillat de bière.

POMPE À BIÈRE. Appareil permettant de tirer la bière d'un tonnelet par un procédé mécanique dans la cave d'un pub. Synonyme : tireuse.

PORTER. Style d'ale noire, modérément amère, née à Londres au XVIIIe siècle. De nos jours, porter et STOUT sont parfois difficiles à discerner ; en général le stout est plus torréfié et plus amer.

QUADRUPEL. Terme inventé par la brasserie hollandaise La Trappe en 1990 pour caractériser son vin d'orge ; cette dénomination découle d'un système pratiqué dans certaines brasseries d'abbaye utilisant les chiffres 4, 6, 8, 10, 12 en référence à la mesure de densité. Les brasseurs artisanaux l'ont adoptée pour donner une échelle de force et d'alcool. *Abt* est une indication équivalente à quadruple.

RAUCHBIER. Style allemand de LAGER forte (supérieure à 9 % vol.) comprenant une proportion de MALT fumé sur feu de bois, caractéristique de Bamberg et de ses environs.

REINHEITSGEBOT. Loi sur la Pureté de la bière bavaroise, promulguée en 1516, que l'Allemagne entière finit par adopter jusqu'à ce que l'Union européenne y voie un frein au libre-échange. Elle fut jugée protectionniste et déclarée non conforme au traité de Rome en 1987.

SAHTI. Style finnois traditionnel de bière brassée avec de l'orge et du seigle, fermentée à la LEVURE de pain et filtrée à l'aide de branches de genévrier.

SAISON. Style belge de bière blonde autrefois brassée pendant l'hiver puis conservée en cellier avant d'être proposée à la consommation durant les mois d'été – lorsque l'on ne brasse pas de bière ; de nos jours, le terme est librement – et parfois mal – interprété.

SCHWARZBIER. Type de LAGER au goût malté dominant, parée d'une robe foncée tirant sur le noir, jadis caractéristique de l'Allemagne de l'Est.

SCOTCH ALE. *Voir* ALE ÉCOSSAISE.

STEAM BEER. *Voir* BIÈRE VAPEUR.

STEINBIER. Bière produite selon une ancienne méthode qui consistait à élever la température du MOÛT par l'ajout de pierres incandescentes.

STOUT. Famille d'ales noires ou presque noires, dérivées des PORTERS (stout à la farine d'avoine, milk stout, stout à base d'huîtres, stout irlandais, stout sec, stout doux, stout impérial et d'autres encore), d'une force et d'un houblonnage très divers, mais présentant toujours un profil torréfié.

SUCCÉDANÉS. Céréales, sucres, fruits et sirops pouvant remplacer partiellement l'orge maltée (*voir* MALT) dans la TREMPE. Les pourcentages de succédanés apportant de l'amidon ou des sucres varient selon les pays (maïs, riz, saccharose, sirop de glucose, par exemple).

SULFURE DE DIMÉTHYLE. Composé sulfureux que l'on trouve parfois dans la bière et qui, en grandes concentrations, confère des arômes et des saveurs de légumes cuisinés.

TIREUSE. *Voir* POMPE À BIÈRE.

TITRE ALCOOMÉTRIQUE (% vol.). Quantité d'alcool par rapport au volume total.

TREMPE. Mélange de malt broyé et d'eau chaude, dans lequel débute la transformation de l'amidon des grains en sucres fermentescibles et qui donne le MOÛT.

TRIPLE. Style puissant de bière produit par les brasseries monastiques et leurs émules. Aujourd'hui, les bières triple sont généralement blondes, à l'image de la Triple de l'abbaye trappiste de Westmalle, à Anvers. *Voir* QUADRUPEL.

UR. Préfixe allemand pour « type original ».

WEISSBIER, WEIZENBIER et HEFEWEIZEN. Le mot WEIZEN signifie « froment ». Ces dénominations renvoient à un style typiquement allemand de bière de blé contenant une grande proportion de blé malté. Ces bières présentent souvent des arômes de banane et de clou de girofle.

WEIZENBOCK. Une WEIZENBIER forte et très foncée.

WIT. *Voir* BIÈRE BLANCHE.

Index

Les noms des bières apparaissent en *italique*
Les folios en **gras** indiquent les pages les plus pertinentes
Les folios en *italique* font référence aux illustrations

Crédits iconographiques

(g : gauche ; d : droite ; b : bas ; c : centre.)

Abbaye Rochefort www.abbaye-rochefort.be 55 b ; **Adnams Brewery** www.admans.co.uk 123 ; **Alamy** Arterra Picture Library 60-61, 70-71, 73 ; Aurora Photos 7 ; BigTom 66-67 ; Blickwinkel 94 ; Bon Appetit 19 ; Cephas 54 bc, 55 bd, 56 bg et bd, 59 bc, 69 bg ; Chris Frederiksson 8 d, 245 bd ; Danita Delimont 200, 244 ; Darren Baker 92 ; David Jones 133 ; David Noton Photography 46 ; Eddie Gerald 104, 106 ; F1online 168 ; Gareth Dobson 82 ; guichaoua 134-5 ; H Mark Weidman Photography 177 bd ; Helde Filipe 240-241 ; ilpo musto 78 b ; Imagebroker 96-97 ; ITAR-TASS Photo Agency 245 b ; John Woodworth 233 b ; Jonny Cochrane 153 bd ; Julia Gavin 156-157 ; Kari Niemeläinen 153 bg ; Lonely Planet Images 37 bd, 170 g, 203 ; Lordprice Collection 162 ; M&N 113 bg ; Mary Evans Picture Library 6 b ; Mireille Vautier 219 ; Neil McAllister 112 ; Niall McDiarmid 35 ; Oliver Knight 52 ; Om Images 166 b ; Peter Adams Photography 151 ; Picture Contact BV 140, 141 ; praguepix 101 ; Prisma Archivo 14 ; Prisma Bildagentur AG 194-195 ; Robert Estall Photography 111 d ; Robert Gilhooly 237 g ; Robert Harding World Imagery 103, 130, 142 ; Stephen Roberts Photography 56 b ; Tegestology 59 bd ; Universal Images Group/Lake County Discovery Museum 218 ; Werner Dieterich 88 b ; Yadid Levy 128, 177 b ; **Aldaris Brewery** www.aldaris.lv 154 ; **Alesmith Brewing Company** StudioSchulz.com 12 ; **Alley Kat Brewing Company** www.alleykatbeer.com 213 ; **Anderson Valley Brewing Company** www.avbc.com 183 g ; **Beergenie.co.uk** Warminster Maltings 17 ; **Bernt Rostad** www.flickr.com/people/brostad 138 ; **Birra Almond'22** www.birraalmond.com 163 ; **Birrificio Italiano** www.birrificio.it 161 ; **Brouwerij Boon** www.boon.be 62 ; **The Boston Beer Co Inc/Weihenstephan** www.bostonbeer.com 172 g, 199 ; **Brasserie de Silly** SA 75 g, Jimmy Tanghe 74 ; **La Brasserie à Vapeur** www.vapeur.com 68 ; **The Brewers Association** www.brewersassociation.org 189 g ; **Bridgeman Art Library** Hermitage, Saint-Petersbourg/Peter Willi 65 ; **Camba Bavaria** www.braukon.de 93 d ; **CAMRA** www.gbbf.org.uk 125 d ; **Carlsberg** www.carlsberggroup.com 15 ; **Cephas** Joris Luyten 59 ; **Cerveza Berlina** www.cervezaberlina.com 224 ; **Cerveza Blest** www.cervezablest.com 225 ; **Charles D Cook** 29 b, 77 ; **Corbis** Atlantide Phototravel 164-165, 169, 209 ; C J Blanchard/National Geographic Society 184 b ; Chris Sattlberger 166 b ; Darwin Wiggett/ Canada Photos 214-215 ; David Yoder/ National Geographic Society 48-49 ; Gaetan Bally/ Keystone 31 ; Imaginechina 246 c ; John Short/ Design Pics 114-115 ; Knaup/photocuisine 43 ; Larry Mulvehill 83 ; Luke MacGregor/Reuters 125 g ; Michael Nicholson 113 bd ; Monty Rakusen/cultura 20, 28 b ; Moodboard 226-227 ; Niall MacLeod 11 ; Owen Franken 57 ; Pecanic, Maja Danica/the food passionate 45 d ; Philip Gould 201 ; Radius Images 174-175 ; Robert Simoni/Robert Harding World Imagery 222-223 ; Stephanie Maze 220 ; Steve Raymer 238 d ; Swim Ink 2/LLC 131 g ; Tim Thompson 212 ; Wayne Barrett & Anne MacKay/All Canada Photos 211 ; **Craft Beer** www.craftbeer.com 177 b g ; **Dark Star Brewery** www.darkstarbrewing.co.uk 126 et 127 ; **Brouwerij De Ryck**, Herzele www.brouwerijderyck.be 75 b et b ; **Duvel Moortgat** www.duvel.be 79 ; **Emerson's** www.emersons.co.nz 231 ; **Fotolia** Beboy 233 bg ; BesitosClaudis 158 ; David Kelly 37 b4 ; euregiophoto 88 b ; Gradt 37 b5 ; Iuliia Sokolovska 239 ; John Photon 69 b ; Jules Kitano 234 b ; Richard Majlinder 147 ; sonne07 84 ; spinetta 37 b5, 37 b2 ; WoGi 37 b3 ; **Fullers** www.fullers.co.uk 122 d ; **Getty Images** 6 b, 50 b, 120 d, 111 g, 121 ; AFP 16 b ; 245 bg ; Altrendo 16 b, 27, 91 ; Beth Perkins 32-33 ; Buyenlarge 207 ; Christian Kober 237 d ; Darren McCollester 28 b ; De Agostini 155 ; Gamma-Keystone 176 ; Hoang Dinh Nam/AFP 232 ; Hunstock 21 ; Justin Sullivan 26 ; Martin Poole 42 ; Matthias Trentsensky/ Bridgeman Art Library 18 ; Michal Cizek/AFP 105 ; Miroslav Kucej/isifa 8 g ; Monty Rakusen/ cultura 23 ; Peter Macdiarmid 246 d ; Rachel Weill 34 ; Sean Gallup 98 b, 100 ; Thomas Winz 246 g ; **Grand Teton Brewing Co**. www.grandtetonbrewing.com 187 ; **Great American Beer Festival**/Jason E Kaplan www.greatamericanbeerfestival.com 189 d ; **Brauerei Gutmann** www.brauerei-gutmann.de 90 ; **Heineken** www.heineken.com 136 b ; **Japan Beer Times** www.japanbeertimes.com 236 ; **Jed Soane** www.thebeerproject.com 173 bg, bc & bd ; **Jenlain** www.jenlain.fr 131 d ; **Jose Gabriel Marcelino** www.flickr.com/photos/gkpics 233 bd ; **Kirin Brewery Company Limited** 234 d ; **The Lost Abbey** StudioSchulz.com 22 ; **Mary Evans Picture Library** 110 ; INTERFOTO/Sammlung Rauch 80 b ; **Meantime Brewery** www.meantimebrewing.com 118 ; **Mike McColl** 38-40 ; **Mikkeller** www.mikkeller.dk 173 b ; **NewBrewThursday.com** 36 ; **Nøgne Ø Brewery** www.nogne-o.com 148, 149 ; **Octopus Publishing Group** Adrian Pope 2 ; **Photolibrary Group** 50 b, 93 g, 122 g, 159, 170 d ; **R & B Brewing Co** www.d-and-b.com 172 d ; courtesy **Renee De Luca** www.brewersdaughter.com 178 ; **Rex Features** Business Collection 136 b, Liba Taylor/Robert Harding World Imagery 216 ; **Robert Harding World Imagery** James Strachan 102, Yadid Levy/ age footstock 89 ; **Rodenbach** www.palmbreweries.com 58 ; **Russian River Brewing Company** www.russianriverbrewing.com 172c, 204 g, 205 ; **Schafly Brewery** Troika Brodsky, www.schlafly.com 193 ; **Schorschbräu** www.benz-weltweit.de 204 d ; **Shawn Parker** www.flickr.com/photos/shawnparkerphoto 192, 210 ; **Shutterstock** Steve Heap 37 b6 ; **Stone Brewing Co** StudioSchulz.com 9, 45 g ; **SuperStock** age fotostock 124, Nordic Photos 107 ; **Courtesy of Synebrychoff** 30 ; **Systembolaget AB** Magnus Skoglöf 150 ; **Thinkstock** Brand X 158 br3 ; George Doyle 37 b2, 180 ; Hemera 72 cr et d, 98 b, 119, 158 bd3 et bd2, 221 ; Ingram Publishing 120 g, 188 ; iStockphoto 37 b3, 37 b4, 53, 72 g, c et cg, 80 b, 137, 158 bd 1 et 2, cd 1 et 2, bd1, 184 b, 190, 196, 206, 208, 238 g ; Stockbyte 158 cd3 ; **Thornbridge** www.thornbridgebrewery.co.uk 113 b ; **Tina Westphal** 29b, 139 ; **TopFoto** Ria Novosti 171 ; **Brouwerij der Trappisten van Westmalle** 54 b ; **Villaggio della Birra** www.villaggiodellabirra.com 160 ; **Brewery Zum Schlüssel** www.zumschluessel.de 86

L'éditeur remercie les brasseries et leurs distributeurs, crédités sur cette page, qui lui ont aimablement fourni des photographies pour la rubrique « Sélection de bières » de ce livre.

Remerciements

Les auteurs souhaitent saluer la mémoire de Michael Jackson (1942-2007), leur ami, auteur pionnier d'ouvrages spécialisés sur la bière. « Michael, tu restes dans nos pensées. »

Nous souhaitons, en outre, remercier les personnes suivantes pour leurs conseils prodigués au fil des ans et leur savoir transmis, en présentant par avance nos excuses à tous ceux, nombreux et anonymes, que nous ne pourrons citer ici, mais qui ont favorisé nos recherches, que ce soit par l'esquisse d'une carte ou par une pinte partagée dans la convivialité : Jason et Todd Alström, Mirella Amato, Bia Amorin, David Anderson, Rodolfo Andreu, Max Bahnson, Marcelo Franck Barboza, Séan Billings, Martín Boan, Matt Bonney et Matt Vandenberghe, Franck Boon, Daniel Bradford, Jay Brooks, Pete Brown et Liz Vater, Adam Brož, Lew Bryson, José Felipe Pedras Carneiro, Vinnie Cilurzo, Greg Clow, Steve Collis, John Conen, Cluck Cook, Joanna Copestick, Martyn Cornell, Jim Cornish, Peter Crombecq, Andy Crouch, Lorenzo Dabove, Erik Dahl, Tom Dalldorf, Charles Darby, Yvan De Baets, Des De Moore, Armand Debelder, Mario D'Eer, feu Ray Deter, Horst Dornbush, Mark Dredge, Ken Ellingwood, Casimir Elsen, Tim Eustace, Jeff Evans, Don Feinberg et Wendy Littlefield, Charles et Rose Ann Finkel, Christoph Flaskamp, Theo Flissebaalje, Tony Forder, David Frost, Sara Gardner, Brian Glover, Joe Goldsworthy, Jeremy Gray, Geoff Griggs, Hubert Hanghöfer, John Hansell et Amy Westlake, Stan Hieronymus, Paul Holgate, Bo Jensen, Julie Johnson, Heikki Kähkönen, Dave Keene, Dominic Kelly, Roger Kerrison, Matt Kirkegaard, Fernanda Lazzari, Marie-Josée Lefebvre, Kari Likovuori, Marc Limet, Iain Loe, Tom Maderos, Jeannine Marois, Ben McFarland, Mark Meli, Juliano Borges Mendes, Ralph Morana, Lisa Morrison, Laurent Mousson, Matthias Neidhart, Luke Nicholas, Thomas Nilsson, Eamonn O'Dowd, Peter Olesen, Menno Olivier, Garrett Oliver, Andrzej Olkowski, Charlie Papiazan, Amilcar Parada, Edu Passarelli, Ron Pattinson, Joris Pattyn, Anne-Mette Meyer Pederson, Clare Pelino, Tom Peters, Cassio Piccolo, Chris Pollard et Siobhan McGinn, Roger Protz, Evan Rail, Scott Robertson, Marcelo Carneiro da Rocha, Roger Ryman, Rie Sasaki, Lucy Saunders, Jaan Schaer, Keith Schlabs, Chris Schryer, Conrad Seidl, Dan Shelton, Tim et Amanda Skelton, Joe Stange, Torben Steenberg, Peter Sutcliffe et Pauline Doyle, « Dr » Bill Sysak, Mike et Bo Tessier, Steve Thomas, Adrian Tierney-Jones, Rob Titley, Matthias Trum, Joe Tucker, Kerry Tyack, Fred Waltman, Polly Watts et feu John White.
Merci au Groupe Barth-Haas pour nous avoir permis d'utiliser les données extraites de *The Barth Report : Hops [Rapport Barth : Houblons] 2010/2011*.

RESSOURCES UTILES

International : www.ratebeer.com ; www.beeradvocate.com ; www.beerme.com ; www.beermapping.com ; www.beerfestivals.org
Europe : www.europeanbeerguide.net
Allemagne : *Good Beer Guide Germany,* Steve Thomas (CAMRA Books, 978-1852492199) ; www.german-breweries.com ; www.bierfranken.eu ; www.franconiabeerguide.com
Australie : *The Beer Lover's Guide to Australia*, Matt Kierkegaard (Scribal Publishing, 978-0977565610), *The Australian Beer Companion*, Willie Simpson (Explore Australia, 978-1741173697) ; www.pint.au.com
Autriche : *Bier Guide*, Conrad Seidl (www.bier-guide.net) ; association de consommateurs Bier IG (www.BierIG.org).
Belgique : *Good Beer Guide Belgium*, Tim Webb (CAMRA Books, 978-1852492618) ; *LambicLand*, Tim Webb, Chris Pollard et Siobhan McGinn (Cogan and Mater, 978-0954778972) ; association de consommateurs Zythos (www.zythos.be) ; www.babblebelt.com
Brésil : www.brejas.com.br
Canada : www.canadianbeernews.com ; *TAPS The Beer Magazine* ; www.bartowel.com ; www.bieresduquebec.ca ; www.bieresetplaisirs.com
Danemark : Danske Ølentusiaster (www.ale.dk).
Finlande : association de consommateurs Olutliitto (www.olutliitto.fi).
France : www.brasseries-france.info ; *Bière Magazine* ; *Annuaire des Brasseries françaises (Robert Dutin 2012).*
Irlande : association de consommateurs Beoir (www.beoir.org)
Italie : *Guida alle Birre d'Italia 2011*, L. Giaccone (Slow Food, 978-8884992093) ; Association de consommateurs Unionbirrai (www.unionbirrai.com) ; www.microbirrifici.org
Lettonie : *Beer Guide Latvia* (fichier pdf à télécharger sur http://labsalus.lv/beer-guide/)
Lituanie : www.alutis.lt/aludariai
Norvège : association de consommateurs Norøl (www.nor-ale.org)
Nouvelle-Zélande : www.beertourist.co.nz ; www.brewersguild.org.nz
Pays-Bas : association de consommateurs PINT (www.pint.nl) ; www.cambrinus.nl
Pologne : association de consommateurs Bractwo Piwni (www.bractwopiwni.pl)
République tchèque : association de consommateurs SPP (www.pratelepiva.cz) ; www.pivni.info
Suède : association de consommateurs SÖ (www.svenskaolframjandet.se)
Suisse : association de consommateurs ABO (www.abo-ch.org) ; www.bov.ch/beer/swissbeers.htm
Royaume-Uni : association de consommateurs CAMRA (www.camra.org.uk) ; *Good Beer Guide,* Roger Protz (CAMRA Books, album annuel) ; Good Bottled Beer Guide : The CAMRA Guide to Real Ale in a Bottle, Jeff Evans (CAMRA Books, 978-1852492625)
États-Unis : citons parmi les revues consacrées à la bière, *All About Beer, Beer Advocate, Celebrator, DRAFT, Imbibe, Ale Street News.*
Pour des informations d'ordre général sur le brassage : www.brewerassociation.com et www.craftbeer.com, ainsi que d'innombrables guides régionaux et autres sites Internet.

Ouvrages de référence complémentaires

Les Brewers Publications tiennent à disposition aux États-Unis un catalogue des nombreux ouvrages couvrant tous les thèmes, depuis le brassage amateur, les différents styles de bière, jusqu'à la procédure à suivre pour ouvrir une brasserie artisanale. Si quelques-uns de nos favoris sont référencés ci-dessous, on peut également consulter le reste sur www.brewerspublications.com

L'historien de la bière et blogueur Ron Pattison a construit sur son blog un véritable trésor de recherche et de perspicacité : « Shut Up About Barclay Perkins ». Il en a ensuite compilé la substantifique moelle dans des livres à thème qu'il édite lui-même. Découvrez la sélection exhaustive sur : http://barclayperkins.blogspot.com

L'un de nous deux, Tim, publie une série de guides urbains pour la bière, que l'autre, Stephen, juge sincèrement très futés. En voici quelques titres, mais le catalogue complet peut être consulté sur : www.booksaboutbeer.com
Around Berlin in 80 Beers, Peter Sutcliffe (Cogan and Mater, 978-0954778989)
Around Bruges in 80 Beers, Chris Pollard et Siobhan McGinn (Cogan and Mater, 978-0954778941)
Around Amsterdam in 80 Beers, Tim Skelton (Cogan and Mater, 978-0954778965)
Uncorking the Past, Patrick E McGovern (University of California Press, 978-0520267985), ou les raisons qui ont fait que la soif de l'homme pour le vin et la bière a façonné notre monde.

En français

Le Guide de la bière, de Mario D'Eer, Éd. du Trécarré.
La Bière, saveurs et dégustation, de Jean-Claude Colin, Éd. de Bastberg
Tout sur la bière, de Melissa Cole, adapté par Alain Bories, Éd. Gallimard Loisirs.
Toutes les bières moussent-elles ?, 80 clés pour comprendre les bières de Jean-Paul Hébert & Dany Griffon, Quae Éditions.
La Bière, de Michael Jackson, adapté par Jean-Pierre Dauliac, Éd. Gründ.
La Route des grands crus de la bière, de Martin Thibault et David Lévesque Gendron, Éd. Québec Amérique.